RECUEIL COMPLET

DES

TRAVAUX PRÉPARATOIRES

DU

CODE CIVIL.

IMPRIMERIE D'HIPPOLYTE TILLIARD,
RUE SAINT-HYACINTHE-SAINT-MICHEL, N° 30.

RECUEIL COMPLET

DES

TRAVAUX PRÉPARATOIRES

DU

CODE CIVIL,

COMPRENANT SANS MORCELLEMENT ; 1° LE TEXTE DES DIVERS PROJETS ; 2° CELUI DES OBSERVATIONS DU TRIBUNAL DE CASSATION ET DES TRIBUNAUX D'APPEL ; 3° TOUTES LES DISCUSSIONS PUISÉES LITTÉRALEMENT TANT DANS LES PROCÈS-VERBAUX DU CONSEIL-D'ÉTAT QUE DANS CEUX DU TRIBUNAT, ET 4° LES EXPOSÉS DE MOTIFS, RAPPORTS, OPINIONS ET DISCOURS TELS QU'ILS ONT ÉTÉ PRONONCÉS AU CORPS LÉGISLATIF ET AU TRIBUNAT ;

PAR P. A. FENET,

AVOCAT A LA COUR ROYALE DE PARIS.

TOME ONZIÈME.

PARIS,

VIDECOQ, LIBRAIRE, PLACE DU PANTHÉON, 6,

PRÈS L'ÉCOLE DE DROIT.

1836.

DISCUSSIONS,
MOTIFS,
RAPPORTS ET DISCOURS.

TOME SIXIÈME.

RECUEIL COMPLET

DES

TRAVAUX PRÉPARATOIRES

DU

CODE CIVIL.

DISCUSSIONS,
MOTIFS, RAPPORTS ET DISCOURS.

LIVRE SECOND.

DES BIENS ET DES DIFFÉRENTES MODIFICATIONS DE LA PROPRIÉTÉ.

TITRE PREMIER.

De la Distinction des biens (*).

DISCUSSION DU CONSEIL D'ÉTAT.

(Procès-verbal de la séance du 20 vendémiaire an XII. — 13 octobre 1803.)

M. TREILHARD présente le livre II du projet de Code civil, intitulé *des Biens et des différentes modifications de la Propriété*.

(*) L'article 530 concernant les rentes foncières ayant été présenté séparément de ce projet, les travaux qui l'ont préparé ne se trouveront qu'à la fin du titre Ier.

Il dit qu'il croit inutile de faire précéder d'une explication la discussion du projet qu'il présente au nom de la section. Les articles qu'il contient sont presque entièrement pris du projet de Code civil; les principes qu'il offre sont universellement connus.

M. Treilhard présente à la discussion le titre Ier de ce livre.

Il est ainsi conçu :

DE LA DISTINCTION DES BIENS.

516 Art. 510. « Tous les biens sont meubles ou immeubles;
« Ils appartiennent ou à la nation en corps, ou à des com-
« munes, ou à des particuliers. »

CHAPITRE Ier.

Des Immeubles.

517 Art. 511. « Les biens sont immeubles ou par leur nature,
« ou par leur destination, ou par l'objet auquel ils s'appli-
« quent. »

518 Art. 512. « Les fonds de terre et les bâtimens sont immeu-
« bles par leur nature. »

519 Art. 513. « Les moulins à vent ou à eau, fixés sur piliers et
« faisant partie du bâtiment, sont aussi immeubles par leur
« nature. »

520 Art. 514. « Les récoltes pendantes par les racines, et les
« fruits des arbres non encore recueillis, sont pareillement
« immeubles; et néanmoins le propriétaire qui fait saisir les
« fruits à défaut de paiement du prix de la ferme n'est pas
« tenu de remplir les mêmes formalités que pour la saisie
« des immeubles, ainsi qu'il est expliqué au Code *de la pro-*
« *cédure judiciaire.*

« Dès que les grains sont coupés et les fruits détachés,
« quoique non enlevés, ils sont meubles.

« Si une partie seulement de la récolte est coupée, cette
« partie seule est meuble. »

Art. 515. « Les coupes ordinaires des bois taillis ou des
« futaies mises en coupes réglées ne deviennent meubles
« qu'au fur et à mesure que les arbres sont abattus. »

Art. 516. « Les animaux que le propriétaire du fonds livre
« au fermier ou au métayer pour la culture, estimés ou non,
« sont censés immeubles tant qu'ils demeurent attachés au
« fonds par l'effet de la convention.

« Ceux qu'il donne à cheptel à d'autres qu'au fermier ou
« métayer sont meubles. »

Art. 517. « Les tuyaux servant à la conduite des eaux dans
« une maison ou autre héritage sont immeubles et font
« partie du fonds auquel ils sont attachés. »

Art. 518. « Les objets que le propriétaire d'un fonds y a
« placés pour le service et l'exploitation de ce fonds sont
« immeubles par destination.

« Ainsi sont immeubles par destination :
« Les animaux attachés à la culture,
« Les ustensiles aratoires,
« Les semences données aux fermiers ou colons partiaires,
« Les pigeons des colombiers,
« Les lapins de garennes,
« Les ruches à miel,
« Les poissons des étangs,
« Les pressoirs, chaudières, alambics, cuves et tonnes,
« Les ustensiles nécessaires à l'exploitation des forges, pa-
« peteries et autres grandes usines.

« Les pailles et engrais,
« Sont aussi immeubles par destination tous effets mobi-
« liers que le propriétaire a attachés au fonds à perpétuelle
« demeure. »

Art. 519. « Le propriétaire est censé avoir attaché à son
« fonds des effets mobiliers à perpétuelle demeure, quand
« ils y sont scellés en plâtre, ou à chaux et à ciment, ou
« lorsqu'ils ne peuvent être détachés sans être fracturés et
« détériorés, ou sans briser et détériorer la partie du fonds à

« laquelle ils sont attachés, ou lorsqu'ils sont placés dans une
« niche pratiquée exprès pour les recevoir, comme, par
« exemple, des statues. »

526   Art. 520. « Sont immeubles par l'objet auquel ils s'appli-
« quent :
   « L'usufruit des choses immobiliaires,
   « Les servitudes ou services fonciers,
   « Les actions qui tendent à revendiquer un immeuble. »

CHAPITRE II.
Des Meubles.

527   Art. 521. « Les biens sont meubles par leur nature ou par
« la détermination de la loi. »

528   Art. 522. « Sont meubles par leur nature, les corps qui
« peuvent se transporter d'un lieu à un autre, soit qu'ils se
« meuvent par eux-mêmes, comme les animaux, soit qu'ils
« ne puissent changer de place que par l'effet d'une force
« étrangère, comme les choses inanimées. »

529   Art. 523. « Sont meubles par la détermination de la loi, les
« obligations et actions qui ont pour objet des sommes exigi-
« bles ou des effets mobiliers; les actions dans les compagnies
« de finance, de commerce ou d'industrie, encore que des
« immeubles dépendans de ces entreprises appartiennent aux
« compagnies; les rentes perpétuelles ou viagères, soit sur la
« République, soit sur des particuliers, encore que ces rentes
« soient le prix de l'aliénation d'un fonds. »

531   Art. 524. « Les bateaux, bacs, navires, moulins et bains sur
« bateaux, et généralement toutes usines non fixées par des
« piliers, et ne faisant point partie de la maison, sont meu-
« bles; la saisie de quelques-uns de ces objets peut cependant,
« à cause de leur importance, être soumise à des formes par-
« ticulières, ainsi qu'il sera expliqué dans le Code de la *pro-*
« *cédure civile*. »

532   Art. 525. « Les matériaux provenant de la démolition d'un
« édifice, ceux assemblés pour en construire un nouveau,

« sont meubles jusqu'à ce qu'ils soient employés par l'ouvrier
« dans une construction. »

Art. 526. « Le mot *meuble*, employé seul dans les disposi-
« tions de la loi ou de l'homme, sans autre addition ni dési-
« gnation, ne comprend pas l'argent comptant, les pierreries,
« les dettes actives, les livres, les instrumens des sciences,
« des arts et métiers, le linge de corps, les chevaux, équi-
« pages, armes, grains, vins, foins et autres denrées ; il ne
« comprend pas aussi ce qui fait l'objet du commerce d'un
« citoyen. »

Art. 527. « Les mots *meubles meublans* ne comprennent que
« les meubles destinés à l'usage et à l'ornement des apparte-
« mens, comme tapisseries, lits, siéges, glaces, pendules,
« tables, porcelaines, et autres objets de cette nature.

« Les tableaux qui font partie du meuble d'un appartement
« y sont aussi compris ; mais non les collections de tableaux
« qui peuvent être dans les galeries ou pièces particulières.

« Il en est de même des porcelaines ; celles seulement qui
« font partie de la décoration d'un appartement, sont com-
« prises sous la dénomination de *meubles meublans*. »

Art. 528. « L'expression *biens meubles*, celle de *mobilier* ou
« *d'effets mobiliers*, comprennent généralement tout ce qui
« est censé meuble d'après les règles ci-dessus établies.

« La vente ou le don d'une maison meublée ne comprend
« que les meubles meublans. »

Art. 529. « La vente ou le don d'une maison avec tout ce
« qui s'y trouve ne comprend pas l'argent comptant, ni les
« dettes actives et autres droits dont les titres peuvent être
« déposés dans la maison ; tous les autres effets mobiliers y
« sont compris. »

CHAPITRE III.

Des Biens dans leur rapport avec ceux qui les possèdent.

Art. 530. « Les particuliers ont la libre disposition des
« biens qui leur appartiennent, sous les modifications mar-
« quées par les lois.

« Tous les biens nationaux et ceux des communes sont
« administrés et ne peuvent être aliénés que dans les formes
« et suivant des règles qui leur sont particulières. »

538 Art. 531. « Les chemins publics, les rues et places publi-
« ques, les fleuves et rivières navigables ou flottables, les
« rivages, lais et relais de la mer, les ports, les hâvres, les
« rades, et généralement toutes les portions du territoire na-
« tional qui ne sont pas susceptibles d'une propriété privée,
« sont considérés comme des dépendances du domaine pu-
« blic. »

539 Art. 532. « Tous les biens vacans et sans maîtres, et ceux
« des personnes qui décèdent sans héritiers, ou dont les suc-
« cessions sont abandonnées, appartiennent à la nation. »

540 Art. 533. « Les portes, murs, fossés, remparts des places
« de guerre et des forteresses, font aussi partie des domaines
« nationaux. »

541 Art. 534. « Il en est de même des terrains, des fortifica-
« tions et remparts des places qui ne sont plus places de
« guerre; ils appartiennent à la nation, s'ils n'ont été vala-
« blement aliénés, ou si la propriété n'en a pas été prescrite
« contre elle. »

542 Art. 535. « Les biens communaux sont ceux à la propriété
« ou au produit desquels les habitans d'une ou plusieurs
« communautés ont un droit acquis. »

543 Art. 536. « On peut avoir sur les biens ou un droit de
« propriété, ou un simple droit de jouissance, ou seulement
« des services fonciers à prétendre. »

516 L'article 510 est soumis à la discussion.

M. REGNAUD (de Saint-Jean-d'Angely) dit qu'il craint qu'on n'interprète cet article contre les hospices.

On pourrait prétendre, en effet, qu'en ne reconnaissant de propriétaires que la nation, les communes et les particuliers, l'article, d'après le principe *inclusio unius est exclusio alterius*, refusât aux hospices cette qualité.

Une telle interprétation contrarierait la législation existante, qui, en leur rendant les biens dont ils avaient été dépouillés, en permettant de leur en donner de nouveaux, admet en eux la capacité d'être propriétaires.

Peut-être aurait-elle l'effet désastreux de ralentir la bienfaisance si nécessaire pour suppléer à l'insuffisance des secours que les hospices tirent des octrois.

Au surplus, il est encore d'autres établissemens publics que les hospices ; on peut citer, par exemple, ceux de l'instruction publique. Il ne s'agit pas d'agiter et de décider maintenant la question de savoir s'il est avantageux que les établissemens publics en général aient des propriétés ; il s'agit de ne pas la préjuger négativement. On pourrait donc ajouter à l'article que, quant à leurs biens, les établissemens publics sont soumis à des règles particulières.

M. TREILHARD dit qu'on ne peut contester aux établissemens publics le droit d'administrer les biens qui leur sont affectés, et d'en jouir ; mais que l'importante question de savoir s'ils peuvent être propriétaires a été portée devant l'Assemblée constituante, et jugée par elle. Il a été décidé que ces sortes de biens appartiennent à la nation.

La section n'a pas cru devoir s'occuper de cette question. Si c'était ici le lieu de l'examiner, il serait facile de prouver qu'on ne peut trouver dans les hospices et autres établissemens publics tous les caractères de la propriété. Si un établissement public est supprimé, à qui passe la disposition de ses biens ? A la nation. Elle est donc propriétaire de ces biens, puisqu'elle est libre de les prendre quand elle veut. Il est plus simple et plus loyal de déclarer dès à présent la nation propriétaire que de reconnaître dans les hospices un droit de propriété dérisoire ; car celui-là seul est véritablement propriétaire, qui peut user, abuser et disposer.

Ce serait à tort qu'on voudrait appliquer ces réflexions aux communes : elles sont dans une position bien différente. Leur existence est permanente ; si une commune est supprimée, ce n'est que pour être réunie à une autre : elle ne cesse donc pas d'être absolument; elle ne perd que son existence individuelle pour s'aller confondre avec une autre commune. Les établissemens publics, au contraire, n'existent qu'accidentellement dans le lieu où ils sont placés; ils peuvent y devenir inutiles, même dangereux : on les supprime, et alors ils cessent absolument d'être.

La section a donc considéré que les établissemens publics sont généraux ou particuliers : généraux, ils appartiennent à la nation; particuliers, ils appartiennent aux communes. Cette théorie ne change rien à la législation qui dote les hospices.

Le Consul Cambacérès pense aussi que ce n'est pas le lieu d'engager la question; mais qu'il ne faut pas la préjuger. Cependant la nomenclature qu'on trouve dans l'article semblerait exclure de la propriété les établissemens publics.

On pourrait tout concilier en supprimant la seconde partie de l'article.

M. Treilhard dit qu'il y consent.

L'article est adopté avec l'amendement du Consul.

Le chapitre Ier, *des Immeubles*, est soumis à la discussion. Les articles 511 et 512 sont adoptés.

L'article 513 est discuté.

M. Miot demande que la disposition soit étendue aux machines qui, comme par exemple la pompe de M. *Perrier*, font partie d'un bâtiment. Si elles en étaient séparées, le bâtiment lui-même ne serait plus rien, puisqu'il ne pourrait servir à l'exploitation pour laquelle il a été construit.

M. Defermon dit que ces sortes de machines sont comprises sous la dénomination générale d'usines; et qu'ainsi l'article 518 les déclare immeubles.

M. Treilhard dit qu'en effet l'intention de la section a été de les comprendre dans cet article.

M. Bigot-Préameneu ajoute qu'on doit interpréter cet article par l'article 524.

L'article est adopté.

L'article 514 est discuté.

M. Maleville observe que cet article, en déclarant immeubles les fruits pendans par les racines, dispense néanmoins le propriétaire qui les fait saisir à défaut de paiement du prix de la ferme de remplir les formalités prescrites pour la saisie des immeubles. Il propose de modifier de la même manière la disposition de l'article 516 relative aux animaux livrés par le propriétaire au métayer pour la culture du fonds, sans quoi, et, si l'exception est exprimée pour un cas, et non pour l'autre, on croira qu'elle a été exclue pour celui-ci.

Cette proposition est adoptée.

M. Dauchy propose de dispenser également les percepteurs des contributions de remplir, pour la saisie des fruits non recueillis, les mêmes formalités que pour la saisie des immeubles.

Le Consul Cambacérès dit que les collecteurs ont toujours joui de ce privilége.

Au surplus, l'article ne préjuge rien contre eux, puisqu'il ne réserve pas au propriétaire *exclusivement* la faculté qu'il lui donne; il ne s'oppose pas à ce qu'on l'accorde également aux percepteurs.

M. Tronchet dit que l'article a seulement pour objet d'établir une règle entre le propriétaire qui succède ou à un autre propriétaire ou à un usufruitier. C'est uniquement pour ce cas qu'il déclare immeubles les fruits non encore recueillis; il ne concerne pas les créanciers : s'ils saisissent l'immeuble, ils saisissent avec les fruits pendans par les racines; s'ils ne les saisissent pas, ils ont, à l'égard des récoltes non faites, le droit d'opposition ou de saisie-arrêt, d'après les règles qui seront établies au Code de la *procédure civile*.

M. Pelet pense que l'article devrait s'en expliquer autrement : on pourrait croire qu'il abroge l'usage de saisir les fruits avant la récolte, et de les mettre en séquestre.

M. Regnaud (de Saint-Jean-d'Angely) observe que dans le Code de la *procédure civile* il y aura un titre sur la saisie-brandon.

M. Tronchet propose d'y renvoyer, en ajoutant à l'article : *sans préjudice de la saisie des fruits, ainsi qu'il sera dit au Code de la* procédure.

Le Consul Cambacérès pense que le Code civil ne doit s'appliquer d'aucune manière sur un point qui appartient en entier au Code de la *procédure*. Il propose, en conséquence, de supprimer la fin du premier alinéa, depuis ces mots, *et néanmoins le propriétaire*.

Cet amendement est adopté.

515   L'article 515 est adopté.

516   L'article 516 est discuté.

M. Defermon demande que la disposition de cet article soit étendue à tous les animaux donnés par le propriétaire même à titre de cheptel.

M. Treilhard dit que, dans l'esprit de l'article, ils font tous également partie du fonds.

M. Pelet demande que les vers à soie qui se trouvent dans un fonds, et les usines destinées à ce genre d'exploitation, soient déclarés immeubles, comme faisant partie du fonds. On a adopté ce principe pour les ruches : or, il y a parité de raisons.

M. Bérenger répond qu'il est impossible d'assimiler des vers à soie qui se renouvellent tous les ans à des ruches qui durent un grand nombre d'années.

M. Pelet dit que l'usine deviendrait inutile si on pouvait en séparer les vers à soie.

M. Treilhard demande s'ils tiennent nécessairement à l'exploitation du fonds.

M. Réal répond qu'il y a des lieux où la plantation de mûriers, les usines et l'immeuble sont pour eux ; qu'on doit donc les considérer comme immeubles.

M. Regnaud (de Saint-Jean-d'Angely) dit que les plantations de mûriers n'ont pas toujours pour objet de former une usine de vers à soie; souvent le propriétaire ne fonde son produit que sur la vente des feuilles, tandis qu'au contraire celui qui n'a pas de mûriers élève un grand nombre de vers à soie.

M. Defermon regarde les vers à soie comme une branche de culture très-importante. Il est un département où, l'année dernière, elle a rendu jusqu'à huit millions. Or, de semblables établissemens ne se forment que par succession de temps, car ils exigent avant tout que les mûriers soient plantés et élevés.

On s'est proposé de qualifier les biens par leur usage et par le danger de les séparer : ces motifs ont fait déclarer immeubles les ruches et les bestiaux destinés à l'exploitation d'un fonds; ils s'appliquent également aux vers à soie, puisqu'on ne peut les déplacer sans détruire l'exploitation.

M. Bérenger dit que les vers à soie ne tiennent pas nécessairement à l'exploitation du fonds. Ils sont élevés avec des feuilles qui peuvent être indifféremment prises ou dans le domaine ou dehors. Il est rare ensuite que celui qui a élevé des vers à soie les fasse filer : ainsi, il n'y a pas, comme on le suppose, une usine unique, mais une succession de fabriques différentes. Si donc on veut déclarer les vers à soie immeubles, il faut restreindre la disposition à ceux qui sont élevés dans la ferme, et encore s'étendrait-elle beaucoup trop loin.

M. Cretet pense qu'on ne peut déclarer immeubles une chose aussi fragile que des vers à soie, qu'un orage peut détruire; qu'on doit se borner à en protéger la culture. On y a suffisamment pourvu en déclarant immeuble la feuille pendante au mûrier.

M. Gally dit que cette discussion ne comporte pas, à beaucoup près, l'intérêt qu'on paraît y attacher. En Piémont, on serait surpris de voir mettre des vers à soie au rang des biens immeubles, quoique la récolte annuelle de la soie y donne un produit tellement important, que quelquefois il s'est élevé à vingt millions et plus. Là, la culture des vers à soie se lie moins à l'exploitation d'un domaine rural qu'à l'occupation des personnes sans propriété, et même des plus pauvres et des plus misérables.

M. Bigot-Préameneu dit que les vers à soie ne peuvent certainement être mis dans la classe des biens-meubles ; mais que peut-être l'intérêt de cette sorte de culture exige qu'on établisse des règles particulières sur la saisie qui peut en être faite. La place de ces règles est dans le Code de la *procédure civile*.

Le Consul Cambacérès observe que l'objet de la discussion est de savoir si les vers à soie seront compris dans la nomenclature des biens immeubles, et que l'objet de cette nomenclature est de prévenir et de régler les difficultés qui peuvent s'élever sur l'étendue de la transmission faite au nouveau propriétaire. Il est des choses qui, à raison de leur durée et de leur union avec un immeuble, en deviennent un accessoire; mais il est impossible de ranger dans cette classe les vers à soie : ils subsistent une année, et souvent il n'en reste aucun vestige l'année suivante. Ce n'est donc que par les circonstances qu'on peut juger s'ils sont aliénés avec l'immeuble : les circonstances sont la seule règle qu'on puisse donner aux tribunaux.

La question écartée, sous ce rapport, n'offre plus d'intérêt que par rapport à la saisie, et alors elle appartient au Code de la *procédure*.

Le Conseil renvoie la question au Code de la *procédure civile*.

L'article est adopté.

523   L'article 517 est adopté.

524   L'article 518 est discuté.

M. Regnaud (de Saint-Jean-d'Angely) demande que la

rédaction de cet article fasse sentir que sa disposition ne s'étend pas aux chaudières et aux alambics employés par les distillateurs.

M. Treilhard répond que la section n'a entendu appliquer l'article qu'aux chaudières et aux alambics qui servent à l'exploitation des fonds ruraux.

L'article est adopté.

Les articles 519 et 520 sont adoptés.

Le chapitre II, *des Meubles*, est soumis à la discussion.

Les articles 521 et 522 sont adoptés.

L'article 523 est discuté.

Le Consul Cambacérès s'arrête sur ces mots de l'article : « Sont meubles..... les actions de banque dans les compa-« gnies de finance, de commerce ou d'industrie, encore que « des immeubles dépendans de ces entreprises appartiennent « aux compagnies. »

Il observe que, dans cette hypothèse, l'action donne droit aux immeubles, et il demande si, par cette raison, on n'en deviendra propriétaire qu'en la faisant transcrire sur les registres des hypothèques.

M. Tronchet répond qu'il faut distinguer l'action, de l'intérêt, dans une entreprise. L'intérêt rend associé et copropriétaire; l'action ne rend que commanditaire, et ne donne droit qu'à la somme qu'on a fournie.

Le Consul Cambacérès dit que cette distinction est très-exacte; mais qu'il est nécessaire qu'on la trouve dans la rédaction.

M. Bégouin observe qu'il y a des actions qui rendent copropriétaire. Par exemple, la manufacture de tabac du Hâvre a été acquise par des actionnaires; ainsi chacun d'eux en est copropriétaire, et y a un intérêt en proportion de son action.

M. Tronchet dit que ces deux sortes de sociétés sont usitées; il convient, comme l'a dit le Consul, de donner plus de développement à l'article.

M. Bérenger dit qu'il existe des sociétés qui se forment par actions, et où cependant les actionnaires n'ont aucun droit aux immeubles. Telles sont la banque de France, l'entreprise des ponts de Paris. La propriété du pont ou des immeubles que la banque acquerrait n'appartient qu'à l'entreprise, qui est là un être moral; chaque actionnaire n'a droit qu'aux produits attachés à son intérêt. Il est évident que, dans ces cas, la transcription devient inutile.

Ces entreprises, au surplus, n'existent qu'en vertu d'une loi. Peut-être faudrait-il examiner s'il ne conviendrait pas de décider qu'aucune entreprise de cette nature ne pourra se former sans autorisation.

M. Treilhard propose de renvoyer la question au Code du *commerce*.

Le Consul Cambacérès dit qu'on ne peut différer à résoudre la difficulté jusqu'à ce que le Code du *commerce* soit discuté. Il propose de décider que l'action est meuble toutes les fois qu'elle ne donne pas droit à la propriété d'immeubles.

M. Tronchet partage l'opinion du Consul. Il pense qu'en principe l'action est meuble, lorsqu'elle ne rend pas copropriétaire des immeubles, et ne soumet pas aux demandes qui peuvent être faites contre la société.

Cette distinction est adoptée.

Le Consul Cambacérès dit que la section a suivi, sur les rentes, la législation existante. La question de savoir s'il est utile de la changer, par rapport aux rentes dues par l'État, tient à des considérations politiques, et ne se lie pas à la discussion du *Code civil*. Ce Code doit fixer la nature des rentes constituées sur particuliers.

La section propose de les déclarer meubles, même quand elles représentent le prix d'un immeuble aliéné. Il serait juste de laisser du moins aux particuliers le droit de stipuler que les rentes qu'ils stipulent seront immeubles.

La proposition du Consul est renvoyée à la section.

Les articles 524, 525 et 526 sont adoptés.

L'article 527 est discuté.

M. CRETET pense qu'il importe de prononcer d'une manière plus positive sur la nature des glaces, attendu qu'il s'élève sur ce sujet de fréquentes contestations.

M. REGNAUD (de Saint-Jean-d'Angely) propose de les déclarer meubles en soi, et indépendamment du lieu où elles se trouvent : elles peuvent en effet être toujours facilement détachées du parquet sans détérioration de l'immeuble.

M. CRETET dit qu'on peut leur donner cette qualité, en se bornant à déclarer accessoire de l'immeuble le parquet qui est incrusté dans la boiserie.

M. TREILHARD répond qu'on ne peut déclarer meubles les glaces mises à perpétuelle demeure sans contredire le principe que la destination du père de famille fixe en ce cas la nature de la chose.

M. CRETET dit que ce principe n'a été étendu aux glaces que par une fausse application de la coutume, puisqu'à l'époque où elle a été rédigée, l'usage des glaces dans des parquets incrustés n'était pas encore connu. Il n'y a, à ce sujet, qu'un arrêt unique qui a acquis force de loi ; mais il est contraire à l'esprit de la coutume : elle n'a évidemment eu d'autre intention que d'empêcher les dégradations. Ce motif s'applique au parquet, mais non à la glace, qu'on peut, comme un lustre et comme d'autres meubles, déplacer sans rien dégrader.

M. TRONCHET objecte que la qualité des choses ne dépend pas uniquement de leur nature, mais encore ou de la volonté de la loi ou de la destination du propriétaire. C'est cette dernière cause qui rend immeubles les animaux destinés à l'exploitation d'une ferme ; elle doit avoir le même effet par rapport aux glaces placées à perpétuelle demeure. Si une chose était nécessairement meuble, par cela seul qu'elle peut être enlevée sans dégradation de l'immeuble, il faudrait aller jusqu'à regarder comme meubles les statues placées dans les niches.

L'article est adopté.

525   Le Conseil décide qu'on exprimera dans l'article 519 que les glaces d'un appartement sont censées mises à perpétuelle demeure, lorsque le parquet sur lequel elles sont attachées fait corps avec la boiserie.

553-536   Les articles 528 et 529 sont adoptés.

Le chapitre III, *des Biens dans leur rapport avec ceux qui les possèdent*, est soumis à la discussion.

537   L'article 530 est discuté.

M. Bérenger demande la suppression de la première partie de cet article, parce que le principe qu'il pose se retrouve dans l'article 537.

M. Treilhard dit que l'article 537 définit la propriété en général ; mais que, comme les particuliers, l'État et les communes ne disposent pas de leurs biens de la même manière, il a fallu exprimer cette différence dans un autre article.

M. Regnaud (de Saint-Jean-d'Angely) demande que la seconde disposition de l'article soit étendue aux biens des établissemens publics.

M. Treilhard propose de la rédiger ainsi : *les biens qui n'appartiennent pas à des particuliers*, etc.

L'article est adopté avec cet amendement.

538   L'article 531 est discuté.

M. Regnaud (de Saint-Jean-d'Angely) observe que cet article doit être réformé, en ce qu'il comprend indistinctement dans le domaine public les chemins publics, les rues et places publiques ; il fait remarquer que les lois distinguent entre les grandes routes et les chemins vicinaux ; ceux-ci sont la propriété des communes, et entretenus par elles. Ce principe est dans la jurisprudence du Conseil. Chaque jour, des arrêtés mettent l'entretien des chemins vicinaux à la charge des communes. Quant aux rues et places publiques, elles sont aussi la propriété des communes, aux termes de la loi du 11 frimaire an VII, de divers arrêtés du gouvernement, et notamment de celui rendu pour la commune de Paris, relativement au percement d'une rue. Il n'y a d'exception à ce principe que pour les rues et places où passent les grandes routes entretenues par l'État.

M. TREILHARD dit qu'en effet les chemins vicinaux et les rues qui ne sont pas grandes routes appartiennent aux communes.

M. TRONCHET observe qu'il y a des chemins qui, sans être grandes routes, appartiennent cependant à la nation.

M. REGNAUD (de Saint-Jean-d'Angely) dit qu'il est facile de distinguer les chemins dont la propriété appartient à la nation; ce sont ceux qu'elle entretient.

La distinction proposée par M. *Regnaud* (de Saint-Jean-d'Angely) sur les chemins vicinaux, et le retranchement de l'énonciation des rues et places publiques, sont adoptés.

M. CRETET demande qu'on déclare aussi les chemins de hallage propriété nationale.

Cette proposition est adoptée.

Les articles 532, 533, 534, 535 et 536 sont adoptés.

(Procès-verbal de la séance du 4 brumaire an XII. — 27 octobre 1803.)

M. TREILHARD présente le titre Ier du livre II du projet du Code civil, rédigé conformément aux amendemens adoptés dans la séance du 20 vendémiaire.

Il est ainsi conçu :

TITRE Ier.
De la Distinction des Biens.

Art. 510. « Tous les biens sont meubles ou immeubles. »

CHAPITRE Ier.
Des Immeubles.

Art. 511. « Les biens sont immeubles ou par leur nature, ou « par leur destination, ou par l'objet auquel ils s'appliquent. »

Art. 512. « Les fonds de terre et les bâtimens sont immeubles par leur nature. »

Art. 513. « Les moulins à vent ou à eau, fixés sur piliers

« et faisant partie du bâtiment, sont aussi immeubles par « leur nature. »

520   Art. 514. « Les récoltes pendantes par les racines, et les « fruits des arbres non encore recueillis, sont pareillement « immeubles.

« Dès que les grains sont coupés et les fruits détachés, « quoique non enlevés, ils sont meubles.

« Si une partie seulement de la récolte est coupée, cette « partie seule est meuble. »

521   Art. 515. « Les coupes ordinaires des bois taillis ou des « futaies mises en coupes réglées ne deviennent meubles « qu'au fur et à mesure que les arbres sont abattus. »

522   Art. 516. « Les animaux que le propriétaire du fonds livre « au fermier ou au métayer pour la culture, estimés ou non, « sont censés immeubles tant qu'ils demeurent attachés au « fonds par l'effet de la convention.

« Ceux qu'il donne à cheptel à d'autres qu'au fermier ou « métayer sont meubles. »

523   Art. 517. « Les tuyaux servant à la conduite des eaux dans « une maison ou autre héritage sont immeubles et font par-« tie du fonds auquel ils sont attachés. »

524   Art. 518. « Les objets que le propriétaire d'un fonds y a « placés pour le service et l'exploitation de ce fonds sont im-« meubles par destination.

« Ainsi sont immeubles par destination :

« Les animaux attachés à la culture ;

« Les ustensiles aratoires ;

« Les semences données aux fermiers ou colons partiaires ;

« Les pigeons des colombiers ;

« Les lapins des garennes ;

« Les ruches à miel ;

« Les poissons des étangs ;

« Les pressoirs, chaudières, alambics, cuves et tonnes ;

« Les ustensiles nécessaires à l'exploitation des forges, pa-« peteries et autres grandes usines ;

« Les pailles et engrais.

« Sont aussi immeubles par destination tous effets mobi-
« liers que le propriétaire a attachés au fonds à perpétuelle
« demeure. »

Art. 519. « Le propriétaire est censé avoir attaché à son
« fonds des effets mobiliers à perpétuelle demeure, quand ils
« y sont scellés en plâtre, ou à chaux et à ciment, ou lors-
« qu'ils ne peuvent être détachés sans être fracturés et dété-
« riorés, ou sans briser et détériorer la partie du fonds à la-
« quelle ils sont attachés.

« Les glaces d'un appartement sont censées mises à perpé-
« tuelle demeure lorsque le parquet sur lequel elles sont
« attachées fait corps avec la boiserie.

« Il en est de même des tableaux et autres ornemens.
« Quant aux statues, elles sont immeubles lorsqu'elles sont
« placées dans une niche pratiquée exprès pour les recevoir,
« encore qu'elles puissent être enlevées sans fracture ou dé-
« térioration. »

Art. 520. « Sont immeubles par l'objet auquel ils s'appli-
« quent :

« L'usufruit des choses immobilières ;
« Les servitudes ou services fonciers ;
« Les actions qui tendent à revendiquer un immeuble. »

CHAPITRE II.

Des Meubles.

Art. 521. « Les biens sont meubles par leur nature ou par
« la détermination de la loi. »

Art. 522. « Sont meubles par leur nature les corps qui
« peuvent se transporter d'un lieu à un autre, soit qu'ils se
« meuvent par eux-mêmes, comme les animaux, soit qu'ils
« ne puissent changer de place que par l'effet d'une force
« étrangère, comme les choses inanimées. »

Art. 523. « Sont meubles par la détermination de la loi
« les obligations et actions qui ont pour objet des sommes

« exigibles ou des effets mobiliers, les actions ou intérêts
« dans les compagnies de finance, de commerce ou d'indus-
« trie, encore que des immeubles dépendant de ces entre-
« prises appartiennent aux compagnies. Ces actions ou inté-
« rêts sont réputés meubles à l'égard de chaque associé seu-
« lement, tant que dure la société.

« Sont aussi meubles par la détermination de la loi les
« rentes perpétuelles ou viagères, soit sur la République,
« soit sur des particuliers. »

531   Art. 524. « Les bateaux, bacs, navires, moulins et bains
« sur bateaux, et généralement toutes usines non fixées par
« des piliers, et ne faisant point partie de la maison, sont
« meubles ; la saisie de quelques-uns de ces objets peut
« cependant, à cause de leur importance, être soumise à des
« formes particulières, ainsi qu'il sera expliqué dans le Code
« de la *procédure civile*. »

532   Art. 525. « Les matériaux provenant de la démolition
« d'un édifice, ceux assemblés pour en construire un nou-
« veau, sont meubles jusqu'à ce qu'ils soient employés par
« l'ouvrier dans une construction. »

533   Art. 526. « Le mot *meuble*, employé seul dans les disposi-
« tions de la loi ou de l'homme, sans autre addition ni dé-
« signation, ne comprend pas l'argent comptant, les pierre-
« ries, les dettes actives, les livres, les instrumens des
« sciences, des arts et métiers, le linge de corps, les che-
« vaux, équipages, armes, grains, vins, foins et autres
« denrées ; il ne comprend pas aussi ce qui fait l'objet du
« commerce d'un citoyen. »

534   Art. 527. « Les mots *meubles meublans* ne comprennent
« que les meubles destinés à l'usage et à l'ornement des ap-
« partemens, comme tapisseries, lits, siéges, glaces, pen-
« dules, tables, porcelaines et autres objets de cette na-
« ture.

« Les tableaux qui font partie du meuble d'un apparte-
« ment y sont aussi compris ; mais non les collections de

« tableaux qui peuvent être dans les galeries ou pièces parti-
« culières.

« Il en est de même des porcelaines; celles seulement qui
« font partie de la décoration d'un appartement sont com-
« prises sous la dénomination de *meubles meublans*. »

Art. 528. « L'expression *biens-meubles*, celle de *mobilier* ou 535
« d'*effets mobiliers*, comprennent généralement tout ce qui
« est censé meuble d'après les règles ci-dessus établies.

« La vente ou le don d'une maison meublée ne comprend
« que les meubles meublans. »

Art. 529. « La vente ou le don d'une maison avec tout ce 536
« qui s'y trouve ne comprend pas l'argent comptant, ni les
« dettes actives et autres droits dont les titres peuvent être
« déposés dans la maison; tous les autres effets mobiliers y
« sont compris. »

CHAPITRE III.

Des Biens dans leurs rapports avec ceux qui les possèdent.

Art. 530. « Les particuliers ont la libre disposition des 537
« biens qui leur appartiennent, sous les modifications mar-
« quées par les lois.

« Les biens qui n'appartiennent pas à des particuliers sont
« administrés et ne peuvent être aliénés que dans les formes
« et suivant des règles qui leur sont particulières. »

Art. 531. « Les chemins, routes et rues à la charge de la 538
« nation, les fleuves et rivières navigables ou flottables, les
« rivages, lais et relais de la mer, les ports, les havres, les
« rades, et généralement toutes les portions du territoire
« national qui ne sont pas susceptibles d'une propriété pri-
« vée, sont considérés comme des dépendances du domaine
« public. »

Art. 532. « Tous les biens vacans et sans maîtres, et ceux 539
« des personnes qui décèdent sans héritiers, ou dont les
« successions sont abandonnées, appartiennent à la nation. »

Art. 533. « Les portes, murs, fossés, remparts des places 540

« de guerre et des forteresses font aussi partie des domaines
« nationaux. »

541 Art. 534. « Il en est de même des terrains des fortifications
« et remparts des places qui ne sont plus places de guerre ;
« ils appartiennent à la nation, s'ils n'ont été valablement
« aliénés, ou si la propriété n'en a pas été prescrite contre
« elle. »

542 Art. 535. « Les biens communaux sont ceux à la propriété
« ou au produit desquels les habitans d'une ou plusieurs
« communautés ont un droit acquis. »

543 Art. 536. « On peut avoir sur les biens ou un droit de
« propriété, ou un simple droit de jouissance, ou seulement
« des services fonciers à prétendre. »

M. TREILHARD dit qu'il n'arrêtera pas l'attention du Conseil sur quelques changemens légers et de pure rédaction ; qu'il se bornera à faire remarquer les changemens plus importans.

525 Il observe que la nouvelle rédaction de l'article 519 contient l'addition adoptée par le Conseil dans la séance du 20 vendémiaire.

529 Il ajoute qu'à l'article 523 on était convenu de distinguer entre le corps de l'association et les individus qui la composent. Aucun d'eux n'est propriétaire des immeubles ; ce ne sont que des accessoires de la société, et, en quelque sorte, des instrumens de l'entreprise. Quant aux actions, elles sont mobiliaires, et il est nécessaire de leur conserver cette qualité, parce qu'il importe d'en faciliter la circulation. Cependant on pouvait abuser du principe pour prétendre que les immeubles auxquels les actions donnent droit doivent, même après la dissolution de la société, être réputés de la même nature que les actions ; et, pour prévenir cette fausse conséquence, on a dû exprimer que la fiction ne durait qu'autant que la société.

M. BEGOUIN demande ce que deviennent les actions après la dissolution de l'entreprise.

DE LA DISTINCTION DES BIENS.   25

M. Treilhard répond que chacun exerce les droits qu'elles lui donnent sur les biens de la société.

M. Tronchet dit qu'il se fait un partage qui ne porte pas sur l'action, mais sur les choses en lesquelles elle se résout, soit argent, soit immeubles.

La rédaction est adoptée.

Le Consul ordonne que le titre ci-dessus sera communiqué officieusement par le secrétaire général du Conseil d'État à la section de législation du Tribunat, conformément à l'arrêté du 18 germinal an X.

COMMUNICATION OFFICIEUSE.

Par suite de cette communication, la section de législation du Tribunat examina le projet ci-dessus le 12 brumaire an XII (4 novembre 1803).

TEXTE DES OBSERVATIONS.

La section entend le rapport d'un de ses commissaires sur un projet devant faire partie du Code civil, et intitulé : Livre II. *Des Biens et des différentes modifications de la propriété.*

TITRE Ier. — *De la Distinction des biens.*

La section, après avoir examiné l'ensemble et les détails de ce projet, propose ce qui suit :

Art. 518, § 12. *Et autres grandes usines,* supprimer le mot *grandes ;* autrement il pourrait s'élever de fréquentes contestations sur la question de savoir si telle usine est grande ou petite dans le sens de la loi. — 524

Art. 526, ligne 1re. Le mot *meuble,* etc., faute typographique ; ajouter un *s* à *meuble.* D'après l'idée générique qu'il présente ici, cette correction a paru nécessaire. — 533

Même art. Après le mot *livres,* ajouter *médailles.* Il y a parité de raison; les médailles ne font pas moins partie de ce qu'on entend par meubles en général que les livres.

Même art. Au lieu de *ce qui fait le commerce d'un citoyen*, dire *ce qui fait le commerce d'un individu*. Au moyen de cette substitution, les différentes classes comme les différens sexes se trouvent compris dans l'article.

534 Art. 527, § II. Après *tableaux*, ajouter *statues*. Il y a même raison pour les productions du sculpteur que pour celles du peintre ou du dessinateur.

537 Art. 530, § I. *Sous les modifications marquées par les lois*, dire *sous les modifications établies par les lois*.

540 Art. 533. Substituer l'expression *domaine public* à celle *domaines nationaux*. La dernière présente un sens différent, d'après l'acception vulgaire.

Une conférence eut lieu entre la section de législation du Tribunat et celle du Conseil d'État, pour s'entendre sur les changemens proposés.

RÉDACTION DÉFINITIVE DU CONSEIL D'ÉTAT.

(Procès-verbal de la séance du 14 nivose an XII. — 5 janvier 1804.)

M. TREILHARD rend compte des observations faites par le Tribunat sur le livre II du projet de Code civil.

Il dit que ces observations n'ont porté pour la plupart que sur de légers changemens de rédaction que la section a adoptés, et qu'il ne parlera que de celles qui présentent plus d'importance (*).

M. *Treilhard* présente ensuite la rédaction définitive de ce titre.

LE CONSEIL l'adopte ainsi qu'il suit :

(*) Les observations dont M. Treilhard a parlé portent sur le titre II, *de la Propriété*, et se trouvent rapportées au procès-verbal qui concerne ce titre.

Des Biens et des différentes modifications de la propriété.

TITRE Ier.

De la Distinction des biens.

Art. 510. « Tous les biens sont meubles ou immeubles. »

CHAPITRE Ier.

Des Immeubles.

Art. 511. « Les biens sont immeubles ou par leur nature, « ou par leur destination, ou par l'objet auquel ils s'ap- « pliquent. »

Art. 512. « Les fonds de terre et les bâtimens sont im- « meubles par leur nature. »

Art. 513. « Les moulins à vent ou à eau, fixés sur piliers « et faisant partie du bâtiment, sont aussi immeubles par « leur nature. »

Art. 514. « Les récoltes pendantes par les racines, et les « fruits des arbres non encore recueillis, sont pareillement « immeubles.

« Dès que les grains sont coupés et les fruits détachés, « quoique non enlevés, ils sont meubles.

« Si une partie seulement de la récolte est coupée, cette « partie seule est meuble. »

Art. 515. « Les coupes ordinaires des bois taillis ou des « futaies mises en coupes réglées ne deviennent meubles « qu'au fur et à mesure que les arbres sont abattus. »

Art. 516. « Les animaux que le propriétaire du fonds « livre au fermier ou au métayer pour la culture, estimés ou « non, sont censés immeubles tant qu'ils demeurent atta- « chés au fonds par l'effet de la convention.

« Ceux qu'il donne à cheptel à d'autres qu'au fermier ou « métayer sont meubles. »

523   Art. 517. « Les tuyaux servant à la conduite des eaux
« dans une maison ou autre héritage sont immeubles et
« font partie du fonds auquel ils sont attachés. »

524   Art. 518. « Les objets que le propriétaire d'un fonds y a
« placés pour le service et l'exploitation de ce fonds sont
« immeubles par destination.

« Ainsi sont immeubles par destination, quand ils ont
« été placés par le propriétaire pour le service et l'exploita-
« tion du fonds :

« Les animaux attachés à la culture ;

« Les ustensiles aratoires ;

« Les semences données aux fermiers ou colons partiaires ;

« Les pigeons des colombiers ;

« Les lapins des garennes ;

« Les ruches à miel ;

« Les poissons des étangs ;

« Les pressoirs, chaudières, alambics, cuves et tonnes ;

« Les ustensiles nécessaires à l'exploitation des forges, pa-
« peteries et autres usines ;

« Les pailles et engrais ;

« Sont aussi immeubles par destination tous effets mobi-
« liers que le propriétaire a attachés au fonds à perpétuelle
« demeure. »

525   Art. 519. « Le propriétaire est censé avoir attaché à son
« fonds des effets mobiliers à perpétuelle demeure quand ils
« y sont scellés en plâtre, ou à chaux, ou à ciment, ou lors-
« qu'ils ne peuvent être détachés sans être fracturés et dété-
« riorés, ou sans briser ou détériorer la partie du fonds à la-
« quelle ils sont attachés.

« Les glaces d'un appartement sont censées mises à per-
« pétuelle demeure, lorsque le parquet sur lequel elles sont
« attachées fait corps avec la boiserie.

« Il en est de même des tableaux et autres ornemens.

« Quant aux statues, elles sont immeubles lorsqu'elles sont
« placées dans une niche pratiquée exprès pour les recevoir,

« encore qu'elles puissent être enlevées sans fracture ou dé-
« térioration. »

Art. 520. « Sont immeubles, par l'objet auquel ils s'appli- 526
« quent :

« L'usufruit des choses immobilières ;

« Les servitudes ou services fonciers ;

« Les actions qui tendent à revendiquer un immeuble. »

CHAPITRE II.
Des Meubles.

Art. 521. « Les biens sont meubles par leur nature ou par 527
« la détermination de la loi. »

Art. 522. « Sont meubles par leur nature les corps qui 528
« peuvent se transporter d'un lieu à un autre, soit qu'ils se
« meuvent par eux-mêmes, comme les animaux, soit qu'ils
« ne puissent changer de place que par l'effet d'une force
« étrangère, comme les choses inanimées. »

Art. 523. « Sont meubles par la détermination de la loi, 529
« les obligations et actions qui ont pour objet des sommes
« exigibles ou des effets mobiliers, les actions ou intérêts
« dans les compagnies de finance, de commerce ou d'indus-
« trie, encore que des immeubles dépendant de ces entre-
« prises appartiennent aux compagnies. Ces actions ou inté-
« rêts sont réputés meubles à l'égard de chaque associé
« seulement, tant que dure la société.

« Sont aussi meubles, par la détermination de la loi, les
« rentes perpétuelles ou viagères, soit sur la République,
« soit sur des particuliers. »

Art. 524. « Les bateaux, bacs, navires, moulins et bains 531
« sur bateaux, et généralement toutes usines non fixées
« par des piliers, et ne faisant point partie de la maison, sont
« meubles ; la saisie de quelques-uns de ces objets peut ce-
« pendant, à cause de leur importance, être soumise à des
« formes particulières, ainsi qu'il sera expliqué dans le Code
« de la *procédure civile*. »

532 Art. 525. « Les matériaux provenant de la démolition d'un « édifice, ceux assemblés pour en construire un nouveau, « sont meubles, jusqu'à ce qu'ils soient employés par l'ou- « vrier dans une construction. »

533 Art. 526. « Le mot *meubles*, employé seul dans les dispo- « sitions de la loi ou de l'homme, sans autre addition ni dé- « signation, ne comprend pas l'argent comptant, les pierre- « ries, les dettes actives, les livres, les médailles, les « instrumens des sciences, des arts et métiers, le linge de « corps, les chevaux, équipages, armes, grains, vins, foins « et autres denrées; il ne comprend pas aussi ce qui fait l'ob- « jet d'un commerce. »

534 Art. 527. « Les mots *meubles meublans* ne comprennent « que les meubles destinés à l'usage et à l'ornement des ap- « partemens, comme tapisseries, lits, siéges, glaces, pen- « dules, tables, porcelaines, et autres objets de cette nature.

« Les tableaux et les statues qui font partie du meuble « d'un appartement y sont aussi compris, mais non les col- « lections de tableaux qui peuvent être dans les galeries ou « pièces particulières.

« Il en est de même des porcelaines; celles seulement qui « font partie de la décoration d'un appartement sont com- « prises sous la dénomination de *meubles meublans*. »

535 Art. 528. « L'expression *biens-meubles*, celle de *mobilier*, « ou d'*effets mobiliers*, comprennent généralement tout ce « qui est censé meuble, d'après les règles ci-dessus établies.

« La vente ou le don d'une maison meublée ne comprend « que les meubles meublans. »

536 Art. 529. « La vente ou le don d'une maison avec tout ce « qui s'y trouve ne comprend pas l'argent comptant, ni « les dettes actives, et autres droits, dont les titres peuvent « être déposés dans la maison; tous les autres effets mobiliers « y sont compris. »

CHAPITRE III.

Des Biens dans leurs rapports avec ceux qui les possèdent.

Art. 530. « Les particuliers ont la libre disposition des
« biens qui leur appartiennent, sous les modifications éta-
« blies par les lois.

« Les biens qui n'appartiennent pas à des particuliers sont
« administrés et ne peuvent être aliénés que dans les formes
« et suivant les règles qui leur sont particulières. »

Art. 531. « Les chemins, routes et rues à la charge de la
« nation, les fleuves et rivières navigables ou flottables, les
« rivages, lais et relais de la mer, les ports, les havres, les
« rades, et généralement toutes les portions du territoire na-
« tional qui ne sont pas susceptibles d'une propriété privée,
« sont considérés comme des dépendances du domaine pu-
« blic. »

Art. 532. « Tous les biens vacans et sans maîtres, et ceux
« des personnes qui décèdent sans héritiers, ou dont les suc-
« cessions sont abandonnées, appartiennent à la nation. »

Art. 533. « Les portes, murs, fossés, remparts des places
« de guerre et des forteresses font aussi partie du domaine
« public. »

Art. 534. « Il en est de même des terrains des fortifications
« et remparts des places qui ne sont plus places de guerre;
« ils appartiennent à la nation, s'ils n'ont été valablement
« aliénés, ou si la propriété n'en a pas été prescrite contre
« elle. »

Art. 535. « Les biens communaux sont ceux à la propriété
« ou aux produits desquels les habitans d'une ou plusieurs
« communes ont un droit acquis. »

Art. 536. « On peut avoir sur les biens, ou un droit de
« propriété, ou un simple droit de jouissance, ou seulement
« des services fonciers à prétendre. »

M. Treilhard fut nommé avec MM. Galli et Defermon pour présenter le titre ci-dessus au Corps législatif dans sa séance du 25 nivose an XII (16 janvier 1804), et pour en soutenir la discussion dans celle du 4 pluviose.

PRÉSENTATION AU CORPS LÉGISLATIF,

ET EXPOSÉ DES MOTIFS, PAR M. TREILHARD.

Législateurs, le moment est venu de reprendre l'édifice de notre législation, dont vous avez si heureusement posé les bases dans le cours de votre dernière session, et nous vous apportons le titre Ier du livre II du Code civil : *De la Distinction des Biens.*

Après avoir, par des lois sages, assuré l'état de tous les Français, il convient de s'occuper de leurs propriétés.

C'est pour acquérir avec sécurité, c'est pour jouir en paix, que l'homme sacrifie une portion de son indépendance quand il se réunit en société.

Dans un état où tout serait commun à tous, personne ne serait assuré de rien, et celui que la force mettrait aujourd'hui en possession pourrait demain être dépossédé par la force.

Ce n'est donc pas assez d'avoir considéré l'homme sous tous ses rapports; d'avoir placé sous la sauve-garde des lois son état, l'état de son épouse, celui de ses enfans; d'avoir garanti une protection spéciale aux mineurs, aux absens, à tous ceux enfin qui, par la faiblesse de leur âge ou de leur raison, ou pour toute autre cause, ne peuvent repousser les attaques qui leur sont livrées ; il faut aussi assurer le libre exercice de nos facultés, il faut nous conserver le fruit de nos travaux et de notre industrie, il faut enfin garantir la propriété : la propriété ! base fondamentale, et l'un des plus puissans mobiles de la société. Qui pourrait, en effet, aspirer à la qualité d'époux, désirer celle de père, si, en prolongeant notre existence au-delà du trépas, nous ne transmettions pas avec elle les douceurs qui l'ont embellie ou du moins consolée?

Il est donc nécessaire, après s'être occupé des personnes, de s'occuper des biens : c'est l'objet des livres II et III du Code.

Dans le livre II on considère les biens sous leurs différentes modifications; dans le livre III on les considère sous le rapport des différentes manières par lesquelles on peut les acquérir et les transmettre.

Déjà, dans le cours de la dernière session, vous avez sanctionné deux titres de ce dernier livre : celui *des Successions*, et celui *des Donations* : leur importance a fait intervertir pour eux l'ordre du travail, et devancer l'instant où ils devaient vous être présentés; nous allons reprendre la première série des titres, et vous vous occuperez du livre II, c'est-à-dire des biens considérés sous leurs différentes modifications.

Ce livre renferme quatre titres :

De la Distinction des Biens;

De la Propriété;

De l'Usufruit et de l'Habitation;

Des Servitudes ou Services fonciers.

Voilà, en effet, les seules modifications dont les propriétés soient susceptibles dans notre organisation politique et sociale; il ne peut exister sur les biens aucune autre espèce de droits : ou l'on a une propriété pleine et entière, qui renferme également et le droit de jouir et le droit de disposer; ou l'on n'a qu'un simple droit de jouissance, sans pouvoir disposer du fonds; ou enfin on n'a que des services fonciers à prétendre sur la propriété d'un tiers; services qui ne peuvent être établis que pour l'usage et l'utilité d'un héritage; services qui n'entraînent aucun assujétissement de la personne; services enfin qui n'ont rien de commun avec les dépendances féodales brisées pour toujours.

Nous ne vous présenterons aujourd'hui que le titre Ier, celui de la *Distinction des Biens;* il ne renferme que trois chapitres : *des Immeubles ; des Meubles ; des Biens dans leurs rapports avec ceux qui les possèdent.*

516   Ces titres sont précédés d'un article unique qui distingue tous les biens en meubles ou immeubles : distinction sous laquelle se rangent évidemment toutes les espèces de biens ; il est impossible d'en concevoir qui ne doivent pas être compris dans l'une de ces deux classes.

Il fut un temps où les immeubles formaient la portion la plus précieuse du patrimoine des citoyens; et ce temps, peut-être, n'est pas celui où les mœurs ont été le moins saines. Mais depuis que les communications, devenues plus faciles, plus actives, plus étendues, ont rapproché entre eux les hommes de toutes les nations; depuis que le commerce, en rendant, pour ainsi dire, les productions de tous les pays communes à tous les peuples, a donné de si puissans ressorts à l'industrie, et a créé de nouvelles jouissances, c'est-à-dire de nouveaux besoins, et peut-être des vices nouveaux, la fortune mobilière des citoyens s'est considérablement accrue, et cette révolution n'a pu être étrangère ni aux mœurs ni à la législation.

On n'a pas dû attacher autant d'importance à une portion de terre, autrefois patrimoine unique des citoyens, et qui, aujourd'hui, ne forme peut-être pas la moitié de leur fortune. Ainsi ont disparu les affectations des biens aux familles, sous la désignation de *propres, propres anciens, retrait lignager ;* et les transactions entre les citoyens, comme les lois sur les successions, se trouvent bien moins compliquées.

Il serait déplacé d'examiner ici ce que la société peut avoir perdu, ce qu'elle peut avoir gagné dans ces changemens. Le législateur adapte ses lois à l'état actuel des peuples pour qui elles sont faites : non que je prétende qu'il doive obéir aveuglément aux directions bonnes ou mauvaises de l'esprit et des mœurs publiques; mais il en prépare la réforme, quand elle est devenue nécessaire, par des voies lentes et détournées, par des règlemens sages qui, agissant insensiblement, redressent sans briser, et corrigent sans révolter.

Je reviens au chapitre Ier du titre *de la Distinction des Biens*, celui *des Immeubles*.

Il est des objets immeubles par leur nature, comme les fonds de terre, les bâtimens : on ne peut pas se méprendre sur leur qualité, elle est sensible : on ne peut pas davantage méconnaître la qualité d'immeuble dans les usines qui font partie d'un bâtiment, dans les tuyaux qui y conduisent des eaux, et dans d'autres objets de la même espèce qui s'identifient avec l'immeuble, et ne font qu'un seul tout avec lui. 518-519-523-524

Il n'est pas moins évident que les récoltes, quand elles sont encore pendantes par les racines, les coupes de bois qui ne sont pas encore abattues, n'ayant pas cessé de faire partie du fonds, sont et restent immeubles jusqu'au moment où elles en seront séparées. 520-521

Mais il est quelques objets qui, au premier aperçu, peuvent laisser des doutes sur leur qualité. 524

Regardera-t-on en effet comme immeuble un pressoir, par exemple, dont toutes les pièces peuvent être séparées et enlevées sans dégrader le fonds, mais qui y a été placé comme nécessaire à l'exploitation?

Mettra-t-on aussi dans la classe des immeubles un droit de passage sur un héritage voisin, l'usufruit d'une terre, une action en revendication d'un immeuble? 526

Vous concevez que le législateur ne se propose pas de donner des décisions particulières sur chaque espèce douteuse qui peut se présenter ; son devoir est de tracer des règles larges et générales, qui renferment des principes de solution pour toutes les questions : c'est ce que l'on a dû faire, et c'est aussi ce que l'on a fait.

Pour déterminer si un objet doit être ou non considéré comme immeuble, il faut rechercher sa destination, il faut examiner quelle est la chose sur laquelle il s'exerce ; voilà deux principes féconds en conséquences, et qui doivent résoudre tous les doutes.

3.

Ainsi, toute action tendant à revendiquer un immeuble sera considérée comme immeuble par l'objet auquel elle s'applique : pourrait-on refuser la qualité d'immeuble à une action qui représente l'immeuble et qui en tient la place?

L'usufruit d'un immeuble, les services fonciers sur un immeuble, seront également immeubles par le même motif, car ils s'appliquent sur des immeubles.

524-525 La règle puisée dans la destination du père de famille n'est pas moins juste, moins nécessaire, ni moins facile à appliquer que la précédente.

Tout ce qu'un propriétaire place dans son domaine pour son service et son exploitation prend la qualité d'immeuble par destination; les choses ainsi placées deviennent en effet une partie du fonds, puisqu'on ne pourrait les enlever sans le détériorer et le dégrader essentiellement, et sans rendre son exploitation impossible : la règle établie sur la destination du propriétaire est donc fondée et sur la justice et sur l'intérêt évident de la société.

Cette règle embrasse dans son esprit tous les objets qu'un propriétaire attache au fonds à perpétuelle demeure dans l'intention de l'améliorer ou de l'embellir.

Ce principe n'est pas nouveau; mais il s'élevait de nombreuses difficultés sur son application : les tribunaux retentissaient de démêlés sur les questions de savoir si des tableaux, des glaces, des statues avaient été placés ou non à perpétuelle demeure, parce que les lois n'établissaient pas de règle précise pour juger cette question de fait. Nous proposons de prévenir à cet égard toute difficulté dans la suite, en fixant les signes caractéristiques d'une intention de placer des meubles à perpétuelle demeure. Ainsi se trouvera tarie une source abondante de procès entre les citoyens, et c'est un grand bien pour la société.

Le chapitre II du titre traite *des Meubles*.

528 Une chose est meuble par sa nature quand elle est transportable d'un lieu à un autre, soit qu'elle se meuve par

elle-même, comme les animaux, soit qu'elle ne puisse changer de place que par l'effet d'une force étrangère, comme les choses inanimées.

Cette définition s'entend assez d'elle-même et n'a pas besoin d'être expliquée.

Il serait sans doute inutile d'observer ici que les choses mobilières qui n'ont acquis la qualité d'immeubles que par leur destination reprennent leur qualité de meubles lorsque cette destination est changée; ainsi, une glace ou un tableau enlevés de leur parquet par le père de famille, avec l'intention de ne pas les y replacer, redeviennent meubles ; ils n'étaient immeubles que par destination, ils cessent d'être immeubles par une destination contraire.

Mais s'il est difficile qu'il s'élève des difficultés sérieuses sur la question de savoir si une chose est meuble par sa nature, il est permis et même prudent d'en prévoir sur certains objets dont la qualité n'est pas aussi sensible, comme, par exemple, des obligations, des actions ou intérêts dans les compagnies de finance, de commerce ou d'industrie, et enfin des rentes.

Quant aux obligations, vous prévoyez bien qu'on a placé celles qui ont pour objet des sommes exigibles, ou des effets mobiliers, dans la classe des meubles, par le même motif qui fait réputer immeubles les actions tendant à revendiquer un immeuble.

Les actions ou intérêts dans les compagnies de finance, de commerce ou d'industrie, sont aussi rangées dans la même classe, parce que les bénéfices qu'elles procurent sont mobiliers. Et la règle est juste, même lorsque les compagnies de commerce, de finance ou d'industrie ont dû acquérir quelques immeubles pour l'exploitation de l'entreprise : cette entreprise est toujours le principal objet de l'association, dont l'immeuble n'est que l'accessoire, et la qualité d'une chose ne peut être déterminée que par la considération de son objet principal.

Observons cependant que les actions ou intérêts dans les compagnies de commerce, d'industrie ou de finance, ne sont réputées meubles qu'à l'égard de chaque associé seulement et tant que dure la société ; car les immeubles appartenant à l'entreprise sont toujours immeubles, sans contredit, à l'égard des créanciers de ces compagnies, et ils sont encore immeubles à l'égard des associés lorsque, la société étant rompue, il s'agit d'en régler et d'en partager les bénéfices ou les pertes.

Nous avons aussi placé les rentes dans la classe des meubles.

C'était autrefois une question très-controversée de savoir si les rentes constituées étaient meubles ou immeubles ; la coutume de Paris les réputait immeubles ; d'autres coutumes les réputaient meubles : dans cette diversité d'usages, la nature de la rente était réglée par le domicile du créancier à qui elle était due : la rente étant un droit personnel ne pouvait en effet être régie que par la loi qui régissait la personne : il résultait de là que, dans un temps où les héritiers des meubles n'étaient pas toujours héritiers des immeubles, un homme qui ne possédait que des rentes pouvait, sans dénaturer sa fortune, déranger à son gré l'ordre des successions, en rendant sa propriété mobilière ou immobilière, suivant qu'il lui convenait de fixer son domicile sous l'empire de telle ou telle coutume.

Cette bizarrerie a dû disparaître ; et au moment où nous créons une législation fondée sur la nature même des choses, nous n'avons pas dû ranger dans la classe des immeubles, des objets purement personnels, qui n'ont en eux-mêmes rien d'immobilier et qui peuvent exister sans même leur supposer une hypothèque sur des immeubles.

Que les rentes constituées aient été considérées comme immeubles lorsqu'il était défendu de stipuler l'intérêt de l'argent, lorsqu'on ne pouvait constituer une rente sans feindre 1° que celui qui en fournissait le capital l'aliénait à perpétuité, 2° que celui qui constituait la rente se dessaisissait d'un héritage et en investissait son créancier, qui, en percevant ensuite les arrérages de cette rente, n'était censé recevoir que les fruits de l'immeuble dont son débiteur s'était fictivement dessaisi : cela peut se concevoir ; mais tant de subtilité n'est plus de notre siècle, il faut partir aujourd'hui de vérités généralement reconnues ; l'argent peut produire des intérêts très-légitimes, sans qu'il soit besoin de recourir à une aliénation fictive du capital, et une rente ne présentant dans son caractère rien d'immobilier, ne peut être déclarée que meuble dans nos lois.

Il s'élevait aussi de grandes contestations sur l'acception des mots *meubles meublans*, *biens meubles*, *mobilier*, *effets mobiliers*, quand ils étaient employés dans les actes; nous avons cru ne devoir pas laisser subsister une incertitude qui fut quelquefois très-embarrassante pour les juges, et toujours ruineuse pour les plaideurs. Nous avons en conséquence fixé le sens précis de toutes ces expressions.

Nous avons aussi fait disparaître les doutes sur quelques autres points qui nous étaient signalés par les nombreux procès dont ils furent l'objet. Il serait superflu de vous en entretenir dans ce moment et d'entrer dans les détails ; la lecture de la loi vous les fera suffisamment connaître, ainsi que la sagesse des motifs qui l'ont provoquée.

Je passe au troisième et dernier chapitre, celui *des Biens dans leurs rapports avec ceux qui les possèdent*.

Les lois romaines distinguaient dans les biens ceux qui sont communs à tous les hommes, comme l'air, comme la mer, dont un peuple ne peut envahir la domination sans se déclarer le plus odieux et le plus insensé des tyrans; les choses publiques, comme les chemins, les ports, les rivages de la mer et autres objets de cette nature; les choses qui n'appartenaient à personne, *res nullius*, telles étaient celles consacrées au service divin; les choses qui appartenaient aux communautés d'habitans, comme les théâtres et autres établissemens de cette espèce ; et enfin les choses dites *res singulorum*, c'est-à-dire celles qui se trouvaient dans le commerce, parce qu'elles étaient susceptibles de propriété privée.

Les biens compris dans cette dernière classe sont les seuls dont le Code civil doive s'occuper; les autres sont du ressort ou d'un code de droit public, ou de lois administratives, et l'on n'a dû en faire mention que pour annoncer qu'ils étaient soumis à des lois particulières.

Les biens susceptibles de propriété privée peuvent être dans la possession de la nation ou des communes.

539 Déjà vous avez érigé en loi, dans le cours de votre dernière session, la maxime que les biens qui n'ont pas de maître appartiennent à la nation; conséquence nécessaire de l'abolition du droit du premier occupant, droit inadmissible dans une société organisée.

En vous proposant aujourd'hui de déclarer que les biens vacans et sans maître, et les biens des personnes qui ne laissent pas d'héritiers, appartiennent aussi à la nation, nous ne vous présentons pas une disposition nouvelle ; c'est une suite naturelle de ce que vous avez déjà sanctionné.

537 Ces biens, quoique susceptibles de propriété privée, sont administrés et aliénés par des règles et dans des formes qui leur sont propres, pendant qu'ils se trouvent hors de la propriété des particuliers.

Ib. Ce qu'il importait surtout d'établir solennellement dans le Code, c'est que les particuliers ont la libre disposition des biens qui leur appartiennent : voilà la principale disposition du chapitre III ; voilà la sauve-garde et la garantie de la propriété.

Cependant cette maxime elle-même pourrait devenir funeste, si l'usage que chacun peut faire de sa propriété n'était pas surveillé par la loi.

Si un particulier s'obstinait à ne pas réparer sa maison et à mettre en danger, par cette manière d'user de la chose, la vie de ceux qui traverseraient la rue, point de doute qu'il devrait être forcé par la puissance publique à démolir ou à réparer : il serait facile de citer d'autres abus de propriété qui compromettraient et la sûreté des citoyens, et quelquefois même la tranquillité de la société entière.

Il a donc fallu, en même temps qu'on assurait aux particuliers la libre disposition de leurs biens, ajouter à cette maxime inviolable le principe non moins sacré que cette disposition était néanmoins soumise aux modifications établies par les lois; et c'est par cette précaution sage et prudente que la sûreté et la propriété de tous se trouvent efficacement garanties : ce n'est pas par des mouvemens capricieux et arbitraires que la faculté de disposer de sa chose pourra être modifiée; c'est par la loi seule, c'est-à-dire par la volonté nationale, dont vous êtes les organes; et votre sagesse est un garant que cette volonté n'admet de modifications que pour des motifs d'une haute considération.

Enfin, le dernier article de la loi nous ramène à ce que nous vous annoncions en commençant : on ne peut avoir sur les biens que trois sortes de droits, ou un droit de propriété, ou une simple jouissance, ou seulement des services fonciers : ainsi notre Code abolit jusqu'au moindre vestige de ce domaine de supériorité jadis connu sous les noms de *seigneurie féodale et censuelle*.

Les titres *de la Propriété*, *de l'Usufruit*, *des Servitudes*, vous seront bientôt présentés; notre mission se borne au titre *de la Distinction des Biens*, dont je vais vous donner lecture.

COMMUNICATION OFFICIELLE AU TRIBUNAT.

Cette communication fut faite, par le Corps législatif, le 26 nivose an XII (17 janvier 1804), et M. Goupil-Préfeln prononça le rapport dans la séance du 29 nivose.

RAPPORT FAIT PAR LE TRIBUN GOUPIL-PRÉFELN.

Tribuns, le gouvernement a proposé successivement au Corps législatif, pendant sa session de l'an XI, les projets de tous les titres qui composent le premier livre du Code civil; vous les avez discutés, et le Corps législatif les a décrétés.

Ainsi les dispositions relatives aux personnes sont maintenant uniformes dans toute l'étendue de la République; et, dans cette partie de nos lois civiles, la multitude des coutumes, souvent opposées les unes aux autres, la variété de doctrine et de jurisprudence, les contradictions des auteurs entre eux, n'obscurcissent plus la science de la législation, qui trace à chacun, avec autant de clarté que de précision, le cercle de ses obligations, l'étendue et les limites de ses droits et de ses devoirs.

Ce bienfait serait incomplet si la même uniformité n'existait pas dans les règles qui doivent constituer la base primordiale de l'ordre social, la propriété, et garantir la jouissance dans leur plénitude des droits qui en résultent.

Les lois des anciens peuples, les maximes qu'elles ont consacrées et qui nous ont été transmises avec leur pureté primitive, la législation et la jurisprudence moderne, tout a été mis à contribution pour en extraire ce qui pouvait être le mieux assorti à nos habitudes et à nos mœurs.

Le peuple romain, ce premier législateur de l'antiquité, avait établi trois divisions principales de ses lois civiles, les *personnes*, les *choses* et les *actions*.

Notre Code civil ne traitera point de la troisième division, qui formera un Code spécial, le Code judiciaire. Après avoir réglé ce qui est relatif aux PERSONNES, il contiendra les dispositions relatives aux BIENS.

Dans une société organisée, le mot BIENS serait vide de sens s'il pouvait être séparé de l'idée de propriété; car les biens seraient précairement dans la possession du plus fort ou du plus entreprenant qui en dépouillerait à discrétion celui qui serait ou plus faible ou plus timide.

Les BIENS doivent être considérés sous deux rapports principaux, ou sous celui des modifications dont la propriété est susceptible, ou relativement aux différentes manières de l'acquérir et de la transmettre.

La distinction des biens est la première modification de la propriété ; et c'est du projet de loi par lequel le gouvernement propose de déterminer les règles de cette distinction que votre section de législation m'a chargé de vous instruire : il formera le titre Ier du livre II du Code.

La distinction des biens en meubles et en immeubles a été 516 adoptée dans toutes les législations. Il n'existe aucun bien qui ne soit susceptible de cette distinction. Le premier chapitre du projet de loi traite des immeubles ; le second des meubles ; dans le troisième les biens sont considérés dans leurs rapports avec ceux qui les possèdent.

Les fonds de terre, les bâtimens, les moulins à vent et à 518 à 521 eau fixés sur piliers et faisant partie de bâtiment, les récoltes pendantes par les racines et les fruits des arbres non encore recueillis, les coupes des taillis et des futaies, mais non abattues, sont immeubles. Tous ces objets, tant qu'ils ne sont pas séparés du sol, ne forment qu'un tout avec le fonds auquel ils sont inhérens.

Ils présentent à l'esprit le caractère d'immeubles sans qu'il soit besoin de rechercher les motifs qui leur attribuent cette qualité ; elle résulte de leur nature.

Il y aurait de graves inconvéniens à ne pas donner le ca- 524 ractère d'immeubles à quelques objets mobiliers par leur nature que le propriétaire a placés sur son domaine pour son service et son exploitation, et qui ne peuvent en être retirés ou enlevés sans rendre impossible l'exploitation de ce domaine, ou sans le détériorer essentiellement.

Tels sont les animaux attachés à la culture, les ustensiles

aratoires, ceux nécessaires à l'exploitation des grandes usines, quand le propriétaire a placé ces objets sur son fonds pour l'exploitation de ce fonds, et les semences qu'il a données à ses fermiers ou colons partiaires, qui ont le même droit à la jouissance de ces objets qu'à celle du domaine qu'ils exploitent.

Les autres objets indiqués par le même article sont rapportés, non seulement pour les déclarer immeubles par destination, mais encore comme exemples qui doivent servir au juge de direction et de point de comparaison dans tous les cas non prévus, et qui demeurent subordonnés à la disposition principale de l'article, qui veut que les objets que le propriétaire d'un fonds y a placés pour le service et l'exploitation de ce fonds soient immeubles par destination.

Ainsi la roue d'un moulin, d'une forge ou d'une papeterie, les chantiers d'une cave, les crèches ou les râteliers d'une étable ou d'une écurie, quoiqu'ils puissent être enlevés sans briser ni détériorer le fonds où ils sont placés, seront immeubles *par destination*, mais seulement quand ce sera le propriétaire qui les aura fait placer.

525 La destination ne sera jamais douteuse, quelle que soit la nature de l'objet mobilier, lorsqu'il sera uni au fonds, et qu'il sera scellé en plâtre, ou à chaux et à ciment, ou s'il ne peut être enlevé sans être désassemblé ou détérioré, ou sans briser ou détériorer le fonds auquel il sera attaché.

Les dispositions relatives aux glaces d'un appartement, aux tableaux, statues et autres ornemens, et qui leur donnent ou non la qualité d'immeubles *par destination*, sont fondées sur la volonté présumée du propriétaire, et si clairement exprimées, que chacun y reconnaîtra sans peine si ces objets seront des meubles ou des immeubles.

526 Il me reste à vous occuper, sur ce premier chapitre, de ce qui doit être considéré comme immeuble par l'objet auquel il s'applique.

L'usufruit d'un immeuble et les services fonciers s'appliquent à des immeubles; ils sont donc immeubles : cependant il ne faut pas s'y méprendre; l'usufruit ne s'entend ici que du droit réel de jouir d'un immeuble dont la propriété appartient à une autre personne, et non des revenus que l'usufruit procure à celui qui a droit à cette jouissance.

La disposition relative aux actions qui tendent à revendiquer un immeuble est l'application exacte de la maxime *Qui habet actionem ad rem recuperandam, ipsam rem habere videtur.*

Je passe au chapitre deuxième.

Il me paraît inutile ou plutôt impossible de rien ajouter à la clarté de l'article 522-528, qui détermine les caractères auxquels on reconnaîtra les biens qui sont meubles par leur nature : je vais vous occuper de ceux qui le sont par la détermination de la loi. 528

Les obligations et actions qui ont pour objet des sommes exigibles ou des effets mobiliers sont meubles; cela ne peut être douteux; il en est de même des actions ou intérêts dans les compagnies de finance, de commerce ou d'industrie : mais si des immeubles appartiennent à ces compagnies, conserveront-ils relativement à chaque sociétaire ou intéressé leur qualité propre d'immeuble pendant la durée de la société? 529

Chacune de ces compagnies est une personne morale qui agit, administre et régit les affaires de l'association d'après des statuts qui règlent le nombre, la qualité et les attributions de chacun de ses agens : ceux-ci, en se conformant à leur mandat, obligent l'association; et le résultat de leurs opérations peut être de créer des hypothèques, et par une suite inévitable, de donner lieu à des poursuites en expropriation forcée des immeubles appartenant à l'association, et qui conservent leur qualité d'immeubles sous tout autre rapport que celui des actionnaires considérés individuellement. Chacun des sociétaires ou des intéressés ne pourrait sans doute hypothéquer sa portion virile dans ces immeubles, et son droit se borne à demander, soit son dividende d'après le contrat de société, soit, lors de la dissolution de la société, la liquidation de sa portion afférente dans l'association; mais tant que dure la société il n'est pas propriétaire de sa portion de l'immeuble dont il ne peut user, mais de sa portion dans la valeur de cet immeuble. C'est donc avec raison que le projet de loi statue que, pendant la durée de la société, et relativement à chaque sociétaire seulement, les actions ou intérêts dans les compagnies de finance, de commerce ou d'industrie, sont meubles, quand même des immeubles dépendraient de ces entreprises.

Le même article est terminé par une disposition qui déclare *meubles* les rentes viagères et perpétuelles, soit sur la République, soit sur des particuliers.

Une obligation créée, soit à prix d'argent, soit pour toute autre cause, mais qui se réduit à une valeur mobilière, ne peut être considérée comme immeuble par sa nature; aussi celles des coutumes qui réputaient immeubles les rentes constituées les qualifiaient *immeubles fictifs :* elles ne l'étaient donc que par la disposition de la loi.

Il serait superflu d'examiner l'origine de cette fiction de quelques-unes de nos lois municipales; on pourrait la trouver dans la doctrine d'anciens théologiens : quoi qu'il en soit, il faut s'attacher à la nature des choses, et n'établir des exceptions que quand elles doivent avoir des effets et des résultats utiles.

Les rentes constituées sont des obligations pécuniaires; et, soit que ces obligations aient une échéance fixe ou éventuelle, ou que l'époque de l'extinction soit à la discrétion du débiteur, dans l'un comme dans l'autre cas, elles sont meubles par leur nature. Aucun intérêt public ou privé ne réclame en faveur de leur immobilisation par la détermination de la loi; elles doivent donc être ce qu'elles sont par leur nature, c'est-à-dire *meubles*, et c'est ce que le projet propose.

Les bateaux, bacs, navires, moulins et bains sur bateaux, 531
et toutes usines non fixées par des piliers, sont souvent
d'une telle importance, qu'ils composent la fortune entière
d'une ou de plusieurs familles ; et dans certains lieux on
aurait pu conclure de quelques exemples du passé et d'une
jurisprudence d'arrêts, que ces objets doivent être réputés
immeubles. L'article 524-531 du Code les déclare *meubles ;*
il annonce en même temps que la saisie de quelques-uns de
ces objets pourra, à cause de leur importance, être soumise
à des formes particulières ; ce qui sera réglé par le Code de
procédure civile.

La destination du propriétaire aurait pu induire à consi- 532
dérer comme immeubles les matériaux provenant de la démolition d'un édifice, et surtout ceux assemblés pour en
construire un nouveau ; l'intention de les employer à la
construction de l'édifice déjà commencé est manifeste, di-
rait-on. Vous avez vu que les objets mobiliers ne sont immeubles que quand ils ont été placés par le propriétaire
d'un fonds pour le service ou l'exploitation de ce fonds ; et
c'est le placement qui prouve la destination, mais l'intention
de placer ne se présume point. Ainsi les matériaux ne seront
immeubles que quand ils seront employés par l'ouvrier dans
une construction.

Dans les actes de donation entre vifs ou de dernière vo- 533 à 535
lonté, et dans les contrats de vente ou de louage, on em-
ploie souvent les expressions générales de *meubles, meubles
meublans, biens meubles, mobilier, effets mobiliers.* Les tribunaux ont souvent retenti des contestations qui naissaient de
l'étendue que les uns prétendaient attribuer à ces expressions, et des restrictions auxquelles d'autres voulaient les
soumettre.

Les quatre derniers articles du chapitre second fixent
clairement le sens précis de ces expressions, en attribuant à
chacune d'elles celui qu'on leur donne dans leur acception
commune et la plus usitée, et tarissent la source des procès.

Je n'ai plus à vous occuper de la distinction des biens que dans leurs rapports avec ceux qui les possèdent : c'est la matière du troisième et dernier chapitre.

537   Les particuliers ont la libre disposition des biens qui leur appartiennent, sous les modifications établies par les lois ; ou, en d'autres termes, les biens sont libres comme les personnes ; car la liberté civile ne peut exister que sous l'empire des lois.

Les biens sont susceptibles ou non de propriété privée. Ceux qui, quoique susceptibles de propriété privée, n'appartiennent pas à des particuliers, sont administrés et ne peuvent être aliénés que dans des formes et suivant des règles spéciales ; le Code civil est étranger à ces formes et à ces règles.

538   Les chemins, routes et rues à la charge de la nation, les fleuves et rivières navigables ou flottables, les rivages, lais et relais de la mer, les ports, havres et rades, les portes, murs, fossés et remparts des places de guerre et des forteresses, sont par leur nature des dépendances nécessaires du domaine public ; ils sont inaliénables tant qu'ils conservent cette destination, et conséquemment imprescriptibles ; car la prescription est un moyen d'aliénation.

541   Les terrains des fortifications et remparts des places qui ne sont plus places de guerre, appartiennent à la nation ; mais elle peut les aliéner dans les formes et suivant les règles établies par les lois, et la propriété peut en être prescrite contre elle.

Si cette maxime eût été consacrée par l'ancienne législation française ; si des propriétaires légitimes avaient pu l'opposer utilement à ces hommes connus sous le nom de *domanistes* ou *féodistes*, qui n'apparaissaient dans les pays où ils venaient faire ce qu'ils appelaient *des recherches* que pour y dépouiller des familles qui possédaient paisiblement depuis plusieurs siècles ; combien de procès qu'il fallait soutenir à grands frais devant des tribunaux d'attribution n'auraient pas opéré la ruine de ceux qui s'y défendaient inutilement!

La révolution a arrêté le cours de ces spoliations. Mais les propriétaires actuels et futurs seront encore plus confians quand ils liront dans le Code de nos lois civiles cette disposition rassurante, qui veut que la propriété d'un bien susceptible de propriété privée puisse être prescrite contre la nation, comme elle peut l'être contre les particuliers.

Enfin le projet de loi, dans ses deux derniers articles, marque le caractère distinctif auquel on reconnaîtra quels biens sont communaux ; et en déclarant qu'on peut avoir sur les biens, ou un droit de propriété, ou un simple droit de jouissance, ou des services *fonciers* à prétendre, il trace à chacun les bornes dans lesquelles il doit se renfermer dans les stipulations qui concernent ses biens.

Tribuns, j'ai été dispensé de faire des efforts pour vous convaincre que le projet de loi sur *la Distinction des biens* contient toutes les dispositions utiles, qu'elles sont placées dans l'ordre qui leur convient, et que la rédaction en est aussi claire que précise. Le résultat de vos méditations a devancé la proposition que je vous fais, au nom de votre section de législation, d'émettre votre vœu pour son adoption.

L'assemblée générale des tribuns vota l'adoption du projet dans sa séance du 2 pluviose an XII (23 janvier 1804), et MM. Goupil-Préfeln et Savoie Rollin furent chargés d'apporter son vœu au Corps législatif le 4 pluviose.

DISCUSSION DEVANT LE CORPS LÉGISLATIF.

DISCOURS PRONONCÉ PAR LE TRIBUN SAVOIE ROLLIN.

Législateurs, le Tribunat m'envoie discuter devant vous le premier titre du second livre du Code civil, *de la Distinction des biens.*

Un Code civil est la collection de tous les droits privés qui appartiennent aux hommes pris dans l'état de société : ces droits ont pour but de leur assurer la liberté civile. Il faut donc qu'un Code civil renferme le système raisonné de tous ces droits; et comme ils sont nécessairement liés entre eux, puisqu'ils concourent au même but, il faut que le système démontre cette liaison. L'homme, en entrant dans la société, apporte deux propriétés naturelles, la vie et la liberté; à ces deux propriétés sont attachés tous ses besoins comme être physique, et tous ses besoins comme être intelligent; ils sont les fondemens de ses droits et de ses devoirs : jouir de ses facultés, voilà ses droits ; ne pas nuire à l'exercice des facultés de son semblable, voilà ses devoirs : ainsi un Code civil embrasse ces deux objets corrélatifs, l'un qui établit les droits du citoyen, l'autre qui l'empêche de porter atteinte aux droits d'autrui; d'où il dérive que le libre usage de ses droits ne lui est garanti que sous la condition qu'il respectera ceux de ses semblables : de cette limite, imposée à sa liberté naturelle, découlent ses obligations; les obligations naissent à côté des droits; il est évident que le droit exclusif qu'un individu a sur une chose ne peut subsister qu'autant que tout autre individu a contracté l'obligation de ne pas s'en emparer. La liberté civile consiste donc dans cet ordre invariable par lequel les droits et les obligations qui lient réciproquement les hommes entre eux ne sont jamais troublés ni violés.

Maintenant de quelle nature sont ces droits et ces obligations, et sur quelle matière s'exercent-ils?

Les hommes réunis en société ont des rapports mutuels par les services qu'ils se rendent ou par ceux qu'ils se doivent; les premiers sont volontaires, les seconds sont fixés par la loi ; ceux-là font naître des droits et des obligations qui varient selon la condition des personnes, et ne changent qu'avec la condition elle-même; ainsi l'on est père, époux, fils de famille, tuteur ou pupille ; on a la capacité d'acquérir, de posséder, de contracter, ou l'on n'a pas cette capacité : le Code civil règle tous ces objets, qui tiennent à l'état des personnes.

Les hommes n'ont pas seulement des rapports entre eux, ils en ont encore avec les choses; les choses ou les biens composent les diverses espèces de propriété; ces espèces sont sujettes à différentes modifications; le Code civil les caractérise.

Des rapports des hommes entre eux et avec les choses, et des choses aux hommes, dérivent toutes les actions humaines, et par conséquent toutes les conventions au moyen desquelles on acquiert, on possède, on transmet les choses ou les biens.

Telle est la classification adoptée par le Code dont on vous soumet successivement les parties : elle se rapproche, en la rectifiant, de celle que le droit romain avait consacrée; elle est plus complète que celle des Institutes, plus méthodique que celle des Pandectes, et plus régulière qu'aucune des deux; elle doit cet avantage à l'idée heureuse qu'a conçue le gouvernement de diviser la législation en autant de Codes particuliers qu'elle a de parties différentes, sans cesser néanmoins de les assujétir à un plan général de réforme. Ces Codes, ainsi distincts, ne mêleront rien d'hétérogène à leurs matières; ils ne traiteront que des objets qui leur sont propres; ils marcheront sans détour à leur but, et prendront, à mesure de leur confection, la place qui leur est assignée dans le système complet de nos lois.

Déjà le premier livre du Code civil ayant pour objet les personnes a reçu votre sanction; déjà l'approbation universelle des Français a justifié la vôtre, et le seul prélude d'une législation uniforme a fait entrevoir à tous les esprits les biens immenses qui suivront son accomplissement.

Le projet de loi offert à votre délibération forme le titre Ier du livre II du Code civil; il traite de la distinction des biens, et de leurs rapports avec ceux qui les possèdent.

Il réduit la distinction des biens à celle de biens meubles

ou immeubles. Toutes les espèces de choses, quelque nombreuses qu'elles soient, doivent se confondre dans l'une où l'autre de ces dénominations.

Il est vrai qu'on ne les force à s'y ranger qu'en recourant à des règles qui ne sont proprement que des fictions; mais elles ont l'utilité de simplifier la nomenclature des biens, et de les classer de la manière la plus avantageuse aux intérêts du propriétaire : cette dernière considération est surtout décisive, si l'on observe que, dans beaucoup d'espèces, il est impossible d'arriver à des démarcations fixes entre les meubles et les immeubles.

517 On propose donc pour règle à l'égard des biens immeubles, qu'*ils soient tels, ou par leur nature ou par leur destination, ou par l'objet auquel ils s'appliquent.*

518 à 521 La première règle n'est pas susceptible de difficulté. La terre et tous les corps matériels qui y sont attachés sont évidemment immeubles; mais ceux-ci deviennent meubles du moment qu'ils cessent d'être adhérens au sol : ainsi les grains coupés, les fruits cueillis, les arbres abattus, sont meubles.

524-525 La seconde règle, que les biens sont immeubles par destination, est purement fictive; elle donne au propriétaire d'un fonds le pouvoir de transformer en immeubles les objets qu'il y a placés et qu'il a destinés au service et à l'exploitation de la terre.

La même règle associe aux immeubles tous les effets mobiliers que le propriétaire a mis dans son fonds à perpétuelle demeure : elle étend encore plus loin la prérogative si le propriétaire ne s'est pas expliqué; elle décide qu'il est censé avoir attaché à son fonds des effets mobiliers à perpétuelle demeure quand ils y sont scellés en plâtre, ou à chaux, ou à ciment, ou lorsqu'on ne peut les enlever sans commettre des dégradations.

Cette partie du projet de loi est extrêmement importante sous deux rapports : 1° en traçant des dispositions aussi générales et aussi positives, le projet tarit dans leur source les contestations infinies qui s'élevaient sur le classement des meubles, soit par destination, soit à perpétuelle demeure : on avouait le principe de ces deux exceptions, mais la nomenclature des objets était livrée à l'arbitraire des tribunaux. 2° La faculté de rendre immobiliers les bestiaux, les ustensiles, les effets mobiliers de toute espèce, servira d'encouragement à l'agriculture. Dès l'instant que les meubles seront identifiés aux immeubles, ils seront protégés par les mêmes lois.

La troisième règle, qui déclare les biens immeubles par l'objet auquel ils s'appliquent, dissipe également les incertitudes de la jurisprudence sur les choses *réelles* ou *personnelles*, *corporelles* ou *incorporelles*; l'action en revendication d'immeuble, l'usufruit d'un immeuble, les services fonciers, sont des droits sur des choses *corporelles*; et puisqu'ils représentent des immeubles, l'analogie réclame qu'ils y soient assimilés. 526

Les meubles sont de deux espèces : les biens sont meubles par leur nature ou par la destination de la loi. 527

Le caractère spécifique des meubles est dans la faculté de les transporter d'un lieu à un autre sans les endommager ou les dénaturer, soit qu'ils se meuvent par eux-mêmes, comme les animaux, soit qu'ils reçoivent leur impulsion d'une force extérieure. 528

Les meubles réputés immeubles par destination retombent dans la classe des meubles lorsque la destination est finie. Ib. et 524

Les biens que la loi déclare meubles sont 1° les obligations et actions qui ont pour objet des sommes exigibles ou des effets mobiliers; 2° les actions ou intérêts dans les compagnies de finance, de commerce ou d'industrie; 3° les rentes perpétuelles et viagères, soit sur la République, soit sur des particuliers. 529

Ce n'est là qu'une nouvelle application de la règle adoptée

pour les actions sur des immeubles : la mesure d'un droit est l'acte même auquel il se rapporte ; l'espèce de l'acte détermine toujours l'espèce du droit. C'est dans l'ignorance ou l'oubli de ce principe qu'on a été si long-temps partagé sur la question de savoir si les rentes sur l'État étaient meubles ou immeubles : les actions dans les compagnies de finance, de commerce ou d'industrie, subissent aussi le joug de la même règle : les bénéfices du commerce sont des mobiliers ; on prévoit même les cas où ces compagnies auraient, dans leurs spéculations commerciales, acquis des immeubles. Nul doute que ces immeubles ne changeraient pas de caractère à l'égard des tiers ; mais ils seraient convertis en meubles à l'égard des associés pendant toute la durée de l'acte social : c'est le même principe poussé dans ses dernières conséquences.

537. La seconde partie de la loi qui vous est proposée envisage tous les biens dans leurs rapports avec ceux qui les possèdent.

Elle commence par déclarer *que les particuliers ont la libre disposition des biens qui leur appartiennent*. Quoique ce ne soit là que la déclaration d'un droit incontestable, on aime à la trouver dans une loi : elle dépose des sentimens de celui qui l'a dictée ; elle est comme un nouveau gage de la confiance qu'il inspire. Le même article ajoute, *sous les modifications établies par les lois*. Cette disposition ne peut concerner les ventes ou les échanges forcés que l'intérêt public commande ; une autre loi est chargée de statuer sur ce point. Il s'agit donc simplement de ces limitations que la sûreté publique exige quelquefois d'un propriétaire, et qui sont justifiées par la conservation même de toutes les propriétés qu'il menace de la sienne.

Cet article porte encore que les biens qui n'appartiennent pas à des particuliers sont administrés et ne peuvent être aliénés que dans les formes et suivant les règles qui leur sont particulières.

La loi se borne à cette énonciation ; en effet, ces sortes

de biens sont régis par le droit public, et c'est dans le Code où il est consigné qu'on doit chercher ces règles. Il faut faire la même observation à l'égard des rivages des mers, des fleuves et rivières navigables, et généralement de toutes les portions du territoire national considérées comme dépendant du domaine public.

Les biens vacans et sans maître, et ceux des personnes qui décèdent sans héritiers, ou dont les successions sont abandonnées, appartiennent à la nation : le Code civil l'a déjà réglé pour les biens vacans ; le projet de loi en complète le catalogue.

Ce projet est terminé par deux articles : l'un renouvelle le principe que les biens communaux sont ceux à la propriété ou au produit desquels les habitans d'une ou de plusieurs communes ont un droit acquis.

Le dernier déclare qu'on peut avoir sur les biens ou un droit de propriété, ou un simple droit de jouissance, ou seulement des services fonciers à prétendre. Cet article tient à la loi actuelle en ce qu'elle s'occupe des biens dans leurs rapports avec ceux qui les possèdent; mais il n'est ici que le précurseur des lois sur la propriété, l'usufruit et les servitudes, qui seront incessamment discutées devant vous.

Le Tribunat, législateurs, vous propose l'adoption du projet de loi sur la *distinction des biens*.

Le Corps législatif rendit son décret d'adoption dans la même séance, et la promulgation eut lieu le 14 pluviose an XII (4 février 1804).

Sur les Rentes foncières (art. 530).

DISCUSSION DU CONSEIL D'ÉTAT.

(Procès-verbal de la séance du 7 pluviose an XII. — 28 janvier 1804.)

Le Consul Cambacérès charge la section d'examiner la question de savoir s'il convient de rétablir l'usage des rentes foncières.

(Procès-verbal de la séance du 15 ventose an XII. — 6 mars 1804.)

Le Consul Cambacérès dit qu'il est une matière sur laquelle le Code civil ne contient aucune disposition, et qu'il importe cependant d'examiner; c'est celle des rentes foncières. On s'est divisé sur l'utilité qu'il pourrait y avoir à les permettre : la question n'a pas été décidée; cependant le législateur ne doit point la négliger. Le contrat de rente foncière convient à beaucoup de personnes qui sont dans l'impossibilité d'exploiter elles-mêmes leurs terres. Il n'est pas essentiellement féodal. Peut-être y aurait-il de l'avantage à le rétablir. On examinera ensuite si ces sortes de rentes doivent être déclarées rachetables.

M. Tronchet dit qu'on ne peut pas mettre en question si les rentes foncières seront irrachetables, car elles perdraient leur caractère, qui est de représenter le fonds, s'il était permis de les racheter.

Ces sortes de rentes étaient avantageuses aux personnes qui ne pouvaient faire les frais d'une grande exploitation, et à qui l'ancienne jurisprudence ne permettait pas de faire des baux au-dessus de neuf ans. Cette dernière difficulté n'existe plus aujourd'hui : on peut faire des baux même de cent ans, et dès lors le colon a la faculté de s'assurer une jouissance assez longue pour ne pas craindre de perdre le fruit de ses améliorations.

DISTINCTION DES BIENS. — RENTES FONCIÈRES.

L'inconvénient des rentes foncières était qu'à raison de ce qu'il n'était point permis de les racheter, elles imprimaient à l'héritage une tache perpétuelle qui le suivait dans toutes les mutations de propriété, et qui gênait la circulation des immeubles : peu de personnes consentaient à se soumettre à une charge dont rien n'était capable de les affranchir.

D'ailleurs cette matière comportait un grand nombre de règles très-compliquées, et dont l'application, en certains cas, devenait très-embarrassante.

M. MALEVILLE dit qu'avant de se décider sur l'admission ou le rejet du contrat de bail à rente foncière, il faut se bien fixer sur sa nature et sur son objet.

Ce bail est un contrat par lequel un propriétaire qui a des fonds incultes ou qu'il ne peut facilement cultiver les cède à un autre, à la charge par celui-ci de lui payer en argent ou en denrées une rente convenue, pour tout le temps qu'il possédera le fonds.

Ce contrat était connu des Romains, qui l'appelaient *emphyteusis*, c'est-à-dire bail pour améliorer : ce n'est en effet que des fonds en friche, et dont on ne retire presque aucun profit, que l'on donne communément à rente ; s'ils étaient en rapport, on les donnerait à ferme ou on les vendrait.

Ce n'est non plus que de pauvres habitans des campagnes qui prennent des fonds à rente foncière ; un homme riche n'en voudrait pas, parce qu'obligé de faire faire par d'autres les travaux nécessaires pour mettre le fonds en culture, il n'y trouverait pas le même profit ; il aimerait d'ailleurs mieux acheter que de se soumettre à la rente ; mais le propriétaire du fonds inculte ne veut pas le vendre, parce qu'il n'en retirerait qu'un prix vil et à peu près nul.

Le pauvre habitant des campagnes, au contraire, qui n'a pas d'argent pour acheter, qui n'a de capitaux que ses bras, recherche beaucoup les baux à rente, parce qu'ils lui assurent une propriété, un établissement stable, et il les préfère sans contredit à un bail à ferme dont il prévoit toujours la fin, et dont l'expiration laisse sa famille sans asile assuré.

C'est ce contrat de bail à rente foncière qui a repeuplé les Gaules, dévastées par les barbares et par les guerres intestines et non moins funestes de la première et de la seconde race ; c'est par le moyen de ce bail que la grande majorité du peuple est redevenue propriétaire, a pu racheter sa liberté, a défriché les forêts et desséché les marais qui couvraient la surface de l'empire.

Il est vrai qu'avec la rente foncière les bailleurs stipulèrent des droits seigneuriaux pour maintenir leur supériorité ; mais ces droits ne sont pas essentiels à ce contrat, et les Romains ne les connurent jamais.

D'après ces données et cette expérience, il est difficile de concevoir quelque raison solide qui puisse empêcher de rétablir la faculté de donner des fonds à rente foncière. N'y a-t-il donc plus en France de terrains en friche? Le nombre des propriétaires est-il trop grand pour sa surface? Et n'est-il pas, au contraire, du plus grand intérêt de l'État de multiplier ce nombre? sa tranquillité, son immutabilité, sa puissance, ne dépendent-elles pas essentiellement du meilleur emploi de son terrain et de l'attachement des citoyens pour le sol qui les a vus naître? Un homme qui n'a que ses bras est citoyen du monde, et par cela même ne l'est d'aucun pays particulier.

Pour faire rejeter ce contrat, on dit qu'un fonds soumis à une rente foncière est presque hors du commerce ; que personne ne se soucie de l'acheter, parce qu'on ne veut pas s'assujétir à une charge irrachetable.

Mais, quand il serait vrai qu'un fonds soumis à une rente foncière serait hors du commerce et invendable, il vaudrait toujours mieux, pour l'État et pour le particulier, qu'un fonds en friche qui est bien aussi hors du commerce, et qui ne rapporte rien, tandis que l'autre paie un impôt et produit des denrées.

Mais de plus, c'est au hasard et contre l'expérience du

passé, qu'on prétend qu'un fonds soumis à une rente foncière serait hors du commerce ; la presque universalité des terres, dans le midi de la France, était possédée à ce titre, et ces terres se vendaient comme les autres, moins le capital de la rente ; encore étaient-elles grevées alors de droits seigneuriaux qui depuis ont été abolis.

Il serait sans doute à désirer que toutes les rentes fussent créées rachetables, et les habitans des campagnes prendraient sans doute bien plus volontiers les fonds en friche avec cette stipulation : mais ce sont les propriétaires de ces fonds qu'il faut d'abord engager à s'en dessaisir ; or, il est bien constant qu'ils ne les donneront point moyennant une rente qui ne peut être que très-modique, vu l'état des fonds au moment du bail, s'ils ne sont pas assurés de la stabilité de cette rente, et s'ils prévoient, au contraire, que le preneur l'éteindra moyennant un prix bien bas, dès qu'il aura mis les fonds en pleine production.

Tout ce qu'il importe de faire pour alléger la condition du preneur, c'est de lui laisser la pleine liberté d'abandonner le fonds dès que la rente lui devient à charge ; et c'est là encore un grand avantage de ce contrat sur le bail à ferme, dans lequel le cultivateur, quoique trompé dans ses spéculations, n'en est pas moins obligé de payer le prix de ferme jusqu'à la fin.

On objecte encore que le bail à rente exige une législation à part et très-compliquée, qu'il peut devenir la source de mille procès.

- Oui, sans doute, ce contrat devait donner lieu à beaucoup de procès dans un temps où il était presque toujours mêlé de droits seigneuriaux, où ses règles n'étaient déterminées par aucune loi précise, et n'avaient d'autre base que des opinions d'auteurs et la jurisprudence peu uniforme des tribunaux.

Mais maintenant que les droits seigneuriaux sont abolis, il est facile de réduire cette matière, comme toutes les autres, à des règles simples, et l'opinant en a déjà fait le projet dans un travail qu'il a distribué à la section de législation.

M. Tronchet dit que l'expérience n'a pas justifié les résultats avantageux qu'on attribue aux rentes foncières par rapport à la culture.

Au surplus, des baux de vingt-sept ans suffisent pour favoriser les défrichemens; à plus forte raison des baux de cinquante années, et même de plus. On peut désormais se passer de rentes foncières, et l'on débarrassera le Code civil de cette multitude de règles dont il aurait fallu le surcharger, sans pouvoir cependant espérer de prévenir toutes les difficultés.

Un des principaux inconvéniens des rentes foncières était que non seulement le fonds se trouvait affecté à leur paiement, mais encore tous les autres biens du débiteur, de manière qu'elles grevaient successivement le patrimoine d'une génération entière.

M. Pelet dit que, dans les provinces méridionales, les autres biens du débiteur n'étaient point hypothéqués pour le paiement du capital de la rente, et qu'on pouvait même s'en affranchir par le déguerpissement.

M. Jollivet dit que cette faculté était refusée à celui qui avait promis de *fournir et faire valoir*, clause qui était devenue de style.

M. Pelet dit que les départemens méridionaux ont toujours réclamé le rétablissement des rentes foncières.

Leur situation n'est pas la même que celle des pays du nord. Le terroir de ces contrées est stérile. Il ne doit sa prospérité qu'aux baux à rente. Les propriétaires qui n'avaient pas assez de force pour exploiter donnaient leurs biens à rente à ceux qui avaient des bras, mais qui manquaient de fonds pour acheter des terres : il en résultait un avantage précieux pour le bailleur comme pour le preneur.

Là, un bail de quatre-vingt-dix ans ne donnerait pas une sûreté suffisante pour entreprendre des plantations de vignes et d'oliviers, construire des canaux d'irrigation et élever des terrasses.

M. Tronchet dit que cependant l'emphytéose est venue des contrées méridionales.

M. Defermon dit que si les propriétaires du midi ont besoin, pour mettre leurs terres en exploitation, d'en transférer la propriété aux colons, ils peuvent arriver à ce résultat par une vente à rente rachetable. Ce moyen aura même de grands avantages sur le bail à rente foncière. Du moins le colon n'est pas privé de l'espoir de s'affranchir un jour de la redevance, et, dans cette vue, il redouble d'activité et d'efforts pour fertiliser les terres et en obtenir des bénéfices qui, dans la suite, le mettent en état de rembourser la rente.

Mais les vraies causes de l'amélioration de la culture sont la suppression des rentes féodales et le rachat possible des rentes foncières. Presque toutes les rentes foncières ont été rachetées.

M. Bérenger dit que les résultats du bail à rente foncière détruisent l'illusion qu'on pourrait se faire sur l'excellence de ce contrat.

D'abord il est très-difficile au colon de tirer de sa terre un produit suffisant pour acquitter tout à la fois la rente et ses contributions foncières.

Le fonds chargé à jamais d'une semblable rente perd nécessairement de sa valeur vénale.

Dès lors les mutations qui surviennent à l'égard de ces sortes de biens produiront moins de droits d'enregistrement.

Le fonds chargé d'une rente foncière ne peut être chargé de contributions aussi fortes que le fonds libre, et cependant les impositions ne sont pas réparties sur le propriétaire de la rente.

Ainsi, de tous côtés, on n'aperçoit que des inconvéniens qui ne se trouvent balancés par aucun avantage ; tandis que les baux à long terme, ou les ventes à rente rachetable, donneront les effets utiles qu'on prête aux rentes foncières, sans en reproduire les inconvéniens.

Il importe aussi de prévoir ce qui pourrait arriver dans la suite des temps. On a ici un exemple qui ne doit pas être perdu : les rentes foncières étaient véritablement le prix de l'héritage, et cependant une loi est survenue, qui, les confondant avec les rentes féodales, les a supprimées sans indemnité.

Le Consul Cambacérès dit que les raisons qu'on a données ne sont pas suffisantes pour rejeter de la législation le contrat de rentes foncières.

On fait un Code civil pour régler l'état des personnes, la nature des choses, et la manière d'en disposer. Il faut que les dispositions de ce Code soient concordantes, et qu'il soit complet.

Peut-on, sous ce rapport, en retrancher le contrat de rentes foncières?

Il y a lieu d'en douter. Le Code civil autorise l'usage le plus illimité, même l'abus du droit de propriété; il permet à chacun la disposition indéfinie de son bien; ce principe n'est borné que par les exceptions que réclament les mœurs et l'intérêt public : comment, dans cet état de la législation, pourrait-on, sans arbitraire, défendre à un propriétaire d'aliéner son domaine pour le prix d'une redevance foncière, si d'ailleurs les mœurs et l'intérêt de l'État ne sont pas offensés par cet arrangement?

Il est évident d'abord qu'il ne blesse pas les mœurs.

Voyons s'il blesse l'intérêt de État.

On a eu raison de dire que l'État a intérêt à ce que les propriétaires ne soient pas grevés de charges tellement pesantes qu'il ne reste plus de matière aux impositions.

Mais ce principe ne reçoit pas ici d'application; car il faut prendre garde que la concession à rente foncière n'est employée que par le vendeur qui n'a pas les facultés nécessaires pour exploiter, et par l'acquéreur qui n'a pas de fonds pour acheter. Si on leur refuse ce moyen, les terres ne rendent plus de produits, et n'offrent pas dès lors de matière imposable.

Au reste, le propriétaire de la rente représentative du fonds doit supporter les impositions sur la rente comme il les supporterait sur le fonds même.

On a observé encore que les aliénations à rente foncière diminueraient les produits de l'enregistrement.

Il y a lieu de croire, au contraire, que la fréquence des mutations sera en raison des facilités plus grandes que le contrat de rente foncière donne pour aliéner le bien et pour l'acquérir.

On a parlé des rachats multipliés dont avait été suivie la loi qui autorisait à racheter les rentes foncières.

Le fait est incontestable, mais il n'est pas concluant.

Pour juger la loi qu'on rappelle et les résultats qu'elle a eus, il est nécessaire de remonter à l'esprit qui l'a dictée.

L'Assemblée constituante avait à lutter contre la classe des privilégiés, qui était en même temps celle des grands propriétaires; elle l'a attaquée en attaquant la propriété d'où cette classe tirait sa force, et par ce même moyen elle s'est attachée le tiers-état, qu'elle voulait opposer aux privilégiés. Ce système a produit, entre autres lois, celle qui permet le rachat des rentes foncières.

Une telle loi n'est pas fondée sur des principes de législation; elle est toute politique, toute de circonstance, et l'effet en est tellement passé, que peut-être ceux qui s'en sont servis pour racheter donneraient aujourd'hui leurs propriétés à rente foncière, si la législation les y autorisait.

La question n'a donc pas été jugée en principe par l'Assemblée constituante. Une loi de circonstance sur les rentes foncières ne peut pas plus être considérée comme un préjugé que ne l'ont paru des lois de la même nature sur d'autres matières. C'est ainsi qu'on vient de rétablir la faculté de tester, et plusieurs autres dispositions qui, comme les rentes foncières, avaient été sacrifiées aux circonstances.

Enfin, l'on a porté ses regards sur l'avenir, et l'on a craint qu'un jour les rentes foncières ne fussent de nouveau supprimées.

La prévoyance du législateur ne doit pas s'étendre aussi loin. Ce serait entreprendre l'impossible que de vouloir lire dans l'histoire des siècles les plus reculés. On doit supposer que la postérité sera juste; mais si cet espoir devait être trompé, toute précaution législative contre l'injustice serait assurément sans succès.

Le Consul demande que la question qui n'a pas encore été approfondie, soit renvoyée à la section de législation pour faire un rapport.

M. Maleville dit que la question, se réduit à des termes très-simples. Il serait sans doute plus avantageux que toute terre fût possédée dégagée de rente foncière; mais, si un propriétaire qui a des fonds incultes ne veut s'en dessaisir qu'en se réservant une rente de cette espèce, y a-t-il quelque raison pour l'en empêcher? Est-il préférable de laisser ces fonds dans ses mains sans profit pour lui ni pour la société? Pourquoi la loi, qui permet tous les autres moyens d'aliénation, interdirait-elle le seul qui peut convenir à un grand nombre de citoyens, et qui, en facilitant la culture, tourne au profit de l'État?

M. Cretet dit qu'il ignore si le défrichement des terres est dû au bail à rente foncière; mais il sait que ce contrat a été, dans la main des usurpateurs, un moyen puissant pour tenir les propriétaires sous leur dépendance.

Au reste, ce contrat a toujours produit des inégalités énormes. Toujours on a vu des hommes habiles s'en servir pour circonvenir les gens simples par l'appât d'avantages imaginaires; s'assurer les fruits de leurs travaux, et ne leur laisser que l'indigence avec le vain titre de propriétaire. Si l'usage de ce contrat s'étendait, on verrait la nation partagée en deux classes : l'une qui jouirait paisiblement et sans labeur des produits de la terre, l'autre de serfs condamnés aux travaux les plus rudes pour payer les impositions et la rente foncière, sans pouvoir obtenir de leurs sueurs la subsistance de leurs familles.

Indépendamment de ces vices du fond, les rentes foncières présentent de grandes difficultés de détail.

Dans les partages des biens grevés, elles produisent des effets désastreux ; car, quoique la rente soit indivisible, il faut régler la part qui en sera portée par chaque enfant, et ensuite, à raison de l'indivisibilité, les enfans se trouvent constitués codébiteurs solidaires ; de là résulte que tous les biens de la famille demeurent affectés au paiement de la rente et frappés d'hypothèques.

Dans la liquidation de la succession du bailleur, il faut décomposer la propriété pour régler la part que chaque héritier prendra de la rente, en proportion de celle qu'il prend dans le fonds. Il en résulte aussi, dans la suite des temps, que ces héritiers, si le bailleur avait stipulé une certaine quantité de mesures de blé, n'en reçoivent plus chacun qu'une poignée.

M. Pelet répond que, dans l'état actuel des choses, les habitans de la campagne entendent trop bien leurs intérêts et y sont trop attachés pour qu'on doive craindre que le bail à rente devienne un moyen de les circonvenir : on pourrait avec plus de fondement concevoir des inquiétudes semblables pour le bailleur.

Ce contrat ne partagera pas les Français en deux classes, l'une de propriétaires, l'autre de colons. Cette division existe déjà par l'effet des baux à ferme. Le bail à rente ne fera que rectifier à cet égard les inégalités, en donnant au preneur une part plus forte dans les produits de la terre.

Enfin le partage d'une rente foncière n'est pas aussi embarrassant qu'on a prétendu : il n'est pas nécessaire de la diviser ; on peut la placer en entier dans le lot de l'un des partageans.

M. Bigot-Préameneu dit qu'il est aussi parfaitement rassuré sur les surprises auxquelles on prétend que le bail à rente donnerait lieu.

L'avantage de ce contrat est de donner à ceux qui n'ont pas de facultés pécuniaires la facilité d'acquérir des propriétés. Les conditions peuvent être réglées de manière à ne leur pas devenir trop onéreuses. Si la rente est constituée en grains, on la calcule en proportion du produit de la terre.

Mais l'inconvénient de ces sortes de contrats est de jeter de l'embarras dans les partages, surtout lorsque la rente est ancienne, et d'obliger à établir une multitude de règles très-compliquées sur le déguerpissement.

Au reste, la question mérite d'être approfondie. On pourrait donc la renvoyer à la section, qui examinerait s'il n'est pas des moyens de corriger les inconvéniens que peuvent avoir les rentes foncières, et d'empêcher qu'elles ne deviennent la cause d'une multitude de procès.

Le Premier Consul dit que la question première n'est pas de savoir si le bail à rente donnera lieu à des procès : les règles trop simples et qui préviennent toute contestation ne sont pas les plus favorables au droit de propriété.

Mais il importe d'examiner avant tout s'il est de l'intérêt de l'État qu'il y ait beaucoup de rentes foncières, et que l'usage de ces sortes de contrats se propage.

Jusqu'à ce que ce point soit décidé tout travail ultérieur devient inutile.

Considérées sous ce rapport, les rentes foncières ne paraissent pas présenter d'avantage. On conçoit difficilement qu'il puisse être utile à l'État que les terres soient chargées envers lui d'une imposition du quart de leur produit; qu'un bailleur en prélève encore un autre quart ou même une portion plus forte; qu'enfin le preneur les donne encore à ferme à des cultivateurs.

Tel est cependant le résultat que ce contrat doit avoir après un certain laps de temps.

Dans l'ancien système politique il pouvait être utile. Alors la féodalité avait placé la propriété des terres dans un petit nombre de mains, et il était dans ses principes de les y maintenir. C'était donc adoucir le sort du peuple que de lui donner sur les terres un droit plus fort que celui de simple fermier.

Mais cette considération devient maintenant impuissante. L'avantage que les rentes foncières donneraient aujourd'hui à ceux qui n'ont pas de moyens pécuniaires d'acquérir des propriétés, on peut également l'obtenir par l'achat à rente rachetable.

Il est vrai que les variations qui surviennent dans l'intérêt de l'argent détermineront les propriétaires à élever le taux de la rente, afin de ne pas éprouver de perte dans le cas de remboursement; mais cet inconvénient même n'est pas sans remède. Qu'on permette de stipuler que la rente ne pourra être rachetée avant un terme un peu reculé, comme de cinquante ans, par exemple, et le propriétaire qui se verra assuré pendant long-temps d'un revenu fixe et invariable, quel que puisse être le taux de l'argent, se rendra moins difficile.

M. Jollivet observe que la législation actuelle sanctionne la stipulation qu'une rente ne sera pas rachetée avant vingt ans.

Le Premier Consul dit que cette disposition suffit.

M. Pelet dit que tout est concilié, si l'on fixe un terme au-delà duquel les rentes foncières deviendront rachetables.

M. Jollivet dit que néanmoins elles auront toujours l'effet fâcheux d'appauvrir les habitans des campagnes au profit des citadins. Les travaux, les frais de défrichement, et la dépense du titre nouvel, sont pour les premiers, tandis que les habitans des villes recueillent paisiblement les produits d'une terre qui était stérile dans leurs mains.

Il est même certain que l'usage du bail à rente ne sera pas borné aux terres en friche.

M. Maleville dit que tous les reproches qu'on vient de faire aux baux à rente s'appliquent également aux baux à ferme, et même avec plus de force, car le taux du fermage est toujours plus élevé que celui des rentes foncières. Faut-il pour cela interdire aussi les baux à ferme, et obliger chaque propriétaire à cultiver lui-même son bien?

Le Premier Consul dit qu'il y a cependant cette différence entre les deux contrats, que le créancier de la rente foncière, dégagé de toute sollicitude, va consommer tranquillement son revenu dans la ville; au lieu que le propriétaire d'une ferme s'établit près de son héritage pour veiller aux réparations, pour suivre le fermier, voir s'il amende ses terres comme elles doivent l'être, et s'il satisfait aux engagemens accessoires du fermage.

M. Tronchet dit que quiconque a suivi les tribunaux sait que les rentes foncières sont une source intarissable de procès et de vexations.

Si, pour en corriger les inconvéniens, on les déclare rachetables après un terme, d'abord, on les dépouille de leur caractère de *rentes foncières*, ensuite, il n'est pas besoin de disposition nouvelle : le droit commun permet ces sortes de clauses.

M. Regnaud (de Saint-Jean-d'Angely) dit qu'il faut surtout juger les rentes foncières par les effets qu'elles produiraient dans l'état actuel des choses.

Il est évident que le propriétaire, pour se soustraire aux variations qu'éprouve l'intérêt de l'argent, ne constituerait la rente qu'en nature, en la fixant soit à une quotité déterminée, soit à une quotité proportionnelle du produit de l'héritage. Il se créerait donc une nouvelle sorte de suprématie dans le village dont le fonds lui appartiendrait. Ainsi, si les rentes foncières ne rétablissaient pas divers ordres, elles formeraient du moins plusieurs classes de citoyens. On verrait reparaître aussi une partie des inconvéniens de la féodalité : si le colon avait mis quelque négligence dans la culture des terres, le propriétaire ferait aujourd'hui comme faisait autrefois le seigneur, il l'obligerait à lui payer une indemnité d'après l'estimation du produit que la terre aurait dû donner.

C'est ainsi qu'une loi en apparence toute civile produirait de grands effets politiques, et des effets très-étendus ; car tous les citoyens que leurs fonctions obligent de vivre loin de leurs propriétés les donneraient à rente foncière.

M. Portalis dit que les rentes foncières peuvent être utiles dans un temps et chez un peuple où il y a beaucoup de terres en friche et beaucoup de desséchemens à faire. Alors elles multiplient les cultivateurs en facilitant les acquisitions à ceux qui n'ont pas de moyens pécuniaires. C'est cette considération qui les a fait établir, et non la féodalité ; car il ne faut pas les confondre avec le cens, qui n'était qu'une marque de seigneurie et une redevance d'honneur, et qui ne représentait pas le produit de la terre.

Mais quand on veut organiser le système des rentes foncières, on tombe dans des embarras inextricables. Dans la suite même l'origine de la rente s'oublie, et alors la redevance ne paraît plus qu'une servitude sans cause et qui devient insupportable.

Aujourd'hui où la plus grande partie du territoire français est livrée à la culture, où il reste peu de défrichemens à faire, il n'est pas évident que le rétablissement des rentes foncières fût un bien, quoiqu'il ne soit également pas certain qu'il fût un mal.

Le Conseil rejette la proposition de rétablir les rentes foncières.

Le Premier Consul chargea la section de législation de présenter un projet pour classer les diverses lois qui doivent former le Code civil, et donner une série unique de numéros aux articles.

(Procès-verbal de la séance du 19 ventose an XII. — 10 mars 1804.)

M. Bigot-Préameneu présente le projet de loi *sur la Réunion des lois civiles en un seul corps de lois sous le titre de* Code civil.

L'article 3 de ce projet est ainsi conçu :
« Sera insérée au titre *de la Distinction des biens*, à la suite
« de l'article qui se trouve maintenant au n° 529, la disposi-
« tion contenue en l'article qui suit : »

Art..... « Toute rente établie à perpétuité, moyennant un
« capital en argent, ou pour le prix, évalué en argent, de la
« vente d'un immeuble, ou comme condition de la cession à
« titre onéreux ou gratuit d'un fonds immobilier, est essen-
« tiellement rachetable.

« Il est néanmoins permis au créancier de stipuler que la
« rente ne pourra lui être remboursée qu'après un certain
« terme, lequel ne peut jamais excéder trente ans : toute sti-
« pulation contraire est nulle. »

M. Bigot-Préameneu dit que, si le Code civil eût gardé le silence sur les rentes foncières, on aurait pu les croire autorisées, en vertu de l'axiome que tout ce que la loi ne défend pas est permis. La section a donc pensé qu'il serait utile de réduire en disposition législative la décision du Conseil sur ce sujet.

M. Jollivet demande la suppression de ces mots *en argent*, parce que, dit-il, on pourrait en inférer que la prohibition ne tombe pas sur les rentes foncières qui seraient constituées en nature.

M. Pelet demande si la section entend interdire aux parties la faculté de fixer le taux et les conditions du rachat : il est nécessaire de leur accorder cette faculté.

M. Bigot-Préameneu observe que cette question rentre dans celle de la fixation de l'intérêt légal, de laquelle le Conseil d'État s'est déjà occupé lors de la discussion du titre *du Prêt*.

Le Consul Cambacérès dit qu'il ne serait pas juste de refuser aux parties la faculté de stipuler que le rachat ne pourra être fait qu'en argent.

A la vérité les lois qui changeraient la forme ordinaire des paiemens, et dont les parties auraient voulu prévenir l'effet, rendraient presque toujours cette stipulation illusoire ; mais il pourrait arriver aussi qu'elles la respectassent, et dans tous les cas, il est toujours satisfaisant pour le bailleur de porter la prévoyance aussi loin qu'elle puisse s'étendre.

L'article est adopté avec les amendemens de MM. *Jollivet* et *Pelet*.

L'article sera ainsi rédigé :

Art. 3. « Sera insérée au titre *de la Distinction des biens*, à
« la suite de l'article qui se trouve maintenant au n° 529, la
« disposition contenue en l'article qui suit : »

Art.... « Toute rente établie à perpétuité, moyennant un
« capital en argent, ou pour le prix de la vente d'un im-
« meuble, ou comme condition de la cession à titre onéreux
« ou gratuit d'un fonds immobilier, est essentiellement ra-
« chetable.

« Il est néanmoins permis au créancier de régler les clauses
« et conditions du rachat.

« Il lui est aussi permis de stipuler que la rente ne pourra
« lui être remboursée qu'après un certain terme, lequel ne
« peut jamais excéder trente ans : toute stipulation contraire
« est nulle. »

Le Consul ordonne que le projet de loi qui vient d'être arrêté par le Conseil sera communiqué officieusement par le secrétaire-général du Conseil d'État à la section de législation du Tribunat, conformément à l'arrêté du 18 germinal an X.

COMMUNICATION OFFICIEUSE.

Le projet communiqué à la section de législation du Tribunat fut examiné dans la séance du 22 ventose an XII (13 mars 1804).

TEXTE DES OBSERVATIONS.

Art.... *Toute rente établie à perpétuité moyennant un capital en argent,* etc. La section propose de supprimer les mots *moyennant un capital en argent.*

S'ils étaient laissés dans cette disposition, il en résulterait qu'il est permis de stipuler qu'une rente constituée moyennant un capital en argent ne sera remboursée qu'après trente ans. L'article 38 de la loi sur le prêt s'oppose à cette disposition, puisqu'il est dit dans le paragraphe II de cet article qu'en pareil cas les parties peuvent seulement convenir que le rachat ne sera pas fait avant dix ans.

RÉDACTION DÉFINITIVE DU CONSEIL D'ÉTAT.

(Procès-verbal de la séance du 26 ventose an XII. — 17 mars 1804.)

M. Bigot-Préameneu, d'après la conférence tenue avec le Tribunat, présente la rédaction définitive du projet de loi *sur la Réunion des lois civiles en un seul corps, sous le titre de* Code civil des Français.

Le Conseil l'adopte en ces termes :

. . . .

Art. 3. « Sera insérée au titre *de la Distinction des biens*, à « la suite de l'article qui se trouve maintenant au n° 529, « la disposition contenue en l'article qui suit : »

DISTINCTION DES BIENS. — RENTES FONCIÈRES.

« Toute rente établie à perpétuité pour le prix de la vente
« d'un immeuble, ou comme condition de la cession à titre
« onéreux ou gratuit d'un fonds immobilier, est essentielle-
« ment rachetable.

« Il est néanmoins permis au créancier de régler les clauses
« et conditions du rachat.

« Il lui est aussi permis de stipuler que la rente ne pourra
« lui être remboursée qu'après un certain terme, lequel ne
« peut jamais excéder trente ans : toute stipulation contraire
« est nulle. »

M. Portalis fut nommé avec MM. Bigot-Préameneu et Treilhard pour présenter au Corps législatif, dans sa séance du 28 ventose an XII (19 mars 1804), le projet ci-dessus, et pour en soutenir la discussion dans la séance du 30.

PRÉSENTATION AU CORPS LÉGISLATIF,

ET EXPOSÉ DES MOTIFS, PAR M. PORTALIS.

Législateurs, le 30 pluviose an XI, le titre préliminaire du Code civil fut présenté à votre sanction. Une année s'est à peine écoulée, et nous vous apportons le projet de loi qui termine ce grand ouvrage.

. . . . (*).

Nous réparons une omission importante. On avait oublié de régler le sort des rentes foncières. Ces rentes seront-elles

---

(*) Nous donnons seulement, ici, la partie qui concerne les rentes foncières, parce que l'exposé des motifs se trouve déjà rapporté textuellement dans le premier volume de l'ouvrage, à la suite du projet de loi sur la réunion des lois civiles, pour lequel il avait été fait.

rachetables ou ne le seront-elles pas? La question avait été vivement controversée dans ces derniers temps; il était nécessaire de la décider.

On appelle *rentes foncières* celles qui sont établies dans l'instant même de la tradition du fonds.

Il ne faut pas se dissimuler que ces sortes de rentes ont dans l'origine favorisé parmi nous l'utile division des patrimoines. Des hommes qui n'avaient que leurs bras ont pu, sans argent et sans fortune, devenir propriétaires, en consentant à être laborieux. D'autre part, des guerriers, des conquérans qui avaient acquis par les armes de vastes portions de terrain, ont été invités à les distribuer à des cultivateurs, par la facilité de stipuler une rente non rachetable, qui les associait aux profits de la culture sans leur en faire partager les soins ou les embarras, et qui garantissait à jamais leur fortune et celle de leur postérité.

L'histoire des rentes foncières remonte, chez les divers peuples de l'Europe, jusqu'au premier établissement de la propriété. S'agit-il d'un pays où il y a de grands défrichemens à faire et de vastes marais à dessécher? On doit y autoriser les rentes foncières non rachetables. Elles y seront un grand moyen de favoriser l'industrie par l'espérance de la propriété, et d'améliorer un sol inculte, ingrat, par l'industrie.

Mais les rentes foncières non rachetables ne sauraient présenter les mêmes avantages dans des contrées où l'agriculture peut prospérer par les secours ordinaires du commerce, et où le commerce s'étend et s'agrandit journellement par les progrès de l'agriculture. Dans ces contrées, on ne peut supporter des charges ou des servitudes éternelles. L'imagination inquiète, accablée par la perspective de cette éternité, regarde une servitude ou une charge qui ne doit pas finir comme un mal qui ne peut être compensé par aucun bien. Un premier acquéreur ne voit dans l'établissement de

DISTINCTION DES BIENS.—RENTES FONCIÈRES.

la rente à laquelle il se soumet que ce qui la lui rend profitable. Ses successeurs ne sont plus sensibles qu'à ce qui peut la leur rendre odieuse.

On sait d'ailleurs combien il fallait de formes et de précautions contre le débiteur d'une rente perpétuelle pour assurer au créancier une garantie suffisante qui pût avoir la même durée que son droit.

Nous eussions cru choquer l'esprit général de la nation sans aucun retour d'utilité en rétablissant les rentes non rachetables.

. . . .

Le Corps législatif arrêta dans la même séance que le projet de loi relatif à la *réunion des lois civiles en un seul corps de lois* serait transmis au Tribunat par un message.

Il y fut en effet adressé, et l'assemblée générale des tribuns en vota l'adoption. M. Jaubert apporta ensuite son vœu au Corps législatif, dans la séance du 30 ventose an XII (21 mars 1804).

DISCUSSION DEVANT LE CORPS LÉGISLATIF.

DISCOURS PRONONCÉ PAR LE TRIBUN JAUBERT (*).

Législateurs, ...
. . . .

Le projet propose aussi d'insérer dans les lieux correspondans du Code la loi.......... et une disposition sur les rentes foncières, espèce de transaction dont l'agriculture elle-

---

(*) La note placée sous l'exposé des motifs qui précède s'applique également à ce discours.

même réclamait le maintien; toutefois avec cette modification, que les rentes foncières sont essentiellement rachetables, au moins après trente ans.

....

Les rentes foncières non rachetables attribuaient une espèce de domination au créancier, et imposaient une gêne trop onéreuse au propriétaire du sol.

....

Au nom du Tribunat, nous vous proposons l'adoption du projet.

Le Corps législatif rendit son décret d'adoption dans la même séance, et la promulgation eut lieu le 10 germinal an XII (31 mars 1804).

TITRE DEUXIÈME.

De la Propriété.

DISCUSSION DU CONSEIL D'ÉTAT.

(Procès-verbal de la séance du 20 vendémiaire an XII. — 13 octobre 1803.)

M. Treilhard présente le titre II.
Il est ainsi conçu :

DE LA PROPRIÉTÉ.

Art. 537. « La propriété est le droit de jouir et disposer 544
« de la chose de la manière la plus absolue, pourvu qu'on
« n'en fasse pas un usage prohibé par les lois ou par les rè-
« glemens. »

Art. 538. « Nul ne peut être contraint de céder sa pro- 545
« priété, si ce n'est pour cause d'utilité publique, et moyen-
« nant une juste et préalable indemnité. »

Art. 539. « Néanmoins, dans le cas d'une très-grande ap. 545
« urgence et pour des causes de sûreté publique, le gouver-
« nement peut occuper la propriété d'un particulier, mais à
« la charge expresse d'une juste indemnité. »

Art. 540. « La propriété d'une chose, soit mobiliaire, 546
« soit immobiliaire, donne droit sur tout ce qu'elle produit
« et sur ce qui s'y unit accessoirement, soit naturellement,
« soit artificiellement.

« Ce droit s'appelle *droit d'accession.* »

SECTION Ire.

Du Droit d'accession sur ce qui est produit par la chose.

Art. 541. « Les fruits naturels ou industriels de la terre, 547
« Les fruits civils,

« Le croît des animaux, appartiennent au propriétaire par
« droit d'accession. »

548 Art. 542. « Les fruits produits par la chose n'appartien-
« nent au propriétaire qu'à la charge de rembourser les frais
« des labours, travaux et semences faits par des tiers. »

549 Art. 543. « Le simple possesseur ne fait les fruits siens que
« dans le cas où il possède de bonne foi. Dans tous les autres
« cas, il est tenu de rendre les produits avec la chose au
« propriétaire qui la revendique. »

550 Art. 544. « Le possesseur est de bonne foi quand il pos-
« sède comme propriétaire, en vertu d'un titre translatif de
« propriété, dont il ignore les vices.

« Il cesse d'être de bonne foi du moment où ces vices lui
« sont connus. »

SECTION II.

Du Droit d'accession sur ce qui s'unit et s'incorpore à la chose.

551 Art. 545. « Tout ce qui s'unit et s'incorpore à la chose
« appartient au propriétaire, suivant les règles qui seront
« ci-après établies. »

§ Ier.

Du Droit d'accession relativement aux choses immobiliaires.

552 Art. 546. « La propriété du sol emporte la propriété du
« dessus et du dessous.

« Le propriétaire peut faire au dessus toutes les planta-
« tions et constructions qu'il juge à propos, sauf les excep-
« tions établies au titre IV ci-après, *des Servitudes*.

« Il peut faire au dessous toutes les constructions et fouilles
« qu'il jugera à propos, et tirer de ces fouilles tous les pro-
« duits qu'elles peuvent fournir, sauf les modifications ré-
« sultant des règlemens relatifs aux mines. »

Art. 547. « Toutes constructions, plantations et ouvrages 553
« sur un terrain ou dans l'intérieur, sont présumés faits par
« le propriétaire, à ses frais, et lui appartenir, si le contraire
« n'est prouvé ; sans préjudice de la propriété que pourrait
« acquérir un tiers par une possession suffisamment pro-
« longée, ou d'un souterrain sous le bâtiment d'autrui ou de
« toute autre partie du bâtiment. »

Art. 548. « Le propriétaire du sol qui a fait des construc- 554
« tions ou plantations avec des matériaux qui ne lui appar-
« tenaient pas doit en payer la valeur : il peut aussi être
« condamné à des dommages et intérêts, s'il y a lieu ; mais
« le propriétaire des matériaux n'a pas le droit de les en-
« lever. »

Art. 549. « Lorsque les plantations ou constructions ont 555
« été faites par un tiers et avec ses matériaux, le propriétaire
« du fonds a droit ou de les retenir, ou d'obliger celui qui
« les a faites à les enlever.

« Si le propriétaire du fonds demande la suppression des
« plantations et constructions, elle est aux frais de celui qui
« les a faites, sans aucune indemnité pour lui : il peut même
« être condamné à des dommages et intérêts, s'il y a lieu,
« pour le préjudice que peut avoir éprouvé le propriétaire
« du fonds.

« Si le propriétaire préfère conserver ces plantations et
« constructions, il doit le remboursement de la valeur des
« matériaux et du prix de la main-d'œuvre, sans égard à la
« plus ou moins grande augmentation de valeur que le fonds
« a pu recevoir. »

Art. 550. « Les attérissemens et accroissemens qui se for- 556
« ment successivement et imperceptiblement aux fonds ri-
« verains d'un fleuve ou d'une rivière s'appellent *alluvion*.

« L'alluvion profite au propriétaire riverain, soit qu'il s'a-
« gisse d'un fleuve ou d'une rivière navigable, flottable ou
« non ; à la charge, dans le premier cas, de laisser le marche-
« pied prescrit par les règlemens. »

557 Art. 551. « Il en est de même des relais que forme l'eau « courante qui se retire insensiblement de l'une de ses rives « en se portant sur l'autre. Le propriétaire de la rive décou- « verte profite de l'alluvion, sans que le riverain du côté « opposé y puisse venir réclamer le terrain qu'il a perdu.

« Ce droit n'a pas lieu à l'égard des relais de la mer. »

558 Art. 552. « L'alluvion n'a pas lieu à l'égard des lacs et « étangs, dont le propriétaire conserve toujours le terrain « que l'eau couvre quand elle est à la hauteur de la dé- « charge de l'étang, encore que le volume de l'eau vienne « à diminuer.

« Réciproquement le propriétaire de l'étang n'acquiert « aucun droit sur les terres riveraines que son eau vient à « couvrir dans les crues extraordinaires. »

559 Art. 553. « Si un fleuve ou une rivière, navigable ou non, « enlève par une force subite une partie considérable et re- « connaissable d'un champ riverain, et la porte vers un « champ inférieur ou sur la rive opposée, le propriétaire de la « partie enlevée peut réclamer sa propriété ; mais il est tenu « de former sa demande dans l'année : après ce délai il n'y « sera plus recevable, à moins que le propriétaire du champ « auquel la partie enlevée a été unie n'eût pas encore pris « possession de celle-ci. »

560 Art. 554. « Les îles, îlots, attérissemens qui se forment « dans le lit des fleuves ou des rivières navigables ou flot- « tables, appartiennent à la nation. »

561 Art. 555. « Les îles et attérissemens qui se forment dans « les rivières non navigables et non flottables appartiennent « aux propriétaires riverains du côté où l'île s'est formée ; si « l'île n'est pas formée d'un seul côté, elle appartient aux « propriétaires riverains des deux côtés, à partir de la ligne « qu'on suppose tracée au milieu de la rivière. »

562 Art. 556. « Si une rivière ou un fleuve, en se formant un « bras nouveau, coupe et embrasse le champ d'un proprié- « taire riverain et en fait une île, ce propriétaire conserve la

« propriété de son champ, encore que l'île se soit formée
« dans un fleuve ou dans une rivière navigable ou flottable. »

Art. 557. « Si un fleuve ou une rivière navigable, flot- 563
« table ou non, se forme un nouveau cours en abandonnant
« son ancien lit, les propriétaires des fonds qu'il vient d'oc-
« cuper reprennent, à titre d'indemnité, l'ancien lit aban-
« donné, chacun dans la proportion du terrain qui lui a été
« enlevé. »

Art. 558. « Les pigeons, lapins, poissons qui passent dans 564
« un autre colombier, garenne ou étang, appartiennent aux
« propriétaires de ces objets, pourvu qu'ils n'y aient point
« été attirés par fraude et artifice. »

§ II.

Des Droits d'accession relativement aux choses mobiliaires.

Art. 559. « Le droit d'accession, quand il a pour objet 565
« deux choses mobiliaires appartenant à deux maîtres diffé-
« rens, est entièrement subordonné aux principes de l'équité
« naturelle.

« Les règles suivantes ne doivent servir que d'exemple au
« juge, pour se déterminer dans les cas non prévus, suivant
« les circonstances particulières. »

Art. 560. « Lorsque deux choses appartenant à différens 566
« maîtres, qui ont été unies de manière à former un tout,
« sont néanmoins séparables, en sorte que l'une puisse sub-
« sister sans l'autre, le tout appartient au maître de la chose
« qui forme la partie principale ; à la charge de payer à
« l'autre la valeur de la chose qui a été unie. »

Art. 561. « Est réputée partie principale celle à laquelle 567
« l'autre n'a été unie que pour l'usage, l'ornement ou le
« complément de l'autre.

« Ainsi le diamant est la partie principale relativement à
« l'or dans lequel il a été enchâssé ;

« L'habit, relativement au galon, à la doublure et à la
« broderie. »

568 Art. 562. « Néanmoins, quand la chose unie est beaucoup
« plus précieuse que la chose principale, et quand elle a été
« employée à l'insu du vrai propriétaire, celui-ci peut de-
« mander que la chose unie soit séparée pour lui être rendue,
« même quand il pourrait en résulter quelque dégradation
« de la chose à laquelle elle a été jointe. »

569 Art. 563. « Si de deux choses unies pour former un seul
« tout, l'une ne peut point être regardée comme l'accessoire
« de l'autre, celle-là est réputée principale qui est la plus
« considérable en valeur, ou en volume si les valeurs sont à
« peu près égales. »

570 Art. 564. « Si un artisan ou une personne quelconque a
« employé une matière qui ne lui appartenait pas à former
« une chose d'une nouvelle espèce, soit que la matière puisse
« ou non reprendre sa première forme, celui qui en était le
« propriétaire a le droit de réclamer la chose qui en a été
« formée, en remboursant le prix de la main-d'œuvre. »

571 Art. 565. « Si cependant la main-d'œuvre était tellement
« importante qu'elle surpassât de beaucoup la valeur de la
« matière employée, l'industrie serait alors réputée la partie
« principale, et l'ouvrier aurait le droit de retenir la chose
« travaillée, en remboursant le prix de la matière au pro-
« priétaire. »

572 Art. 566. « Lorsqu'une personne a employé en partie la
« matière qui lui appartenait, et en partie celle qui ne lui
« appartenait pas, à former une chose d'une espèce nouvelle,
« sans que ni l'une ni l'autre des deux matières soient entiè-
« rement détruites, mais de manière qu'elles ne puissent pas se
« séparer sans inconvénient, la chose est commune aux deux
« propriétaires, en raison, quant à l'un, de la matière qui
« lui appartenait; quant à l'autre, en raison à la fois et de
« la matière qui lui appartenait et du prix de sa main-
« d'œuvre. »

Art. 567. « Lorsqu'une chose a été formée par le mélange 573
« de plusieurs matières appartenant à différens propriétaires,
« mais dont aucune ne peut être regardée comme la matière
« principale, si les matières peuvent être séparées, celui à
« l'insu duquel les matières ont été mélangées peut en de-
« mander la division.

« Si les matières ne peuvent plus être séparées sans incon-
« vénient, ils en acquièrent en commun la propriété, dans
« la proportion de la quantité, de la qualité et de la valeur
« des matières appartenant à chacun d'eux. »

Art. 568. « Si la matière appartenant à l'un des proprié- 574
« taires était de beaucoup supérieure à l'autre par la quantité
« et le prix, en ce cas le propriétaire de la matière supérieure
« en valeur pourrait réclamer la chose provenue du mélange,
« en remboursant à l'autre la valeur de sa matière. »

Art. 569. « Lorsque la chose reste en commun entre les 575
« propriétaires des matières dont elle a été formée, elle doit
« être licitée au profit commun. »

Art. 570. « Dans tous les cas où le propriétaire dont la ma- 576
« tière a été employée à son insu à former une chose d'une
« autre espèce peut réclamer la propriété de cette chose,
« il a le choix de demander la restitution de sa matière en
« même nature, quantité, poids, mesure et bonté, ou sa
« valeur. »

Art. 571. « Ceux qui auront employé des matières appar- 577
« tenant à d'autres et à leur insu pourront aussi être con-
« damnés à des dommages et intérêts, s'il y a lieu, sans pré-
« judice des poursuites par voie extraordinaire, si le cas y
« échet. »

L'article 537 est discuté. 544

M. Pelet demande qu'on supprime le mot *règlement*.

M. Regnaud (de Saint-Jean-d'Angely) répond que l'usage de la propriété est subordonné non seulement à la loi, mais encore aux règlemens de police.

6.

M. Treilhard ajoute qu'en général la Constitution donne au gouvernement le droit de faire des règlemens.

L'article est adopté.

L'article 538 est discuté.

M. Regnaud (de Saint-Jean-d'Angely) demande qu'on définisse le mot *utilité publique*, pour prévenir les difficultés qui quelquefois se sont élevées sur ce sujet.

Le Consul Cambacérès dit que le Code civil ne peut établir que des règles générales, et non en déterminer les diverses applications. L'article est donc présenté dans la forme qui lui convient.

Mais l'article 539, en laissant quelque équivoque sur les cas d'urgence, pourrait donner lieu à des abus locaux.

L'article est adopté.

L'article 539 est supprimé.

L'article 540 est adopté.

(Procès-verbal de la séance du 27 vendémiaire an XII.— 20 octobre 1803.)

On reprend la discussion du titre II du livre II, *de la Propriété*.

M. Treilhard fait lecture de la section Ire de ce titre, *du Droit d'accession sur ce qui est produit par la chose*.

Les articles 541, 542 et 543 sont adoptés.

L'article 544 est discuté.

M. Maleville pense que la règle établie par la dernière partie de l'article est trop vague : elle ferait naître des contestations sur le moment où la bonne foi du possesseur a cessé. La jurisprudence les prévenait par une règle plus précise :

elle réputait le possesseur de bonne foi jusqu'à l'interpellation judiciaire.

M. Treilhard répond que cette jurisprudence n'était pas universelle : on suivait plus ordinairement le principe posé par l'article. Ce n'est en effet que par les circonstances qu'on peut juger quand le possesseur a cessé d'être de bonne foi.

Le Consul Cambacérès partage cette opinion.

L'article est adopté.

M. Treilhard fait lecture de la section II, *du Droit d'accession sur ce qui s'unit et s'incorpore à la chose.*

L'article 545 est adopté. 551

Le § Ier, *du Droit d'accession, relativement aux choses immobiliaires*, est soumis à la discussion.

L'article 546 est discuté. 552

M. Regnaud (de Saint-Jean-d'Angely) dit que dans les villes, et même quelquefois dans les campagnes, les lois et les règlemens de police limitent le droit qu'a le propriétaire de faire, sous le sol et même à la superficie, les constructions et les fouilles qu'il juge à propos. Des lois de voirie urbaine et rurale modifient sagement l'usage du droit de propriété. La loi du 28 juillet 1791, sur les mines, établit aussi des restrictions nécessaires à maintenir. Il conviendrait donc de rédiger ainsi : *sauf les modifications résultant des lois et règlemens relatifs aux mines, et des lois et règlemens de police.*

L'article est adopté avec cet amendement.

Les articles 547, 548 et 549 sont adoptés. 553 à 555

L'article 550 est discuté. 556

M. Defermon rappelle que le Conseil a déclaré le chemin

de hallage propriété domaniale. Il observe que les motifs de cette décision s'appliquent également au marche-pied.

M. Fourcroy dit que la disposition dont on vient de parler ne doit être étendue qu'aux rivières flottables ou navigables.

L'article est adopté avec l'amendement de M. *Defermon*, sous-amendé par M. *Fourcroy*.

557-558 Les articles 551 et 552 sont adoptés.

559 L'article 553 est discuté.

M. Pelet demande si cet article s'applique au cas, si fréquent dans les pays des montagnes, où des bâtimens et des bois sont emportés dans la vallée.

M. Tronchet répond que l'article ne s'applique qu'à l'enlèvement de la superficie, et non au cas où le fonds même a été enlevé. Il est impossible, en effet, à un propriétaire de venir reprendre les terres qui se détachent insensiblement ; mais si des arbres et des bâtimens ont été emportés, comme il est facile de les reconnaître, on ne peut refuser au propriétaire la faculté de les reprendre.

L'article est adopté.

L'observation de M. *Pelet* est renvoyée à la section.

560 L'article 554 est discuté.

M. Jollivet dit que l'article prononce sur une question qui est encore controversée ; car les ordonnances ne décident pas que les îles et les îlots appartiennent à la nation.

M. Treilhard répond que la question est déjà résolue ; puisque le Conseil a décidé que le lit des rivières flottables et navigables appartient au domaine national, il a nécessairement décidé aussi que les îles et îlots, qui font partie du lit, suivent le sort de la chose principale.

M. Regnaud (de Saint-Jean-d'Angely) dit qu'en effet l'article 554 n'est que la conséquence de l'article 531. Il serait même impossible de s'écarter du principe proposé sans s'exposer à voir le service public empêché par les particuliers propriétaires des îles. La question a pu être controversée autrefois, mais le Conseil a constamment décidé que la nécessité d'établir la flottaison donnait à la nation la libre disposition de tout ce que renferment les rivières flottables et navigables.

M. Defermon convient que, pour établir la flottaison, le gouvernement peut disposer de tout ce qui est dans les rivières flottables et navigables, et même des propriétés riveraines ; c'est cette raison qui a fait déclarer les chemins de hallage propriété nationale ; mais il ne s'ensuit pas que le domaine puisse s'emparer des îles et îlots, s'il n'y est autorisé par un titre ; car une rivière n'est flottable que pendant quelques mois. Ainsi, le propriétaire peut user de sa propriété pendant la plus grande partie de l'année sans gêner le service public.

M. Jollivet dit que cependant, avec l'article proposé, le domaine dépouillerait même ceux dont la propriété repose sur l'autorité de la chose jugée.

M. Tronchet répond que cet inconvénient est impossible. L'Assemblée constituante a déclaré le domaine national aliénable et prescriptible.

Quant à la question principale, on a dit avec raison qu'elle est décidée ; car il ne peut exister à la fois deux principes contradictoires. Cependant les îles et îlots, dans les rivières non navigables, sont des objets de si peu d'importance, qu'il n'y a peut-être aucun intérêt à les disputer aux particuliers.

M. Jollivet pense que, pour tempérer la forme trop absolue de la disposition, on pourrait la réduire au cas où il n'y a ni titre ni possession contraire.

M. Defermon appuie cette proposition, parce que, comme la propriété des fleuves et des rivières ne peut être prescrite, on pourrait en conclure que l'imprescriptibilité s'étend aux îles et îlots.

M. Tronchet répond que la prescription frappe sur tout ce qui, de sa nature, est susceptible d'être possédé : or, quoique, par la nature des choses, les fleuves ne puissent être prescrits, les îles qu'ils renferment peuvent l'être.

M. Treilhard ajoute que l'article 531 répond d'ailleurs à l'objection, puisque sa disposition est bornée aux fleuves, et qu'il ne comprend pas les îles. Ainsi, d'après cet article, le lit du fleuve n'est pas susceptible de propriété privée ; mais il ne s'ensuit pas que les morceaux de terre qui se placent au milieu ne puissent appartenir à des particuliers, et, sous ce rapport, devenir prescriptibles.

L'article est adopté avec l'amendement de M. *Jollivet*.

Les articles 555 et 556 sont adoptés.

L'article 557 est discuté.

M. Galli observe que cet article est contraire au droit romain, à l'équité, enfin à l'usage reçu, surtout dans la 27ᵉ division militaire, où il produirait des effets fâcheux.

La loi *adeo* 7ᵃ, ff. *de acquir. rer. dom.* § *quod si toto* 5°, décidant sur la propriété du lit abandonné par un fleuve, la donne à ceux *qui juxta alveum habent sua prædia*. Les instituts X *de rer. divis.* § *quod si naturali* 23°, disent également : *Prior quidem alveus eorum est qui propè ripam ejus prædia possident : pro modo scilicet latitudinis cujusque agri quæ propè ripam sit. Novus autem alveus ejus juris esse incipit cujus et ipsum flumen est, id est publicus.*

Ces décisions sont fondées sur ce que les riverains ayant souffert les incommodités des inondations et les autres dommages qu'entraîne le voisinage du fleuve, il est juste de leur en donner la compensation en leur abandonnant le lit que le fleuve a délaissé. Ce n'est pas qu'il ne fût aussi à souhaiter qu'on pût accorder une indemnité aux propriétaires des héritages desquels le fleuve s'empare dans son cours nouveau ; mais cette indemnité ne doit pas être assignée sur l'ancien lit au préjudice du droit antérieur qu'y ont les riverains.

Le Consul Cambacérès dit que l'usage invoqué par M. *Galli* n'était pas universel. La jurisprudence du parlement de Toulouse, par exemple, était conforme au système de la section. L'équité milite surtout pour ceux que le changement du cours du fleuve dépouille de leur propriété.

M. Treilhard dit que les incommodités purement accidentelles et passagères que le voisinage du fleuve donne aux riverains sont compensées avec usure par les avantages qu'il leur procure, ne fût-ce que la facilité des transports.

M. Maleville dit que la jurisprudence n'a pas confirmé les dispositions du droit romain sur ce sujet. Dans les pays de coutume, on adjugeait le lit abandonné au domaine, ou au seigneur haut justicier, selon que la rivière était ou n'était pas navigable ; dans le pays de droit écrit, on était assez partagé entre la rigueur du principe qui réclamait pour les riverains et la faveur que méritaient les propriétaires des fonds sur lesquels la rivière établissait son nouveau lit ; mais on convenait généralement qu'il serait plus équitable de se décider en faveur des derniers : maintenant qu'il s'agit de faire une loi nouvelle, c'est cette équité qu'il faut suivre.

L'article est adopté.

L'article 558 est adopté. 564

Le § II, *du Droit d'accession, relativement aux choses mobiliaires*, est soumis à la discussion.

Les articles 559 et 560 sont adoptés. 565-566

L'article 561 est discuté. 567

M. Ségur dit que cet article, ne contenant que des exemples, doit être retranché.

M. Dupuy ajoute que, loin de prévenir les difficultés, l'article les ferait naître.

Qu'on suppose une tabatière au lieu d'une bague : s'il s'agit de déterminer l'étendue d'un legs de la totalité des meubles, les diamans exceptés, on prétendra d'un côté que la tabatière y doit être comprise, parce que le diamant n'y est employé que comme ornement ; tandis qu'on soutiendra de l'autre qu'elle en doit être exceptée, parce que le diamant, d'après l'article, est toujours la partie principale : on mettra donc en contradiction le principe et l'exemple.

M. Tronchet répond que les exemples ne sont employés que pour guider dans l'application du principe, auquel tout le reste est subordonné ; ce serait donc par le principe qu'on jugerait la contestation dont il vient d'être parlé.

Mais l'article y est absolument étranger ; il n'a pas été rédigé pour servir à interpréter les testamens ; son objet unique est de présenter une règle pour prononcer entre deux propriétaires, dont l'un a employé les matières de l'autre. Si, par exemple, un bijoutier s'est servi pour enrichir son travail de diamans qui ne lui appartenaient pas, il y aura lieu à appliquer l'article ; on jugera alors lequel est le plus précieux des diamans ou du travail auquel ils sont adaptés.

M. Regnaud (de Saint-Jean-d'Angely) dit que cette considération prouve qu'il suffit du principe posé dans l'article 559 ; que les autres articles sont inutiles. Les décisions qu'ils présentent sur l'application du principe général aux cas particuliers se trouvent dans les livres des jurisconsultes. D'ailleurs, nonobstant ces articles, ce seront toujours les circonstances qui régleront l'application du principe, et presque toujours aussi elles s'éloigneront des exemples qu'on propose ; ainsi qu'on se borne ou non à énoncer le principe général, il sera nécessairement le régulateur unique dans ces sortes de contestations.

Le Consul Cambacérès dit que le principe général, établi par l'article 559, serait insuffisant. Il est en effet beaucoup d'espèces qui doivent être décidées par des motifs particuliers : telle est celle, par exemple, où les deux choses unies peuvent être séparées.

Ces principes particuliers sont tous connus et suivis dans l'usage. Les omettre pour s'en tenir au principe général de l'article 559, ce serait livrer de nouveau à la controverse des questions depuis long-temps décidées : on peut retrancher les exemples, s'en tenir à poser les principes, et s'abandonner pour le surplus à l'équité des juges.

M. Tronchet observe que l'article 561 est le seul qui contienne des exemples, que les autres établissent les principes particuliers dont le Consul vient de parler.

L'article est adopté avec la suppression des exemples.

Les articles 562, 563, 564, 565, 566, 567, 568, 569, 570 et 571 sont adoptés.

568 à 577

(Procès-verbal de la séance du 4 brumaire an XII. — 27 octobre 1803.)

M. Treilhard présente une nouvelle rédaction du titre II du livre II, rédigée conformément aux amendemens adoptés dans les séances des 20 et 27 vendémiaire.

Elle est adoptée ainsi qu'il suit :

TITRE II.

DE LA PROPRIÉTÉ.

Art. 537. « La propriété est le droit de jouir et de disposer « des choses de la manière la plus absolue, pourvu qu'on « n'en fasse pas un usage prohibé par les lois ou par les rè- « glemens. »

544

Art. 538. « Nul ne peut être contraint de céder sa pro-

545

« priété, si ce n'est pour cause d'utilité publique et moyen-
« nant une juste et préalable indemnité. »

546   Art. 539. « La propriété d'une chose, soit mobiliaire, soit
« immobiliaire, donne droit sur tout ce qu'elle produit, et
« sur ce qui s'y unit accessoirement, soit naturellement, soit
« artificiellement.

« Ce droit s'appelle *droit d'accession*. »

SECTION Ire.

Du Droit d'accession sur ce qui est produit par la chose.

547   Art. 540. « Les fruits naturels ou industriels de la terre,
« Les fruits civils,

« Le croît des animaux, appartiennent au propriétaire par
« droit d'accession. »

548   Art. 541. « Les fruits produits par la chose n'appartiennent
« au propriétaire qu'à la charge de rembourser les frais des
« labours, travaux et semences faits par des tiers. »

549   Art. 542. « Le simple possesseur ne fait les fruits siens que
« dans le cas où il possède de bonne foi. Dans tous les autres
« cas il est tenu de rendre les produits avec la chose au pro-
« priétaire qui la revendique. »

550   Art. 543. « Le possesseur est de bonne foi quand il possède
« comme propriétaire, en vertu d'un titre translatif de pro-
« priété dont il ignore les vices.

« Il cesse d'être de bonne foi du moment où ces vices lui
« sont connus. »

SECTION II.

Du Droit d'accession sur ce qui s'unit et s'incorpore à la chose.

551   Art. 544. « Tout ce qui s'unit et s'incorpore à la chose ap-
« partient au propriétaire, suivant les règles qui seront ci-
« après établies. »

§ Iᵉʳ.

Du Droit d'accession relativement aux choses immobiliaires.

Art. 545. « La propriété du sol emporte la propriété du
« dessus et du dessous.

« Le propriétaire peut faire au-dessus toutes les planta-
« tions et constructions qu'il juge à propos, sauf les excep-
« tions établies au titre IV ci-après, *des Servitudes.*

« Il peut faire au-dessous toutes les constructions et fouilles
« qu'il jugera à propos, et tirer de ces fouilles tous les pro-
« duits qu'elles peuvent fournir, sauf les modifications ré-
« sultant des lois et règlemens relatifs aux mines, et des lois
« et règlemens de police. »

Art. 546. « Toutes constructions, plantations et ouvrages
« sur un terrain ou dans l'intérieur, sont présumés faits par
« le propriétaire, à ses frais, et lui appartenir, si le contraire
« n'est prouvé ; sans préjudice de la propriété que pourrait
« acquérir un tiers par une possession suffisamment prolon-
« gée, ou d'un souterrain sous le bâtiment d'autrui, ou de
« toute autre partie du bâtiment. »

Art. 547. « Le propriétaire du sol qui a fait des construc-
« tions ou plantations avec des matériaux qui ne lui appar-
« tenaient pas doit en payer la valeur ; il peut aussi être
« condamné à des dommages et intérêts, s'il y a lieu ; mais
« le propriétaire des matériaux n'a pas le droit de les enlever. »

Art. 548. « Lorsque les plantations ou constructions ont
« été faites par un tiers et avec ses matériaux, le propriétaire
« du fonds a droit ou de les retenir, ou d'obliger celui qui
« les a faites à les enlever.

« Si le propriétaire du fonds demande la suppression des
« plantations et constructions, elle est aux frais de celui qui
« les a faites, sans aucune indemnité pour lui ; il peut même
« être condamné à des dommages et intérêts, s'il y a lieu,

« pour le préjudice que peut avoir éprouvé le propriétaire
« du fonds.

« Si le propriétaire préfère conserver ces plantations et
« constructions, il doit le remboursement de la valeur des
« matériaux et du prix de la main-d'œuvre, sans égard à la
« plus ou moins grande augmentation de valeur que le fonds
« a pu recevoir. »

556 Art. 549. « Les attérissemens et accroissemens qui se for-
« ment successivement et imperceptiblement aux fonds rive-
« rains d'un fleuve ou d'une rivière s'appellent *alluvion*.

« L'alluvion profite au propriétaire riverain, soit qu'il s'a-
« gisse d'un fleuve ou d'une rivière navigable, flottable ou
« non ; à la charge, dans le premier cas, de laisser le marche-
« pied ou chemin de hallage conformément aux règlemens. »

557 Art. 550. « Il en est de même des relais que forme l'eau
« courante qui se retire insensiblement de l'une de ses rives
« en se portant sur l'autre. Le propriétaire de la rive décou-
« verte profite de l'alluvion, sans que le riverain du côté
« opposé y puisse venir réclamer le terrain qu'il a perdu.

« Ce droit n'a pas lieu à l'égard des relais de la mer. »

558 Art. 551. « L'alluvion n'a pas lieu à l'égard des lacs et
« étangs, dont le propriétaire conserve toujours le terrain
« que l'eau couvre quand elle est à la hauteur de la décharge
« de l'étang, encore que le volume de l'eau vienne à dimi-
« nuer.

« Réciproquement le propriétaire de l'étang n'acquiert
« aucun droit sur les terres riveraines que son eau vient à
« couvrir dans des crues extraordinaires. »

559 Art. 552. « Si un fleuve ou une rivière, navigable ou non,
« enlève, par une force subite, une partie considérable et
« reconnaissable d'un champ riverain, et la porte vers un
« champ inférieur ou sur la rive opposée, le propriétaire de
« la partie enlevée peut réclamer sa propriété ; mais il est
« tenu de former sa demande dans l'année : après ce délai,
« il n'y sera plus recevable, à moins que le propriétaire du

« champ auquel la partie enlevée a été unie n'eût pas encore
« pris possession de celle-ci. »

Art. 553. « Les îles, îlots, attérissemens qui se forment
« dans le lit des fleuves, ou des rivières navigables ou flot-
« tables, appartiennent à la nation, s'il n'y a titre ou pres-
« cription contraire. »

Art. 554. « Les îles et attérissemens qui se forment dans
« les rivières non navigables et non flottables appartiennent
« aux propriétaires riverains du côté où l'île s'est formée ; si
« l'île n'est pas formée d'un seul côté, elle appartient aux
« propriétaires riverains des deux côtés, à partir de la ligne
« qu'on suppose tracée au milieu de la rivière. »

Art. 555. « Si une rivière ou un fleuve, en se formant un
« bras nouveau, coupe et embrasse le champ d'un proprié-
« taire riverain, et en fait une île, ce propriétaire conserve
« la propriété de son champ, encore que l'île se soit formée
« dans un fleuve ou dans une rivière navigable ou flot-
« table. »

Art. 556. « Si un fleuve, ou une rivière navigable, flot-
« table ou non, se forme un nouveau cours en abandonnant
« son ancien lit, les propriétaires des fonds qu'il vient d'oc-
« cuper reprennent, à titre d'indemnité, l'ancien lit aban-
« donné, chacun dans la proportion du terrain qui lui a
« été enlevé. »

Art. 557. « Les pigeons, lapins, poissons, qui passent
« dans un autre colombier, garenne ou étang, appartiennent
« au propriétaire de ces objets, pourvu qu'ils n'y aient point
« été attirés par fraude et artifice. »

§ II.

Du Droit d'accession relativement aux choses mobiliaires.

Art. 558. « Le droit d'accession, quand il a pour objet
« deux choses mobiliaires appartenant à deux maîtres diffé-

« rens, est entièrement subordonné aux principes de l'équité
« naturelle.

« Les règles suivantes ne doivent servir que d'exemple au
« juge, pour se déterminer dans les cas non prévus, suivant
« les circonstances particulières. »

566 Art. 559. « Lorsque deux choses appartenant à différens
« maîtres, qui ont été unies de manière à former un tout,
« sont néanmoins séparables, en sorte que l'une puisse sub-
« sister sans l'autre, le tout appartient au maître de la chose
« qui forme la partie principale; à la charge de payer à
« l'autre la valeur de la chose qui a été unie. »

567 Art. 560. « Est réputée partie principale celle à laquelle
« l'autre n'a été unie que pour l'usage, l'ornement ou le
« complément de la première. »

568 Art. 561. « Néanmoins, quand la chose unie est beaucoup
« plus précieuse que la chose principale, et quand elle a été
« employée à l'insu du vrai propriétaire, celui-ci peut de-
« mander que la chose unie soit séparée pour lui être rendue,
« même quand il pourrait en résulter quelque dégradation de
« la chose à laquelle elle a été jointe. »

569 Art. 562. « Si de deux choses unies pour former un seul
« tout, l'une ne peut point être regardée comme l'accessoire
« de l'autre, celle-là est réputée principale qui est la plus
« considérable en valeur, ou en volume si les valeurs sont
« à peu près égales. »

570 Art. 563. « Si un artisan ou une personne quelconque a
« employé une matière qui ne lui appartenait pas à former
« une chose d'une nouvelle espèce, soit que la matière puisse
« ou non reprendre sa première forme, celui qui en était
« le propriétaire a le droit de réclamer la chose qui en a été
« formée, en remboursant le prix de la main-d'œuvre. »

571 Art. 564. « Si cependant la main-d'œuvre était tellement
« importante qu'elle surpassât de beaucoup la valeur de la
« matière employée, l'industrie serait alors réputée la partie
« principale, et l'ouvrier aurait le droit de retenir la chose

« travaillée, en remboursant le prix de la matière au pro-
« priétaire. »

Art. 565. « Lorsqu'une personne a employé en partie la
« matière qui lui appartenait, et en partie celle qui ne lui
« appartenait pas, à former une chose d'une espèce nouvelle,
« sans que l'une ni l'autre des deux matières soit entière-
« ment détruite, mais de manière qu'elles ne puissent pas se
« séparer sans inconvénient, la chose est commune aux deux
« propriétaires, en raison, quant à l'un, de la matière qui
« lui appartenait; quant à l'autre, en raison à la fois et de
« la matière qui lui appartenait, et du prix de sa main-
« d'œuvre. »

Art. 566. « Lorsqu'une chose a été formée par le mélange
« de plusieurs matières appartenant à différens propriétaires,
« mais dont aucune ne peut être regardée comme la matière
« principale, si les matières peuvent être séparées, celui à
« l'insu duquel les matières ont été mélangées peut en de-
« mander la division.

« Si les matières ne peuvent plus être séparées sans incon-
« vénient, ils en acquièrent en commun la propriété, dans la
« proportion de la quantité, de la qualité et de la valeur des
« matières appartenant à chacun d'eux. »

Art. 567. « Si la matière appartenant à l'un des proprié-
« taires était de beaucoup supérieure à l'autre par la quan-
« tité et le prix, en ce cas le propriétaire de la matière supé-
« rieure en valeur pourrait réclamer la chose provenue du
« mélange, en remboursant à l'autre la valeur de sa matière.»

Art. 568. « Lorsque la chose reste en commun entre les
« propriétaires des matières dont elle a été formée, elle doit
« être licitée au profit commun. »

Art. 569. « Dans tous les cas où le propriétaire dont la ma-
« tière a été employée, à son insu, à former une chose d'une
« autre espèce peut réclamer la propriété de cette chose, il
« a le choix de demander la restitution de sa matière en

« même nature, quantité, poids, mesure et bonté, ou sa
« valeur. »

577 Art. 570. « Ceux qui auront employé des matières apparte‑
« nant à d'autres et à leur insu pourront aussi être con‑
« damnés à des dommages et intérêts, s'il y a lieu, sans pré‑
« judice des poursuites par voie extraordinaire, si le cas y
« échet. »

Le Consul ordonne que le titre qui vient d'être arrêté par le Conseil sera communiqué officieusement, par le secrétaire‑général du Conseil d'État, à la section de législation du Tribunat, conformément à l'arrêté du 18 germinal an X.

COMMUNICATION OFFICIEUSE

A LA SECTION DE LÉGISLATION DU TRIBUNAT.

La section procéda à l'examen du projet dans sa séance du 16 brumaire an XII (8 novembre 1803), sur la communication qui lui en avait été faite le 4 brumaire.

TEXTE DES OBSERVATIONS

Un membre, au nom d'une commission, fait un rapport sur un projet de loi formant le titre II du livre II, *des Biens et des différentes modifications de la propriété*.

Lequel projet de loi est intitulé *de la Propriété*.

545 Art. 538. La section de législation est d'avis de substituer à la rédaction de cet article celle qui suit :

« Nul ne peut être contraint de céder sa propriété, si ce
« n'est pour cause d'utilité publique, moyennant une juste
« et préalable indemnité, et en vertu d'une loi, sauf les cas

« relatifs à la voirie et aux alignemens, pour lesquels la loi
« n'est point nécessaire. »

La section pense qu'il est important d'imprimer un grand respect pour la propriété, dont la conservation fait la base de toute société. C'est pourquoi elle est d'avis que, lorsqu'il s'agit d'exproprier un particulier, même pour cause d'utilité publique, et en indemnisant préalablement, il faut une loi qui déclare qu'il y a utilité publique.

Cependant, lorsqu'il s'agirait, en matière d'alignement, de faire reculer des maisons qu'il s'agirait de rebâtir, ou d'occuper des terres pour des routes qu'il s'agirait de faire, il pourrait devenir incommode et même quelquefois impraticable qu'il y eût une loi. La section s'est déterminée pour une exception dans ces cas.

Art. 542. La section propose de substituer ces mots, *dans le cas contraire*, à ceux-ci, qui sont dans l'article, *dans tous les autres cas*.

De la manière dont cet article est conçu, on ne peut voir en opposition que le possesseur de bonne foi et celui de mauvaise foi. Le premier cas dont il est parlé dans l'article étant celui du possesseur de bonne foi, il ne peut être question que d'un autre cas, qui est celui du possesseur de mauvaise foi.

Art. 546. La section propose de substituer à ces mots, *sans préjudice de la propriété que pourrait acquérir un tiers par une possession suffisamment prolongée*, ceux-ci, *sans préjudice de la propriété qu'un tiers pourrait avoir par titre ou par prescription*.

Ces expressions se rapportent à ce qui suit, c'est-à-dire à un souterrain sous le bâtiment d'autrui, ou à toute autre partie du bâtiment. Or, on peut avoir ces objets au préjudice du propriétaire du sol par un titre comme par la prescription. Il paraissait donc convenable de rappeler le titre, et de substituer le mot *prescription* à ceux *possession suffisamment prolongée*; ce qui ne peut être que la prescription.

554 Art. 547. La section propose de dire, comme dans l'article 546, *qui a fait des constructions, plantations et ouvrages*. Le mot *ouvrages* paraît nécessaire partout, surtout lorsqu'il peut exprimer des réparations, qui sont autre chose que des constructions et plantations.

555 Art. 548. Par les mêmes raisons, la section propose aussi d'ajouter dans la première partie de cet article les mots *et ouvrages*, et de plus elle est d'avis d'y ajouter un quatrième paragraphe conçu ainsi qu'il suit :

« Néanmoins, si les plantations, constructions et ouvrages
« ont été faits par un possesseur de bonne foi, le propriétaire
« ne peut en demander la suppression. Mais il a le choix de
« rembourser la valeur des matériaux et du prix de la main-
« d'œuvre, ou de rembourser une somme égale à celle dont
« le fonds à augmenté de valeur. »

La disposition de l'article du projet de loi a paru trop dure à l'égard du possesseur de bonne foi. On sent quelle est la perte énorme qui résulterait souvent de la simple faculté de retirer des plantations ou des matériaux; et celui qui aurait fait prononcer un désistement abuserait souvent de ce droit pour provoquer des sacrifices de la part du possesseur de bonne foi qui n'aurait presque rien de constructions ou de plantations qu'il serait obligé de détruire. Il paraît donc plus juste, dans ce cas, d'interdire au propriétaire la suppression des constructions, plantations et ouvrages, et de l'obliger au remboursement d'une somme égale à celle dont le fonds aurait augmenté de valeur.

Cependant il pourrait arriver que cette augmentation de valeur ne fût pas l'effet immédiat des avances de fonds de la part du possesseur de bonne foi. Par exemple, cent écus employés en conversion d'une terre en vigne peuvent avoir augmenté la valeur du fonds de 2000 francs. Cette augmentation de valeur ne doit pas profiter au possesseur même de bonne foi ; alors le propriétaire pourra rembourser seulement les réparations. Cette option donnée au propriétaire paraît concilier ses intérêts avec ce que la justice exige en faveur d'un possesseur de bonne foi.

Art. 556. La section propose de substituer à ces mots, *des fonds qu'il vient d'occuper*, ceux-ci, *des fonds nouvellement occupés*. Cette rédaction paraît plus exacte.

La section propose aussi de dire *prennent* au lieu de *reprennent*. Il n'y a point de répétition dans l'acte de reprendre.

Art. 558. La section propose la suppression de cet article en entier.

Elle ne pense pas qu'il soit convenable que, dans un recueil de dispositions législatives, on renvoie *aux principes de l'équité naturelle*, ainsi qu'on le voit dans la première partie de l'article. Cela est toujours de droit dans le silence de la loi.

Quant à la seconde partie de l'article, elle présente l'inconvénient de faire supposer que toutes les règles suivantes ne sont que des exemples, tandis qu'elles doivent être considérées, pour les cas qui y sont énoncés, comme des dispositions vraiment législatives.

Il est ensuite inutile de dire que ces mêmes règles serviront pour les cas non prévus. Cela est encore de droit. La loi prévoit ce qu'il est possible de prévoir ; et quant à ce qui n'est pas prévu, son esprit doit servir de boussole. Il est inutile qu'elle en donne le conseil.

Art. 561. La section propose de dire *à l'insu du propriétaire*, au lieu de *du vrai propriétaire*. Le mot *vrai* devient absolument inutile, vu le lieu où il est placé et l'objet auquel il se rapporte, qui est évidemment la chose unie.

Une conférence s'étant engagée entre les sections du Conseil d'État et du Tribunat, M. Treilhard eut à rendre, au Conseil, compte des observations faites par le Tribunat.

RÉDACTION DÉFINITIVE DU CONSEIL D'ÉTAT.

(Procès-verbal de la séance du 14 nivose an XII. — 5 janvier 1804.)

M. TREILHARD rend compte des observations faites par le Tribunat sur le livre II du projet de Code civil.

Il dit que ces observations n'ont porté pour la plupart que sur de légers changemens de rédaction que la section a adoptés, et qu'il ne parlera que de celles qui présentent plus d'importance.

545 Le Tribunat a demandé que l'article 538 au titre II, *de la Propriété*, fût rédigé ainsi qu'il suit :

« Nul ne peut être contraint de céder sa propriété, si ce
« n'est pour cause d'utilité publique, moyennant une juste
« et préalable indemnité, et en vertu d'une loi; sauf les cas
« relatifs à la voirie et aux alignemens, pour lesquels la loi
« n'est point nécessaire. »

La section n'a pas cru que l'addition proposée dût être admise : elle paralyserait l'administration, si, pendant l'absence du Corps législatif, des circonstances urgentes obligeaient à disposer d'une propriété particulière. L'Assemblée constituante a donné toutes les garanties nécessaires à la propriété, en établissant la règle que personne ne pourra être contraint à céder sa propriété, si ce n'est pour cause d'utilité publique et moyennant une juste et préalable indemnité. Il n'y a pas de motifs, et il y a au contraire des inconvéniens à sortir de ces termes.

M. REGNAUD (de Saint-Jean-d'Angely) dit qu'à la vérité l'Assemblée constituante s'est bornée à exprimer ces deux conditions, mais que des dispositions ultérieures, et surtout l'usage, ont ajouté la condition nouvelle que le Tribunat réclame, et le gouvernement s'y est toujours conformé. Il ne s'agit pas ici des cas d'urgence véritable, et qui se réduisent à peu près au cas de guerre et au cas d'incendie : il est évident que, pour empêcher l'embrasement d'une ville entière, ou dans la vue de pourvoir à sa défense, l'administration doit disposer sans délai ; mais l'objet de l'article est de pourvoir aux cas ordinaires et où l'urgence n'est pas la même, et alors il devient difficile de se refuser à la proposition du Tribunat.

M. Lacuée dit qu'en théorie le principe du Tribunat est vrai, mais que si on l'érigeait en règle générale, dans certaines circonstances, il gênerait l'administration. Les cas d'urgence sont plus multipliés qu'on ne le suppose : si l'on entrepend de les fixer pour en faire des exceptions à la règle, on donne par cela même à cette règle une force plus absolue ; il serait donc impossible de s'en écarter dans les cas qui auraient été omis, et qui cependant ne souffriraient point de retard, si l'on voulait adopter l'opinion du Tribunat ; du moins ne devrait-on point obliger l'administration à recourir au Corps législatif avant d'agir, mais se borner à établir que, chaque année, les actes de ce genre seront soumis au Corps législatif en la même forme que les arrêtés relatifs aux douanes.

Le Consul Cambacérès dit qu'on n'envisage pas la question sous son véritable point de vue.

Si l'on se trouvait encore à l'époque où le décret de l'Assemblée constituante a été rendu, il n'y aurait pas de difficulté à exprimer la condition dont parle le Tribunat ; mais aujourd'hui, et après qu'un laps de temps considérable a sanctionné la rédaction de l'Assemblée constituante ; après qu'elle a été textuellement répétée dans toutes les constitutions qui ont successivement régi la France ; après qu'un long usage en a réglé l'application, on ne voit pas de motifs pour la changer, et alors le changement serait interprété d'une manière défavorable : il semblerait qu'on aurait supposé au gouvernement la prétention d'exproprier arbitrairement les citoyens, et qu'on aurait voulu établir une garantie de plus contre les abus du pouvoir. Il n'en est pas besoin sans doute ; car il n'y a pas eu une seule expropriation arbitraire. Et si la nation, au lieu de vivre sous un gouvernement juste et paternel, se trouvait un jour sous un gouvernement violent et despotique, ce ne seraient pas quelques mots de plus insérés dans la loi qui garantiraient la propriété du citoyen. Le principe qu'aucune expropriation ne peut avoir lieu sans une loi est incontestable, et il est scrupuleusement observé ; il est superflu, et il serait inconvenant de l'exprimer.

M. Pelet partage l'opinion du Consul. Les précautions excessives et nouvelles qu'on propose sont absolument sans objet ; la loi a fait tout ce qui est nécessaire pour la garantie de la propriété, lorsqu'elle a dit que nul ne pourrait être dépossédé que pour cause d'utilité publique et avec une indemnité préalable.

M. Ségur pense que toute expropriation doit être ordonnée par une loi, mais qu'il est inutile d'exprimer ce principe, comme si l'on s'en était écarté jusqu'ici.

L'article 538 est maintenu.

555 M. Treilhard continue, et dit que le Tribunat a proposé un amendement à l'article 548.

Le Tribunat a demandé une exception à la règle générale en faveur de celui qui, ayant joui de bonne foi, *animo domini*, a fait des constructions ou des plantations sur un sol qu'il croyait à lui. La loi attache tant de faveur à la bonne foi, qu'elle lui laisse les fruits qu'il a perçus : il serait donc contre les principes de le traiter avec la même sévérité que l'individu dont la jouissance est entachée de mauvaise foi. Il ne doit pas perdre ses dépenses. Dans cette vue, le Tribunat propose d'obliger le propriétaire à lui payer ou le prix des matériaux ou de la main-d'œuvre, ou la plus-value du fonds.

Cette addition est juste; la section n'a pas hésité à l'admettre.

L'amendement du Tribunat est adopté.

M. Treilhard présente ensuite la rédaction définitive du titre.

Le Conseil l'adopte sans discussion.

TITRE II.

DE LA PROPRIÉTÉ.

Art. 537. « La propriété est le droit de jouir et disposer 544 « des choses de la manière la plus absolue, pourvu qu'on « n'en fasse pas un usage prohibé par les lois ou par les règle- « mens. »

Art. 538. « Nul ne peut être contraint de céder sa pro— 545 « priété, si ce n'est pour cause d'utilité publique, et moyen- « nant une juste et préalable indemnité. »

Art. 539. « La propriété d'une chose, soit mobiliaire, soit 546 « immobiliaire, donne droit sur tout ce qu'elle produit, et « sur ce qui s'y unit accessoirement, soit naturellement, soit « artificiellement.

« Ce droit s'appelle *droit d'accession.* »

SECTION Ire.

Du Droit d'accession sur ce qui est produit par la chose.

Art. 540. « Les fruits naturels ou industriels de la terre, 547
« Les fruits civils,

« Le croît des animaux, appartiennent au propriétaire, par « droit d'accession. »

Art 541. « Les fruits produits par la chose n'appartiennent 548

« au propriétaire qu'à la charge de rembourser les frais des
« labours, travaux et semences faits par des tiers. »

549   Art. 542. « Le simple possesseur ne fait les fruits siens que
« dans le cas où il possède de bonne foi ; dans le cas con-
« traire, il est tenu de rendre les produits avec la chose au
« propriétaire qui la revendique. »

550   Art. 543. « Le possesseur est de bonne foi quand il possède
« comme propriétaire, en vertu d'un titre translatif de pro-
« priété dont il ignore les vices.

« Il cesse d'être de bonne foi du moment où ces vices lui
« sont connus. »

SECTION II.

Du Droit d'accession sur ce qui s'unit et s'incorpore à la chose.

551   Art. 544. « Tout ce qui s'unit et s'incorpore à la chose ap-
« partient au propriétaire, suivant les règles qui seront ci-
« après établies. »

§ Ier.

Du Droit d'accession relativement aux choses immobiliaires.

552   Art. 545. « La propriété du sol emporte la propriété du
« dessus et du dessous.

« Le propriétaire peut faire au-dessus toutes les planta-
« tions et constructions qu'il juge à propos, sauf les excep-
« tions établies au titre IV ci-après, *des Servitudes*.

« Il peut faire au-dessous toutes constructions et fouilles
« qu'il jugera à propos, et tirer de ces fouilles tous les pro-
« duits qu'elles peuvent fournir, sauf les modifications ré-
« sultant des lois et règlemens relatifs aux mines, et des lois
« et règlemens de police. »

553   Art. 546. « Toutes constructions, plantations et ouvrages
« sur un terrain ou dans l'intérieur, sont présumés faits par
« le propriétaire, à ses frais, et lui appartenir, si le contraire
« n'est prouvé ; sans préjudice de la propriété qu'un tiers

« pourrait avoir acquise ou pourrait acquérir par prescrip-
« tion, soit d'un souterrain sous le bâtiment d'autrui, soit
« de toute autre partie du bâtiment. »

Art. 547. « Le propriétaire du sol qui a fait des construc- 554
« tions, plantations et ouvrages, avec des matériaux qui ne
« lui appartenaient pas, doit en payer la valeur; il peut
« aussi être condamné à des dommages et intérêts, s'il y a
« lieu : mais le propriétaire des matériaux n'a pas le droit
« de les enlever. »

Art. 548. « Lorsque les plantations, constructions et ou- 555
« vrages ont été faits par un tiers et avec ses matériaux, le
« propriétaire du fonds a droit ou de les retenir, ou d'o-
« bliger celui qui les a faits à les enlever.

« Si le propriétaire du fonds demande la suppression des
« plantations et constructions, elle est aux frais de celui qui
« les a faites, sans aucune indemnité pour lui; il peut même
« être condamné à des dommages et intérêts, s'il y a lieu,
« pour le préjudice que peut avoir éprouvé le propriétaire du
« fonds.

« Si le propriétaire préfère conserver ces plantations et
« constructions, il doit le remboursement de la valeur des
« matériaux et du prix de la main-d'œuvre, sans égard à la
« plus ou moins grande augmentation de valeur que le fonds
« a pu recevoir. Néanmoins, si les plantations, constructions
« et ouvrages ont été faits par un tiers évincé, qui n'aura pas
« été condamné à la restitution des fruits, attendu sa bonne
« foi, le propriétaire ne pourra demander la suppression
« desdits ouvrages, plantations et constructions ; mais il aura
« le choix ou de rembourser la valeur des matériaux et du
« prix de la main-d'œuvre, ou de rembourser une somme
« égale à celle dont le fonds a augmenté de valeur. »

Art. 549. « Les atterrissemens et accroissemens qui se for- 556
« ment successivement et imperceptiblement aux fonds rive-
« rains d'un fleuve ou d'une rivière s'appellent *alluvion.*

« L'alluvion profite au propriétaire riverain, soit qu'il

« s'agisse d'un fleuve ou d'une rivière navigable, flottable ou
« non; à la charge, dans le premier cas, de laisser le marche-
« pied ou chemin de hallage, conformément aux règlemens. »

557 Art. 550. « Il en est de même des relais que forme l'eau
« courante qui se retire insensiblement de l'une de ses rives
« en se portant sur l'autre ; le propriétaire de la rive décou-
« verte profite de l'alluvion, sans que le riverain du côté
« opposé y puisse venir réclamer le terrain qu'il a perdu.

« Ce droit n'a pas lieu à l'égard des relais de la mer. »

558 Art. 551. L'alluvion n'a pas lieu à l'égard des lacs et
« étangs, dont le propriétaire conserve toujours le terrain que
« l'eau couvre, quand elle est à la hauteur de la décharge de
« l'étang, encore que le volume de l'eau vienne à diminuer.

« Réciproquement le propriétaire de l'étang n'acquiert au-
« cun droit sur les terres riveraines que son eau vient à cou-
« vrir dans des crues extraordinaires. »

559 Art. 552. « Si un fleuve ou une rivière navigable ou non en-
« lève par une force subite une partie considérable et recon-
« naissable d'un champ riverain, et la porte vers un champ
« inférieur ou sur la rive opposée, le propriétaire de la
« partie enlevée peut réclamer sa propriété ; mais il est tenu
« de former sa demande dans l'année : après ce délai, il n'y
« sera plus recevable, à moins que le propriétaire du champ
« auquel la partie enlevée a été unie n'eût pas encore pris
« possession de celle-ci. »

560 Art. 553. « Les îles, îlots, attérissemens, qui se forment
« dans le lit des fleuves ou des rivières navigables ou flotta-
« bles, appartiennent à la nation, s'il n'y a titre ou prescrip-
« tion contraire. »

561 Art. 554. « Les îles et attérissemens qui se forment dans les
« rivières non navigables et non flottables appartiennent aux
« propriétaires riverains du côté où l'île s'est formée ; si l'île
« n'est pas formée d'un seul côté, elle appartient aux pro-
« priétaires riverains des deux côtés, à partir de la ligne
« qu'on suppose tracée au milieu de la rivière. »

Art. 555. « Si une rivière ou un fleuve, en se formant un bras nouveau, coupe et embrasse le champ d'un propriétaire riverain, et en fait une île, ce propriétaire conserve la propriété de son champ, encore que l'île se soit formée dans un fleuve ou dans une rivière navigable ou flottable. »

Art. 556. « Si un fleuve ou une rivière navigable, flottable ou non, se forme un nouveau cours en abandonnant son ancien lit, les propriétaires des fonds nouvellement occupés prennent, à titre d'indemnité, l'ancien lit abandonné, chacun dans la proportion du terrain qui lui a été enlevé. »

Art. 557. « Les pigeons, lapins, poissons, qui passent dans un autre colombier, garenne ou étang, appartiennent au propriétaire de ces objets, pourvu qu'ils n'y aient point été attirés par fraude ou artifice. »

§ II.

Du Droit d'accession relativement aux choses mobiliaires.

Art. 558. « Le droit d'accession, quand il a pour objet deux choses mobiliaires appartenant à deux maîtres différens, est entièrement subordonné aux principes de l'équité naturelle.

« Les règles suivantes serviront d'exemple au juge pour se déterminer, dans les cas non prévus, suivant les circonstances particulières. »

Art. 559. « Lorsque deux choses appartenant à différens maîtres, qui ont été unies de manière à former un tout, sont néanmoins séparables, en sorte que l'une puisse subsister sans l'autre, le tout appartient au maître de la chose qui forme la partie principale, à la charge de payer à l'autre la valeur de la chose qui a été unie. »

Art. 560. « Est réputée partie principale celle à laquelle l'autre n'a été unie que pour l'usage, l'ornement ou le complément de la première. »

568 Art. 561. « Néanmoins, quand la chose unie est beaucoup
« plus précieuse que la chose principale, et quand elle a été
« employée à l'insu du propriétaire, celui-ci peut demander
« que la chose unie soit séparée pour lui être rendue, même
« quand il pourrait en résulter quelque dégradation de la
« chose à laquelle elle a été jointe. »

569 Art. 562. « Si de deux choses unies pour former un seul
« tout, l'une ne peut point être regardée comme l'accessoire
« de l'autre, celle-là est réputée principale qui est la plus
« considérable en valeur, ou en volume si les valeurs sont à
« peu près égales. »

570 Art. 563. « Si un artisan ou une personne quelconque a
« employé une matière qui ne lui appartenait pas à former
« une chose d'une nouvelle espèce, soit que la matière puisse
« ou non reprendre sa première forme, celui qui en était le
« propriétaire a le droit de réclamer la chose qui en a été
« formée, en remboursant le prix de la main-d'œuvre. »

571 Art. 564. « Si cependant la main-d'œuvre était tellement
« importante qu'elle surpassât de beaucoup la valeur de la
« matière employée, l'industrie serait alors réputée la partie
« principale, et l'ouvrier aurait le droit de retenir la chose
« travaillée, en remboursant le prix de la matière au pro-
« priétaire. »

572 Art. 565. « Lorsqu'une personne a employé en partie la
« matière qui lui appartenait, et en partie celle qui ne lui ap-
« partenait pas, à former une chose d'une espèce nouvelle,
« sans que ni l'une ni l'autre des deux matières soit entière-
« ment détruite, mais de manière qu'elles ne puissent pas se
« séparer sans inconvénient, la chose est commune aux deux
« propriétaires, en raison, quant à l'un, de la matière qui
« lui appartenait; quant à l'autre, en raison à la fois et de la
« matière qui lui appartenait, et du prix de sa main-d'œuvre. »

573 Art. 566. « Lorsqu'une chose a été formée par le mélange
« de plusieurs matières appartenant à différens propriétaires,
« mais dont aucune ne peut être regardée comme la matière

« principale, si les matières peuvent être séparées, celui à
« l'insu duquel les matières ont été mélangées peut en de-
« mander la division.

« Si les matières ne peuvent plus être séparées sans incon-
« vénient, ils en acquièrent en commun la propriété dans la
« proportion de la quantité, de la qualité et de la valeur des
« matières appartenant à chacun d'eux. »

Art. 567. « Si la matière appartenant à l'un des proprié- 574
« taires était de beaucoup supérieure à l'autre par la quantité
« et le prix, en ce cas le propriétaire de la matière supérieure
« en valeur pourrait réclamer la chose provenue du mélange,
« en remboursant à l'autre la valeur de sa matière. »

Art. 568. « Lorsque la chose reste en commun entre les 575
« propriétaires des matières dont elle a été formée, elle doit
« être licitée au profit commun. »

Art. 569. « Dans tous les cas où le propriétaire dont la 576
« matière a été employée, à son insu, à former une chose
« d'une autre espèce peut réclamer la propriété de cette
« chose, il a le choix de demander la restitution de sa matière
« en même nature, quantité, poids, mesure et bonté, ou sa
« valeur. »

Art. 570. « Ceux qui auront employé des matières appar- 577
« tenant à d'autres et à leur insu pourront aussi être con-
« damnés à des dommages et intérêts, s'il y a lieu; sans
« préjudice des poursuites par voie extraordinaire, si le cas
« y échet. »

M. Portalis fut nommé par le Premier Consul, avec
MM. Berlier et Pelet, pour présenter au Corps législatif,
dans sa séance du 26 nivose an XII (17 janvier 1804),
le titre ci-dessus, *de la Propriété*, et pour en soutenir la
discussion dans celle du 6 pluviose.

PRÉSENTATION AU CORPS LÉGISLATIF,

ET EXPOSÉ DES MOTIFS, PAR M. PORTALIS.

Législateurs, le projet de loi qui vous est soumis définit la propriété et en fixe les caractères essentiels : il détermine le pouvoir de l'État ou de la cité sur les propriétés des citoyens ; il règle l'étendue et les limites du droit de propriété, considéré en lui-même et dans ses rapports avec les diverses espèces de biens.

Dans cette matière, plus que dans aucune autre, il importe d'écarter les hypothèses, les fausses doctrines, et de ne raisonner que d'après des faits simples, dont la vérité se trouve consacrée par l'expérience de tous les âges.

L'homme, en naissant, n'apporte que des besoins ; il est chargé du soin de sa conservation ; il ne saurait exister ni vivre sans consommer : il a donc un droit naturel aux choses nécessaires à sa subsistance et à son entretien.

Il exerce ce droit par l'occupation, par le travail, par l'application raisonnable et juste de ses facultés et de ses forces.

Ainsi le besoin et l'industrie sont les deux principes créateurs de la propriété.

Quelques écrivains supposent que les biens de la terre ont été originairement communs. Cette communauté, dans le sens rigoureux qu'on y attache, n'a jamais existé ni pu exister. Sans doute, la Providence offre ses dons à l'universalité, mais pour l'utilité et les besoins des individus ; car il n'y a que des individus dans la nature. La terre est commune, disaient les philosophes et les jurisconsultes de l'antiquité, comme l'est un théâtre public, qui attend que chacun vienne y prendre sa place particulière. Les biens, réputés communs avant l'occupation, ne sont, à parler avec exactitude, que des biens vacans. Après l'occupation, ils deviennent propres à celui ou à ceux qui les occupent. La nécessité constitue un véritable droit : or, c'est la nécessité même, c'est-à-dire la plus impérieuse de toutes les lois, qui nous commande l'usage des choses sans lesquelles il nous serait impossible de subsister. Mais le droit d'acquérir ces choses et d'en user ne serait-il pas entièrement nul sans l'*appropriation*, qui seule peut le rendre utile, en le liant à la certitude de conserver ce que l'on acquiert?

Méfions-nous des systèmes dans lesquels on ne semble faire de la terre la propriété commune de tous que pour se ménager le prétexte de ne respecter les droits de personne.

Si nous découvrons le berceau des nations, nous demeurons convaincus qu'il y a des propriétaires depuis qu'il y a des hommes. Le sauvage n'est-il pas maître des fruits qu'il a cueillis pour sa nourriture, de la fourrure ou du feuillage dont il se couvre pour se prémunir contre les injures de l'air, de l'arme qu'il porte pour sa défense, et de l'espace dans lequel il construit sa modeste chaumière? On trouve, dans tous les temps et partout, des traces du droit individuel de propriété. L'exercice de ce droit, comme celui de tous nos autres droits naturels, s'est étendu et s'est perfectionné par la raison, par l'expérience et par nos découvertes en tout genre. Mais le principe du droit est en nous; il n'est point le résultat d'une convention humaine ou d'une loi positive; il est dans la constitution même de notre être, et dans nos différentes relations avec les objets qui nous environnent.

Nous apprenons par l'histoire que d'abord le droit de propriété n'est appliqué qu'à des choses mobilières. A mesure que la population augmente, on sent la nécessité d'augmenter les moyens de subsistance. Alors, avec l'agriculture et les différens arts, on voit naître la propriété foncière, et successivement toutes les espèces de propriétés et de richesses qui marchent à sa suite.

Quelques philosophes paraissent étonnés que l'homme puisse devenir propriétaire d'une portion de sol qui n'est pas son ouvrage, qui doit durer plus que lui, et qui n'est soumise qu'à des lois que l'homme n'a point faites. Mais cet étonnement ne cesse-t-il pas, si l'on considère tous les prodiges de la main-d'œuvre, c'est-à-dire tout ce que l'industrie de l'homme peut ajouter à l'ouvrage de la nature?

Les productions spontanées de notre sol n'eussent pu suffire qu'à des hordes errantes de sauvages, uniquement occupées à tout détruire pour fournir à leur consommation, et réduites à se dévorer entre elles après avoir tout détruit. Des peuples simplement chasseurs ou pasteurs n'eussent jamais pu former de grands peuples. La multiplication du genre humain a suivi partout les progrès de l'agriculture et des arts ; et cette multiplication, de laquelle sont sorties tant de nations qui ont brillé et qui brillent encore sur le globe, était entrée dans les vastes desseins de la Providence sur les enfans des hommes.

Oui, législateurs, c'est par notre industrie que nous avons conquis le sol sur lequel nous existons ; c'est par elle que nous avons rendu la terre plus habitable, plus propre à devenir notre demeure. La tâche de l'homme était, pour ainsi dire, d'achever le grand ouvrage de la création.

Or, que deviendraient l'agriculture et les arts sans la propriété foncière, qui n'est que le droit de posséder avec continuité la portion de terrain à laquelle nous avons appliqué nos pénibles travaux et nos justes espérances?

Quand on jette les yeux sur ce qui se passe dans le monde, on est frappé de voir que les divers peuples connus prospèrent bien moins en raison de la fertilité naturelle du sol qui les nourrit qu'en raison de la sagesse des maximes qui les gouvernent. D'immenses contrées dans lesquelles la nature semble, d'une main libérale, répandre tous ses bienfaits, sont condamnées à la stérilité et portent l'empreinte de la dévastation, parce que les propriétés n'y sont point assurées. Ailleurs, l'industrie encouragée par la certitude de jouir de ses propres conquêtes transforme des déserts en campagnes riantes, creuse des canaux, dessèche des marais, et couvre d'abondantes moissons des plaines qui ne produisaient jusque là que la contagion et la mort. A côté de nous un peuple industrieux, aujourd'hui notre allié, a fait sortir du sein des eaux la terre sur laquelle il s'est établi, et qui est entièrement l'ouvrage des hommes.

En un mot, c'est la propriété qui a fondé les sociétés humaines. C'est elle qui a vivifié, étendu, agrandi notre propre existence. C'est par elle que l'industrie de l'homme, cet esprit de mouvement et de vie qui anime tout, a été portée sur les eaux, et a fait éclore sous les divers climats tous les germes de richesse et de puissance.

Ceux-là connaissent bien mal le cœur humain, qui regardent la division des patrimoines comme la source des querelles, des inégalités et des injustices qui ont affligé l'humanité. On fait honneur à l'homme qui erre dans les bois, et sans propriété, de vivre dégagé de toutes les ambitions qui tourmentent nos petites âmes. N'imaginons pas pour cela qu'il soit sage et modéré : il n'est qu'indolent. Il a peu de désirs, parce qu'il a peu de connaissances. Il ne prévoit rien, et c'est son insensibilité même sur l'avenir qui le rend plus terrible quand il est vivement secoué par l'impulsion et la présence du besoin. Il veut alors obtenir par la force ce qu'il a dédaigné de se procurer par le travail : il devient injuste et cruel.

D'ailleurs, c'est une erreur de penser que des peuples chez qui les propriétés ne seraient point divisées n'auraient aucune occasion de querelle. Ces peuples ne se disputeraient-ils pas la terre vague et inculte, comme parmi nous les citoyens plaident pour les héritages? Ne trouveraient-ils pas de fréquentes occasions de guerre pour leurs chasses, pour leurs pêches, pour la nourriture de leurs bestiaux?

L'état sauvage est l'enfance d'une nation, et l'on sait que l'enfance d'une nation n'est pas son âge d'innocence.

8.

Loin que la division des patrimoines ait pu détruire la justice et la morale, c'est au contraire la propriété, reconnue et constatée par cette division, qui a développé et affermi les premières règles de la morale et de la justice. Car, pour rendre à chacun le sien, il faut que chacun puisse avoir quelque chose. J'ajoute que les hommes portant leurs regards dans l'avenir, et sachant qu'ils ont quelque bien à perdre, il n'y en a aucun qui n'ait à craindre pour soi la représaille des torts qu'il pourrait faire à autrui.

Ce n'est pas non plus au droit de propriété qu'il faut attribuer l'origine de l'inégalité parmi les hommes.

Les hommes ne naissent égaux ni en taille, ni en force, ni en industrie, ni en talens. Le hasard et les événemens mettent encore entre eux des différences. Ces inégalités premières, qui sont l'ouvrage même de la nature, entraînent nécessairement celles que l'on rencontre dans la société.

On aurait tort de craindre les abus de la richesse et des différences sociales qui peuvent exister entre les hommes. L'humanité, la bienfaisance, la pitié, toutes les vertus dont la semence a été jetée dans le cœur humain, supposent ces différences, et ont pour objet d'adoucir et de compenser les inégalités qui en naissent et qui forment le tableau de la vie.

De plus, les besoins réciproques et la force des choses établissent entre celui qui a peu et celui qui a beaucoup, entre l'homme industrieux et celui qui l'est moins, entre le magistrat et le simple particulier, plus de liens que tous les faux systèmes ne pourraient en rompre.

N'aspirons donc pas à être plus humains que la nature ni plus sages que la nécessité.

544. Aussi vous vous empresserez, législateurs, de consacrer par vos suffrages le grand principe de la propriété, présenté dans le projet de loi *comme le droit de jouir et de disposer des choses de la manière la plus absolue.* Mais comme les hommes vivent en société et sous des lois, ils ne sauraient

avoir le droit de contrevenir aux lois qui régissent la société.

Il est d'une législation bien ordonnée de régler l'exercice du droit de propriété comme on règle l'exercice de tous les autres droits. Autre chose est l'indépendance, autre chose est la liberté. La véritable liberté ne s'acquiert que par le sacrifice de l'indépendance.

Les peuples qui vivent entre eux dans l'état de nature sont indépendans sans être libres. Ils sont toujours forçans ou forcés. Les citoyens sont libres sans être indépendans, parce qu'ils sont soumis à des lois qui les protégent contre les autres et contre eux-mêmes.

La vraie liberté consiste dans une sage composition des droits et des pouvoirs individuels avec le bien commun. Quand chacun peut faire ce qui lui plaît, il peut faire ce qui nuit à autrui, il peut faire ce qui nuit au plus grand nombre. La licence de chaque particulier opérerait infailliblement le malheur de tous.

Il faut donc des lois pour diriger les actions relatives à l'usage des biens, comme il en est pour diriger celles qui sont relatives à l'usage des facultés personnelles.

On doit être libre avec les lois, et jamais contre elles. De là, en reconnaissant dans le propriétaire le droit de jouir et de disposer de sa propriété de la manière la plus absolue, nous avons ajouté, *pourvu qu'il n'en fasse pas un usage prohibé par les lois ou par les règlemens.*

C'est ici le moment de traiter une grande question : Quel est le pouvoir de l'État sur les biens des particuliers ?

« Au citoyen appartient la propriété et au souverain l'em-
« pire (a). » Telle est la maxime de tous les pays et de tous les temps. C'est ce qui a fait dire aux publicistes que « la
« libre et tranquille jouissance des biens que l'on possède est
« le droit essentiel de tout peuple qui n'est point esclave ;
« que chaque citoyen doit garder sa propriété sans trouble ;

(a) *Omnia rex imperio possidet, singuli domini.* Sénèque, lib. 7, c. 4 et 5 de *Beneficiis.*

« que cette propriété ne doit jamais recevoir d'atteinte, et
« qu'elle doit être assurée comme la Constitution même de
« l'État (a). »

L'empire, qui est le partage du souverain, ne renferme aucune idée de domaine proprement dit (b). Il consiste uniquement dans la puissance de gouverner. Il n'est que le droit de prescrire et d'ordonner ce qu'il faut pour le bien général, et de diriger en conséquence les choses et les personnes. Il n'atteint les actions libres des citoyens qu'autant qu'elles doivent être tournées vers l'ordre public. Il ne donne à l'État sur les biens des citoyens que le droit de régler l'usage de ces biens par des lois civiles, le pouvoir de disposer de ces biens pour des objets d'utilité publique, la faculté de lever des impôts sur les mêmes biens. Ces différens droits réunis forment ce que *Grotius* (c), *Puffendorff* (d) et autres appellent le *domaine éminent du souverain*, mots dont le vrai sens, développé par ces auteurs, ne suppose aucun droit de propriété, et n'est relatif qu'à des prérogatives inséparables de la puissance publique.

Cependant des jurisconsultes célèbres, craignant que, dans une matière aussi délicate, on ne pût trop aisément abuser des expressions les plus innocentes, se sont élevés avec force contre les mots *domaine éminent*, qu'ils ont regardés comme pleins d'incorrection et d'inexactitude. Les discussions les plus solennelles sur ce point ont long-temps fixé l'attention de toutes les universités de l'Europe (e). Mais il faut convenir que cette dispute se réduisait à une pure question de mots, puisqu'en lisant les ouvrages qui ont été respective-

---

(a) Bohemer, *Introductio in jure publico*, p. 240. Le Bret, *De la Souveraineté*, liv. IV, chap. X. — *Esprit des Lois*. livr. VIII, chap. II.

(b) *Imperium non includit dominium feudorum vel rerum quarumque civium*. Wolf, *Jus naturæ*, part. I, § CIII.

(c) *De la Paix et de la Guerre*, liv. I, chap. I, § VI; chap. III, § VI; liv. II, chap XIV, § VII; liv. III, chap. XX.

(d) *Du Droit de la nature et des gens*, liv. VIII, chap. V.

(e) Fleicher, *Institutiones juris naturæ et gentium*, liv. III, chap. XI, § II. Leyser, dans sa dissertation *Pro imperio contra dominium eminens*, imprimée à Wirtemberg en 1673.

ment publiés, on s'aperçoit que tous nos controversistes s'accordent sur le fond même des choses, et que ceux d'entre eux qui parlaient des prérogatives du *domaine éminent* les limitaient aux droits que les autres faisaient dériver de l'*empire* ou de la *souveraineté*.

En France, et vers le milieu du dernier siècle, nous avons vu paraître des écrivains dont les opinions systématiques étaient vraiment capables de compromettre les antiques maximes de l'ordre naturel et social. Ces écrivains substituaient au droit incontestable qu'a l'État ou le souverain de lever des subsides un prétendu droit de *copropriété sur le tiers du produit net des biens des citoyens*.

Les hommes qui prêchaient cette doctrine se proposaient de remplacer toutes les lois fondamentales des nations par la prétendue force de l'*évidence morale*, presque toujours obscurcie par les intérêts et les passions, et toutes les formes connues de gouvernement par un *despotisme légal* (a), qui impliquerait contradiction jusque dans les termes; car le mot *despotisme*, qui annonce le fléau de l'humanité, devait-il jamais être placé à côté du mot *légal*, qui caractérise le règne bienfaisant des lois?

Heureusement toutes ces erreurs viennent échouer contre les principes consacrés par le droit naturel et public des nations. Il est reconnu partout que les raisons qui motivent pour les particuliers la nécessité du droit de propriété sont étrangères à l'État ou au souverain, dont la vie politique n'est pas sujette aux mêmes besoins que la vie naturelle des individus.

Nous convenons que l'État ne pourrait subsister s'il n'avait les moyens de pourvoir aux frais de son gouvernement; mais, en se procurant ces moyens par la levée des subsides, le souverain n'exerce point un droit de propriété; il n'exerce qu'un simple pouvoir d'administration.

C'est encore, non comme propriétaire supérieur et uni-

(a) Voyez un ouvrage intitulé : *De l'Ordre essentiel des sociétés politiques*

versel du territoire, mais comme administrateur suprême de l'intérêt public, que le souverain fait des lois civiles pour régler l'usage des propriétés privées. Ces propriétés ne sont la matière des lois que comme objet de protection et de garantie, et non comme objet de disposition arbitraire. Les lois ne sont pas de purs actes de puissance : ce sont des actes de justice et de raison. Quand le législateur publie des règlemens sur les propriétés particulières, il n'intervient pas comme maître, mais uniquement comme arbitre, comme régulateur pour le maintien du bon ordre et de la paix.

Lors de l'étrange révolution qui fut opérée par l'établissement du régime féodal, toutes les idées sur le droit de propriété furent dénaturées, et toutes les véritables maximes furent obscurcies; chaque prince, dans ses états, voulut s'arroger des droits utiles sur les terres des particuliers, et s'attribuer le domaine absolu de toutes les choses publiques. C'est dans ce temps que l'on vit naître cette foule de règles extraordinaires qui régissent encore la plus grande partie de l'Europe, et que nous avons heureusement proscrites. Cependant, à travers toutes ces règles, quelques étincelles de raison qui s'échappaient laissaient toujours entrevoir les vérités sacrées qui doivent régir l'ordre social.

Dans les contrées où les lois féodales dominent le plus, on a constamment reconnu des biens libres et *allodiaux* ; ce qui prouve que l'on n'a jamais regardé la seigneurie féodale comme une suite nécessaire de la souveraineté. Dans ces contrées on distingue dans le prince deux qualités ; celle de supérieur dans l'ordre des fiefs, et celle de magistrat politique dans l'ordre commun. On reconnaît que la seigneurie féodale ou la puissance des fiefs n'est qu'une chose accidentelle qui ne saurait appartenir à un souverain, comme tel. On ne range dans la classe des prérogatives de la puissance souveraine que celles qui appartiennent essentiellement à tout souverain, et sans lesquelles il serait impossible de gouverner une société politique.

On a toujours tenu pour maxime que les domaines des particuliers sont des propriétés sacrées qui doivent être respectées par le souverain lui-même.

D'après cette maxime nous avons établi, dans le projet de loi, que *nul ne peut être contraint de céder sa propriété, si ce n'est pour cause d'utilité publique, et moyennant une juste et préalable indemnité.*

L'État est, dans ces occasions, comme un particulier qui traite avec un autre particulier. C'est bien assez qu'il puisse contraindre un citoyen à lui vendre son héritage, et qu'il lui ôte le grand privilége qu'il tient de la loi naturelle et civile, de ne pouvoir être forcé d'aliéner son bien.

Pour que l'État soit autorisé à disposer des domaines des particuliers, on ne requiert pas cette nécessité rigoureuse et absolue qui donne aux particuliers mêmes quelque droit sur le bien d'autrui (a). Des motifs graves d'utilité publique suffisent, parce que, dans *l'intention raisonnablement présumée de ceux qui vivent dans une société civile*, il est certain que chacun s'est engagé à rendre possible, par quelque sacrifice personnel, ce qui est utile à tous; mais le principe de l'indemnité due au citoyen dont on prend la propriété est vrai dans tous les cas sans exception. Les charges de l'État doivent être supportées avec égalité et dans une juste proportion. Or, toute égalité, toute proportion serait détruite, si un seul ou quelques-uns pouvaient jamais être soumis à faire des sacrifices auxquels les autres citoyens ne contribueraient pas.

Après avoir déterminé le pouvoir de l'État sur les propriétés particulières, on a cherché à régler l'étendue et les limites du droit de propriété, considéré en lui-même et dans ses rapports avec les diverses espèces de biens.

Il résulte de tout ce qui a été dit, que le droit de propriété s'applique tant aux meubles qu'aux immeubles.

(a) On sait le droit qu'a tout propriétaire qui n'a point d'issue pour arriver à son domaine, d'obliger les propriétaires à lui donner, en payant, passage sur leurs propres terres.

C'est un principe constant chez toutes les nations policées que la propriété d'une chose, soit mobilière, soit immobilière, s'étend *sur tout ce que cette chose produit*.

547 En conséquence,
Les fruits naturels ou industriels de la terre,
Les fruits civils,
Le croît des animaux,
Appartiennent au propriétaire.

On appelle *fruits naturels de la terre* ceux qu'elle produit sans le secours de l'art. On appelle *fruits industriels* ceux que la terre ne produirait pas sans le travail de l'homme. On ne croit pas avoir besoin de motiver la disposition qui rend propriétaire de ces fruits celui qui est déjà propriétaire de la terre même ; car, dans l'ordre et la marche des idées, c'est la nécessité de reconnaître le droit du cultivateur sur les fruits provenus de son travail et de sa culture, qui, au moins jusqu'à la récolte, a fait supposer et reconnaître son droit sur le fonds même auquel il a appliqué ses labours. C'est ainsi que d'année en année le cultivateur s'assurant les mêmes droits par les mêmes travaux, la jouissance s'est changée pour lui en possession continue, et la possession continue en propriété. Il faut donc bien avouer que le propriétaire du fonds est nécessairement propriétaire des fruits, puisque c'est le droit originaire du cultivateur sur les fruits qui a fondé la propriété même du sol.

De plus, la propriété du sol serait absolument vaine, si on la séparait des émolumens naturels ou industriels que ce sol produit. L'usufruit peut être séparé à temps de la propriété par convention ou par quelque titre particulier ; mais la propriété et l'usufruit vont nécessairement ensemble, si l'on ne consulte que l'ordre commun et général.

La règle que nous avons établie pour les fruits naturels et industriels de la terre s'applique au croît des animaux qui sont élevés et nourris par nos soins, et aux fruits civils qui sont le résultat d'une obligation légale ou volontaire.

Comme on ne peut recueillir sans avoir semé, les fruits 548 n'appartiennent au propriétaire du sol qu'à *la charge de rembourser les frais des labours, travaux et semences faits par des tiers.*

Il serait trop injuste de percevoir l'émolument sans supporter la dépense, ou sans payer les travaux qui le produisent.

On a toujours distingué le simple possesseur d'avec le vé- 549 ritable propriétaire : la propriété est un droit, la simple possession n'est qu'un fait. Un homme peut être en possession d'une chose ou d'un fonds qui ne lui appartient pas : dès lors peut-il s'approprier le produit de cette chose ou de ce fonds? On décide, dans le projet de loi, que *le simple possesseur ne fait les fruits siens que dans le cas où il possède de bonne foi.*

La bonne foi est constatée *quand le possesseur jouit de la* 550 *chose comme propriétaire, et en vertu d'un titre translatif de propriété dont il ignore les vices.*

Il est censé ignorer les vices de son titre tant qu'on ne constate pas qu'il les connaissait.

La loi civile ne scrute pas les consciences. Les pensées ne sont pas de son ressort; à ses yeux, le bien est toujours prouvé quand le mal ne l'est pas.

Non seulement le droit de propriété s'étend sur tout ce 546-551 qui est produit par la chose dont on est propriétaire; mais il *s'étend encore sur tout ce qui s'y unit et s'y incorpore, soit naturellement, soit artificiellement.* C'est ce qu'on appelle *droit d'accession.*

Pour bien apprécier le droit d'*accession*, il est nécessaire de parler séparément des choses mobilières et des choses immobilières.

Nous avons posé le principe que *la propriété du sol em-* 552 *porte la propriété du dessus et du dessous.*

Nous en avons conclu que le propriétaire peut faire au

dessus toutes les plantations et constructions, et au dessous toutes les constructions et fouilles qu'il juge convenables.

On comprend que la propriété serait imparfaite, si le propriétaire n'était libre de mettre à profit pour son usage toutes les parties extérieures et intérieures du sol ou du fonds qui lui appartient, et s'il n'était le maître de tout l'espace que son domaine renferme.

Nous n'avons pourtant pas dissimulé que le droit du propriétaire, quelque étendu qu'il soit, comporte quelques limites que l'état de société rend indispensables.

Vivant avec nos semblables, nous devons respecter leurs droits, comme ils doivent respecter les nôtres. Nous ne devons donc pas nous permettre, même sur notre fonds, des procédés qui pourraient blesser le droit acquis d'un voisin ou de tout autre. La nécessité et la multiplicité de nos communications sociales ont amené, sous le nom de *servitudes* et sous d'autres, des devoirs, des obligations, des services qu'un propriétaire ne pourrait méconnaître sans injustice, et sans rompre les liens de l'association commune.

En général, les hommes sont assez clairvoyans sur ce qui les touche. On peut se reposer sur l'énergie de l'intérêt personnel du soin de veiller sur la bonne culture. La liberté laissée au cultivateur et au propriétaire fait de grands biens et de petits maux. L'intérêt public est en sûreté, quand, au lieu d'avoir un ennemi, il n'a qu'un garant dans l'intérêt privé.

Cependant, comme il est des propriétés d'une telle nature que l'intérêt particulier peut se trouver facilement et fréquemment en opposition avec l'intérêt général dans la manière d'user de ces propriétés, on a fait des lois et des règlemens pour en diriger l'usage. Tels sont les domaines qui consistent en mines, en forêts et en d'autres objets pareils, et qui ont dans tous les temps fixé l'attention du législateur.

Dans nos grandes cités, il importe de veiller sur la régularité et même sur la beauté des édifices qui les décorent. Un propriétaire ne saurait avoir la liberté de contrarier par ses constructions particulières les plans généraux de l'administration publique.

Un propriétaire, soit dans les villes, soit dans les champs, doit encore se résigner à subir les gênes que la police lui impose pour le maintien de la sûreté commune.

Dans toutes ces occurences, il faut soumettre toutes les affections privées, toutes les volontés particulières à la grande pensée du bien public.

Après avoir averti les propriétaires de l'étendue et des limites naturelles de leurs droits, on s'est occupé des hypothèses dans lesquelles la propriété foncière ou immobilière peut accidentellement s'accroître.

Il peut arriver, par exemple, qu'un tiers vienne faire des plantations dans le fonds d'autrui, ou y construire un édifice. A qui appartient cet édifice ou cette plantation ? Nous supposons le tiers de bonne foi : car, s'il ne l'était pas, s'il n'avait fait qu'un acte d'émulation et de jalousie, son procédé ne serait qu'une entreprise, un attentat. Il ne s'agirait point de peser un droit, mais de réprimer un délit.

Les divers jurisconsultes ne se sont point accordés sur la question de savoir si la plantation faite dans le fonds d'autrui appartient à celui qui a planté, ou au propriétaire du fonds sur lequel la plantation a été faite. Les uns ont opiné pour le propriétaire du fonds, et les autres pour l'auteur de la plantation.

Il en est qui ont voulu établir une sorte de société entre le planteur et le propriétaire foncier, attendu que d'une part les plantes sont alimentées par le fonds, et que d'autre part elles ont par elles-mêmes un prix, une valeur qui ont été fournis par tout autre que celui à qui le fonds appartenait. Il faut, a-t-on dit, faire un partage raisonnable entre les parties intéressées. Cette opinion est celle de *Grotius* et de quelques autres publicistes célèbres. *Grotius* a été réfuté par *Puffendorff*. Ce dernier a fait sentir avec raison tous les inconvéniens qu'il y aurait à établir une société forcée entre des hommes qui n'ont pas voulu être associés. Il a prouvé qu'il serait impossible de conserver l'égalité entre les parties intéressées dans le partage des produits d'une telle société. Il a observé qu'il serait dangereux d'asservir ainsi une propriété foncière à l'insu et contre le gré du propriétaire, et que d'ailleurs chacun étant maître par le droit de faire cesser toute possession indivise et de séparer ses intérêts de ceux d'autrui, il n'y avait aucun motif raisonnable d'imposer au propriétaire d'un fonds une servitude insolite et aussi contraire au droit naturel qu'au droit civil.

A travers les différens systèmes des auteurs, nous sommes remontés au droit romain, qui décide qu'en général tout doit céder au sol qui est immobile; et qu'en conséquence, dans la nécessité de prononcer entre le propriétaire du sol et l'auteur de la plantation, qui ne peuvent demeurer en communion malgré eux pour le même objet, le propriétaire du sol doit avoir la préférence, et obtenir la propriété des choses qui ont été accidentellement réunies à son fonds. La loi romaine ne balance pas entre le propriétaire foncier et le tiers imprudent qui s'est permis, avec plus ou moins de bonne foi, une sorte d'incursion dans la propriété d'autrui.

Dans le projet de loi, nous sommes partis du principe que toutes les plantations faites dans un fonds sont censées faites par le propriétaire de ce fonds et à ses frais, si le contraire n'est prouvé.

555   Nous donnons au propriétaire du sol sur lequel un tiers a fait des plantations la faculté de les conserver, ou d'obliger ce tiers à rétablir les lieux dans leur premier état.

Dans le premier cas, nous soumettons le propriétaire à payer la valeur des plantations qu'il conserve et le salaire de la main-d'œuvre, sans égard à ce que le fonds même peut avoir gagné par la plantation nouvelle.

Dans le second cas, le tiers planteur est obligé de rétablir les lieux à ses propres frais et dépens; il peut même être exposé à des dommages et intérêts; il supporte la peine de sa légèreté et de son entreprise.

Nous avons suivi l'esprit des lois romaines.

Nous décidons par les mêmes principes les questions relatives aux constructions de bâtimens et autres ouvrages faits par un tiers sur le sol d'autrui ; nous donnons au propriétaire la même alternative. Nous avons pensé qu'on ne saurait trop avertir les citoyens des risques qu'ils courent, quand ils se permettent des entreprises contraires au droit de propriété.

Nous avons excepté de la règle générale le cas où celui qui aurait planté ou construit dans le fonds d'autrui serait un possesseur de bonne foi qui aurait été évincé sans être condamné à la restitution des fruits, et qui aurait planté ou construit pendant sa possession. Dans ce cas, le propriétaire est tenu, ou de payer la valeur des constructions ou plantations, ou de payer une somme égale à l'augmentation de valeur que ces plantations et constructions peuvent avoir apportée au sol.

Nous nous sommes occupés de l'hypothèse où le propriétaire d'un fonds fait des plantations et constructions avec des matériaux qui appartiennent à un tiers. 554

Nous avons pensé, dans une telle hypothèse, que ce tiers n'a pas le droit d'enlever ses matériaux, mais que le propriétaire du fonds doit en payer la valeur, et qu'il peut même, selon les circonstances, être condamné à des dommages et intérêts. Cela est fondé sur le principe que personne ne peut s'enrichir aux dépens d'autrui.

Le projet de loi termine la grande question des *alluvions*. 556 Il décide, conformément au droit romain, que l'*alluvion profite au propriétaire riverain, soit qu'il s'agisse d'un fleuve ou d'une rivière navigable, flottable ou non, à la charge, dans le premier cas, de laisser le marche-pied, ou chemin de halage, conformément aux règlemens.*

L'alluvion est un atterrissement ou accroissement qui se forme insensiblement aux fonds riverains d'un fleuve ou d'une rivière.

Les principes de la féodalité avaient obscurci cette matière; on avait été jusqu'à prétendre que les alluvions formées par les fleuves et rivières appartenaient au prince, lorsqu'il s'agissait d'une rivière ou d'un fleuve navigable, ou au seigneur haut-justicier, lorsqu'il s'agissait d'une rivière ou d'un fleuve non navigable. Les propriétaires riverains étaient entièrement écartés par la plupart des coutumes.

Dans les pays de droit écrit ces propriétaires s'étaient pourtant maintenus dans leurs droits : mais on voulut les en dépouiller peu d'années avant la révolution, et l'on connaît à cet égard les réclamations solennelles de l'ancien parlement de Bordeaux, qui repoussa avec autant de lumières que de courage les entreprises du fisc, et les intrigues ambitieuses de quelques courtisans dont le fisc n'était que le prête-nom.

Il fut établi à cette époque que les alluvions doivent appartenir au propriétaire riverain, par cette maxime naturelle que le profit appartient à celui qui est exposé à souffrir le dommage. Des propriétés riveraines sont menacées plus qu'aucune autre. Il existe pour ainsi dire une sorte de contrat aléatoire entre le propriétaire du fonds riverain et la nature, dont la marche peut à chaque instant ravager ou accroître ce fonds.

Le système féodal a disparu; conséquemment il ne peut plus faire obstacle au droit des riverains.

Mais dira-t-on que les fleuves et les rivières navigables sont des objets qui appartiennent au droit public et des gens, et qu'ainsi les alluvions produites par ces fleuves et par ces rivières ne peuvent devenir la matière d'une propriété privée?

Nous répondrons avec *Dumoulin* que les propriétés privées ne peuvent certainement s'accroître des choses dont l'usage doit demeurer essentiellement public, mais que toutes celles qui sont susceptibles de possession et de domaine, quoiqu'elles soient produites par d'autres qui sont régies par le droit public, peuvent devenir des propriétés privées, et le deviennent en effet comme les *alluvions* qui sont produites par les fleuves et les rivières navigables, et qui sont susceptibles par elles-mêmes d'être possédées par des particuliers, à l'instar de tous les autres héritages.

Nous avons cru devoir rétablir les propriétaires riverains dans l'exercice de leurs droits naturels. Nous les avons seulement soumis, relativement aux fleuves et rivières navigables, à laisser libre l'espace de terrain suffisant pour ne pas nuire aux usages publics.

Ce que nous avons dit des alluvions s'applique aux relais 557 *que forme l'eau courante qui se retire insensiblement de l'une de ses rives en se portant vers l'autre. Le propriétaire de la rive découverte profite de ces relais, sans que le riverain du côté opposé puisse venir réclamer le terrain qu'il a perdu.* Entre riverains, l'incertitude des accidens forme la balance des pertes et des gains, et maintient entre eux un équilibre raisonnable.

Les délaissemens formés par la mer sont régis par d'autres principes, parce qu'ils tiennent à un autre ordre de choses : ils sont exceptés des maximes que nous avons établies.

Si un fleuve ou une rivière opèrent une révolution subite 559 dans la propriété d'un riverain, et emportent une partie considérable de cette propriété pour la joindre à une autre, le propriétaire évincé par le fleuve ou par la rivière peut réclamer pendant un an la portion de terrain dont il a été si brusquement dépouillé; mais après ce temps il ne peut plus réclamer.

L'alluvion n'a pas lieu à l'égard des lacs et étangs, dont le 558 *propriétaire conserve toujours le terrain que l'eau couvre, quand elle est à la hauteur de la décharge de l'étang, encore que le volume de l'eau vienne à diminuer.*

Réciproquement, le propriétaire de l'étang n'acquiert aucun droit sur les terres riveraines que son eau vient à couvrir dans les crues extraordinaires.

La justice de cette disposition est évidente par elle-même.

Quant aux îles, on distingue si elles se sont formées dans 560-561 une rivière navigable ou flottable, ou dans une rivière qui n'a aucun de ces deux caractères. Dans le premier cas, elles appartiennent à la nation; dans le second, elles se partagent entre les riverains des deux côtés, si elles sont sur le milieu de la rivière; ou elles appartiennent au propriétaire riverain du côté où elles se sont formées.

562. Si une rivière ou un fleuve, en se formant un bras nouveau, coupe et embrasse le champ d'un propriétaire riverain et en fait une île, ce propriétaire conserve la propriété de son champ, encore que l'île se soit formée dans une rivière ou dans un fleuve navigable ou flottable.

C'est la justice même qui commande cette exception. La cité dédaignerait un moyen d'acquérir qui aurait sa source dans la ruine et le malheur du citoyen.

563. Un fleuve ou une rivière abandonne-t-elle son ancien lit pour se former un nouveau cours, les propriétaires des fonds nouvellement occupés prennent à titre d'indemnité l'ancien lit abandonné, chacun dans la proportion du terrain qui lui a été enlevé.

564. Les animaux peuvent sans doute devenir un objet de propriété. On distingue leurs différentes espèces.

La première est celle des animaux sauvages; la seconde, celle des animaux domestiques; et la troisième, celle des animaux qui ne sont ni entièrement domestiques, ni entièrement sauvages.

Les animaux de la première espèce sont ceux qui ne s'habituent jamais au joug ni à la société de l'homme : le droit de propriété sur ces animaux ne s'acquiert que par l'occupation, et il finit avec l'occupation même.

Les animaux domestiques ne sortent pas de la propriété du maître par la fuite : celui-ci peut toujours les réclamer.

Les animaux de la troisième espèce, qui ne sont ni entièrement domestiques ni entièrement sauvages, appartiennent, par droit d'accession, au propriétaire du fonds dans lequel ils ont été se réfugier, à moins qu'ils n'y aient été attirés par artifice.

Les animaux de cette troisième espèce sont l'objet d'une disposition particulière du projet de loi.

565. Nous allons examiner actuellement le *droit d'accession* par rapport aux choses mobilières.

Ici la matière est peu susceptible de principes absolus. L'équité seule peut nous diriger.

566. La règle générale est que l'accessoire doit suivre le principal, à la charge par le propriétaire de la chose principale de payer la valeur de la chose accessoire.

567. Mais, dans les choses mobilières, la difficulté est de discerner la chose qui doit être réputée principale d'avec celle qui ne doit être réputée qu'accessoire.

On répute chose accessoire celle qui n'a été unie que pour l'usage et l'ornement d'une autre.

568. Néanmoins, quand la chose unie est beaucoup plus précieuse que la chose principale, et quand elle a été employée à l'insu du propriétaire, celui-ci peut demander que la chose unie soit séparée pour lui être rendue, même quand il pourrait en résulter quelque dégradation de la chose à laquelle elle a été jointe.

569. Dans le doute, on peut regarder comme l'objet principal celui qui est le plus précieux, et regarder comme simplement accessoire celui qui est de moindre prix : dans les choses d'égale valeur, c'est le volume qui détermine.

570. Si un artiste a donné une nouvelle forme à une matière qui ne lui appartenait pas, le propriétaire de la matière doit obtenir la préférence en payant la main-d'œuvre.

571. S'il s'agit pourtant d'une vile toile animée par le pinceau d'un habile peintre, ou d'un bloc de marbre auquel le ciseau d'un sculpteur aura donné la respiration, le mouvement et la vie, dans ce cas et autres semblables, l'industrie l'emporte sur le droit du propriétaire de la matière première.

572. Une personne a-t-elle employé à un ouvrage quelconque une portion de matière qui lui appartenait et une portion qui

ne lui appartenait pas, la chose devient commune aux deux propriétaires dans la proportion de leur intérêt respectif.

573-574 Si une chose a été formée par un mélange de plusieurs matières appartenant à divers propriétaires, le propriétaire de la matière la plus considérable et la plus précieuse peut demander à garder le tout, en remboursant le prix des matières qui ne lui appartenaient pas.

Si on ne peut distinguer quelle est la plus précieuse des matières mélangées, la chose provenue du mélange demeurera commune à tous les divers propriétaires.

575 La communauté donne ouverture à la licitation.

576 Dans tous les cas où le propriétaire de la matière employée à un ouvrage sans son aveu peut réclamer l'entière propriété du tout, il lui est libre de demander le remplacement de sa matière en même nature, quantité, poids, mesure et bonté, ou d'exiger qu'on lui en paie la valeur.

577 Au reste, suivant les circonstances, le propriétaire a l'action en dommages et intérêts, et même l'action criminelle contre celui qui a employé à son insu une matière qui ne lui appartenait pas.

565 Les règles qui viennent d'être tracées ne sauraient convenir à toutes les hypothèses. Tout ce que peut le législateur en pareille occurence, c'est de diriger le juge. C'est à la sagesse du juge, dans une matière aussi arbitraire, à résoudre les différens cas qui peuvent se présenter, et qui n'ont pu être l'objet d'une prévoyance particulière.

Telle est, législateurs, dans son ensemble et dans ses détails, le projet de loi *sur la Propriété*.

544 Vous ne serez point surpris que ce projet se réduise à quelques définitions, à quelques règles générales : car le corps entier du Code civil est consacré à définir tout ce qui peut tenir à l'exercice du droit de propriété ; droit fondamental sur lequel toutes les institutions sociales reposent, et qui, pour chaque individu, est aussi précieux que la vie même, puisqu'il lui assure les moyens de la conserver.

La cité n'existe, disait l'orateur romain, que pour que chacun conserve ce qui lui appartient. Avec le secours de cette grande vérité, cet orateur philosophe arrêtait, de son temps, tous les mouvemens des factions occupées à désorganiser l'empire.

C'est à leur respect pour la propriété que les nations modernes sont redevables de cet esprit de justice et de liberté qui, dans les temps mêmes de barbarie, sut les défendre contre les violences et les entreprises du plus fort. C'est la propriété qui posa, dans les forêts de la Germanie, les premières bases du gouvernement représentatif. C'est elle qui a donné naissance à la constitution politique de nos anciens pays d'états, et qui, dans ces derniers temps, nous a inspiré le courage de secouer le joug et de nous délivrer de toutes les entraves de la féodalité.

Législateurs, la loi reconnaît que la propriété est le droit de jouir et de disposer de son bien de la manière la plus absolue, et que ce droit est sacré dans la personne du moindre particulier. Quel principe plus fécond en conséquences utiles!

Ce principe est comme l'âme universelle de toute la législation; il rappelle aux citoyens ce qu'ils se doivent entre eux, et à l'État ce qu'il doit aux citoyens; il modère les impôts; il fixe le règne heureux de la justice; il arrête, dans les actes de la puissance publique, les grâces qui seraient préjudiciables aux tiers; il éclaire la vertu et la bienfaisance même; il devient la règle et la mesure de la sage composition de tous les intérêts particuliers avec l'intérêt commun; il communique aussi un caractère de majesté et de grandeur aux plus petits détails de l'administration publique.

Aussi vous avez vu le génie qui gouverne la France établir sur la propriété les fondemens inébranlables de la République.

Les hommes dont les possessions garantissent la fidélité sont appelés désormais à choisir ceux dont les lumières, la sagesse et le zèle doivent garantir les délibérations.

En sanctionnant le nouveau Code civil, vous aurez affermi, législateurs, toutes nos institutions nationales.

Déjà vous avez pourvu à tout ce qui concerne l'état des personnes : aujourd'hui vous commencez à régler ce qui regarde les biens. Il s'agit, pour ainsi dire, de lier la stabilité de la patrie à la stabilité même du territoire. On ne peut aimer sa propriété sans aimer les lois qui la protégent. En consacrant des maximes favorables à la propriété, vous aurez inspiré l'amour des lois ; vous n'aurez pas travaillé seulement au bonheur des individus, à celui des familles particulières, vous aurez créé un esprit public, vous aurez ouvert les véritables sources de la prospérité générale, vous aurez préparé le bonheur de tous.

COMMUNICATION OFFICIELLE AU TRIBUNAT.

Le projet de loi *sur la Propriété* fut transmis au Tribunat, avec l'exposé des motifs, le 27 nivose an XII (18 janvier 1804), et le tribun Faure en présenta le rapport à la séance du 30 nivose.

RAPPORT FAIT PAR LE TRIBUN FAURE.

Tribuns, des règles générales sur la propriété forment la matière du projet de loi soumis à votre examen. Ces règles ne sont relatives qu'à des questions qui appartiennent essentiellement à la loi civile.

Je n'examinerai point quelle est l'origine du droit de propriété, sur quels objets la propriété s'est d'abord fixée, quels ont été les progrès de ce droit depuis la formation des États politiques : ces questions d'un ordre supérieur ont exercé dans tous les temps les méditations des écrivains les plus célèbres : elles viennent d'être l'objet des recherches de l'orateur éloquent qui a présenté le projet actuel au Corps législatif; et les développemens qu'il a donnés ont répondu à l'importance du sujet. S'il est bien démontré que l'origine du droit de propriété se perd dans la nuit des temps ; s'il est évident qu'on ne peut, à cet égard, présenter autre chose que des conjectures plus ou moins vraisemblables, il est également certain que la propriété est la base de tout édifice politique, qu'une des premières conditions du pacte social est de protéger et de maintenir la propriété, que tout ce qui tient à cet objet est de la plus grande influence sur le sort des peuples, et enfin que plus les lois sur la propriété sont justes et sages, plus l'État est florissant et heureux.

Le projet dont je vais vous entretenir mérite-t-il d'occuper entre ces lois un rang distingué?

C'est ce qu'a pensé la section de législation dont je suis l'organe.

Je l'ai dit en commençant :

Le projet n'établit que des règles générales.

Jusqu'où s'étend le droit de propriété?

Quelles sont les limites de ce droit?

Que peut-on réclamer comme accessoire de la propriété?

Quelles obligations résultent de ces réclamations?

Telles sont, tribuns, les questions importantes que le projet résout.

Le propriétaire d'une chose a le droit d'en user comme il le juge à propos ; qu'il la conserve ou qu'il la détruise, qu'il la garde ou qu'il la donne, il en est le maître absolu. Sans doute sa liberté peut en certains cas être limitée par des lois ou des règlemens; mais cette limitation n'a lieu que lorsqu'elle est commandée par un intérêt plus puissant : elle n'est établie que pour le bien général, auquel l'intérêt particulier doit toujours céder.

Si, par exemple, la loi ne permet pas que le propriétaire d'une forêt la fasse défricher, c'est une précaution sage qu'elle prend pour la conservation d'un genre de richesses précieux sous tant de rapports à tous les membres de l'État.

De même, si des règlemens de police défendent à tout propriétaire de faire, sur son propre terrain, des constructions qui obstrueraient la voie publique; s'ils défendent de vendre et ordonnent même de jeter des alimens qui, par leur nature, pourraient occasioner des maladies, ou s'ils prohibent à tout autre qu'à des personnes de l'art de vendre des objets trop dangereux par leur nature pour être mis indiscrètement à la disposition de tout le monde : ce sont autant de mesures nécessitées par l'intérêt général; et chacun est censé avoir consenti d'avance à ces prohibitions auxquelles tous sont également intéressés.

545 Lorsque enfin l'utilité publique exige qu'une propriété soit cédée, celui à qui cette propriété appartient ne peut s'y refuser. Il ne prétendra pas sans doute que son intérêt particulier, en supposant même que cet intérêt existe réellement, doit prévaloir sur celui de l'État en général : cette prétention serait en contradiction manifeste avec le pacte social, dont l'obligation est tellement rigoureuse, que personne, sous quelque prétexte que ce soit, ne saurait s'en dispenser. L'étranger même qui voudrait user de la propriété qu'il possède dans un autre pays que le sien ne pourrait, en pareil cas, alléguer que, n'ayant point souscrit au pacte, il ne peut être tenu des obligations qu'il entraîne : on lui répondrait avec raison que, par cela seul qu'il est propriétaire, il est soumis, quant à sa propriété, à toutes les lois du pays où elle se trouve.

Enfin, dès que le propriétaire à qui l'État demande sa propriété reçoit une indemnité proportionnée au sacrifice qu'il fait, dès qu'il est indemnisé avant d'être dessaisi, ce que l'individu doit à la société et ce que celle-ci doit à l'individu sont également satisfaits. Telle doit être une loi juste, et telle est la disposition du projet.

On vient de voir que l'usage de la chose dont on est propriétaire ne peut être restreint que par un motif d'utilité publique ; et que, lorsqu'on est dépouillé de la chose même, la société assure un dédommagement au propriétaire.

Le projet s'occupe ensuite du premier effet de la propriété. 546 La propriété, dit-il, donne droit non seulement à tout ce qu'elle produit, mais encore à tout ce qui s'y unit de quelque manière que ce soit.

Ce droit est appelé droit d'*accession*. Cette expression est celle de la loi romaine.

Les fruits produits par la chose sont rangés dans la première 547 classe des objets auxquels s'applique le droit d'accession.

Le projet en distingue trois espèces :

Ce sont les fruits naturels,

Les fruits industriels,

Les fruits civils.

Au premier cas, la nature agit seule ; sa main bienfaisante n'appelle aucun secours étranger.

Au second, elle invite l'homme à l'aider de son industrie; et, pour prix des travaux qu'elle lui demande, elle étend et multiplie ses jouissances.

Au troisième, elle lui fait retirer d'une masse pécuniaire, c'est-à-dire de signes représentatifs de richesses foncières, un intérêt qui est aux fruits ce que le capital est au fonds.

Dans ces trois cas, l'accessoire est d'autant plus essentiel au principal, que sans lui le propriétaire du principal ne serait pas plus avancé que s'il n'avait rien. Il ne pourrait avoir quelque chose qu'en aliénant le fonds ou en dissipant la somme qui le représente.

Le même raisonnement est applicable au croît des animaux. Sans leur croît, ils ne forment qu'une propriété stérile : si, pour qu'elle cesse d'être stérile, on est obligé de l'aliéner ou de la détruire, elle se perd en même temps qu'on en use.

Il arrive souvent que le propriétaire qui recueille les fruits 548 de la chose n'a pas lui-même fait les frais de culture. Nul doute qu'il ne doive les rembourser à celui qui les a faits. Cette obligation est fondée sur une des premières règles d'équité, qui ne veut pas que personne s'enrichisse aux dépens d'autrui.

549 Lorsque la chose est en la possession d'un autre que le propriétaire, le possesseur est tenu de la rendre aussitôt qu'elle est revendiquée.

Le projet n'exige pas que ce possesseur, s'il est de bonne foi, rende les fruits qu'il a perçus ; il l'y astreint, s'il est de mauvaise foi. Cette distinction paraît infiniment juste.

Le possesseur de bonne foi, croyant que la chose lui appartenait, a joui des fruits comme d'un accessoire de sa propriété : on ne peut lui imputer aucune faute ; et ce serait le punir comme coupable en le forçant à restituer ce qu'il n'a peut-être plus.

Il n'en est pas ainsi du possesseur de mauvaise foi. Dès qu'il savait, quand il a perçu les fruits, que la chose ne lui appartenait pas, il savait également qu'il n'avait aucun droit aux fruits. Il devait conserver les fruits comme la chose au légitime propriétaire : c'est pour le propriétaire seul qu'il a joui, comme c'est pour lui seul qu'il a possédé ; et rien ne doit être excepté de la restitution.

550 Il est évident que la bonne foi n'a lieu qu'avec un titre dont on ignore les vices, et qu'on a pu croire valable.

A l'instant même où le possesseur connaît ces vices, il doit rendre la chose : tant qu'il la garde, ce n'est qu'un possesseur de mauvaise foi.

Le projet le dit formellement. Tel est le droit d'accession sur ce que la chose produit.

551 Les dispositions suivantes s'occupent du droit d'accession sur ce qui s'unit et s'incorpore à la chose. Toute chose est immobilière ou mobilière.

Le projet considère l'une et l'autre séparément : il suppose d'abord le cas d'une propriété immobilière.

552 Une règle trop ancienne et trop constante pour n'être pas

bien connue, c'est que le propriétaire du sol peut planter et bâtir au-dessus, fouiller et construire au-dessous, en un mot élever ou creuser à telle hauteur ou profondeur qu'il lui plaît.

L'exercice de ce droit est restreint à la vérité par les lois sur les servitudes. Mais ces lois n'ont en vue que d'empêcher l'abus du droit, et de forcer à supporter ce que dans la nature des choses chaque voisin doit souffrir.

Tout propriétaire est aussi tenu de se conformer aux lois et règlemens relatifs aux mines. L'exploitation de certaines mines intéresse la nation entière.

Il doit se conformer aux lois et règlemens de police.

L'action de la police intéresse la sûreté et la tranquillité publiques.

La restriction du droit de propriété en ces divers cas est un effet nécessaire des obligations résultant du pacte social.

Les arbres plantés sur un terrain sont présumés l'avoir été aux frais du propriétaire du sol; celui-ci est également présumé propriétaire des arbres. Cette présomption est de droit, et dispense le maître du fonds de prouver d'une autre manière que les arbres lui appartiennent. Quelqu'un lui en conteste-t-il la propriété? c'est à celui qui réclame de justifier sa réclamation.

Il en est de même des constructions et ouvrages : la loi regarde comme propriétaire de ces objets le maître du fonds où ils se trouvent. Tant que le contraire n'est pas prouvé, la seule force de la loi suffit pour le maintenir dans cette qualité qu'elle lui donne.

Au surplus, la loi n'entend point porter atteinte aux droits des tiers résultant de la prescription. Un tiers qui aurait possédé quelque partie d'un bâtiment pendant le laps de temps suffisant pour que la prescription fût acquise, ne pourrait être écarté à la faveur de la règle générale. Le propriétaire doit s'imputer d'avoir laissé prescrire; et, par le long silence qu'il a gardé, la loi le considère comme ayant tacitement consenti à ce que la propriété fût transmise au possesseur.

554. Quoique le propriétaire du sol ait planté les arbres, quoiqu'il ait fait les constructions, il peut arriver que les arbres qu'il a employés, que les matériaux dont il s'est servi ne lui appartenaient point, qu'ils appartenaient à une autre personne.

Il ne serait pas juste que ce tiers en souffrît; il répugnerait à la raison que le propriétaire du sol profitât de ce qui n'était point à lui, sans en tenir compte au légitime propriétaire de ces objets.

Qu'il soit de bonne foi ou qu'il ne le soit pas, il doit également en payer la valeur; mais il ne doit que la valeur, s'il est de bonne foi. Le propriétaire, eût-il éprouvé quelque préjudice par la privation de ces objets, ne peut demander davantage : ce qu'il exigerait de plus ne serait point le paiement d'une dette; ce serait la punition d'une faute. Mais lorsqu'il n'y a point de faute, il ne peut y avoir de peine, et l'on n'est pas répréhensible pour avoir fait usage d'objets qu'on croyait être à soi.

Si, quand on fait cet usage, on savait qu'on n'était pas propriétaire des objets employés, c'est alors qu'on est dans le cas de la mauvaise foi : alors on ne doit pas en être quitte pour payer la valeur de ces objets. Pour peu que celui à qui ils appartenaient ait éprouvé de dommage, le tort qui lui a été fait doit être réparé. La justice doit condamner l'auteur de ce dommage à une réparation proportionnée. Si même les circonstances étaient de nature à faire croire qu'il avait l'intention de voler ces arbres ou ces matériaux, il serait poursuivi comme coupable de vol, et pourrait être puni comme tel. Mais, dans tous les cas, dans celui de la mauvaise foi comme dans celui de la bonne foi, les objets une fois employés ne peuvent être enlevés par celui qui en était le propriétaire; il serait plutôt reçu à faire vendre la chose, si son débiteur n'avait pas d'ailleurs assez pour le satisfaire. Enlever les arbres, serait souvent les détruire; enlever les matériaux, serait dégrader la construction. L'équité ne permet pas de rendre le mal pour le mal ; et souvent le résultat serait très-stérile pour celui qui se serait ainsi vengé.

Le projet fait ensuite la supposition inverse.

Il suppose que c'est un tiers qui a planté ou construit sur un fonds qui ne lui appartenait pas : il ne peut pas non plus enlever, malgré le propriétaire du fonds, ces arbres ou ces matériaux ; mais celui-ci peut les retenir ou le contraindre à les enlever.

Dès que la plantation est faite, dès que la construction est finie, l'une et l'autre font partie de la propriété du fonds par droit d'accession. Le propriétaire du fonds n'ayant point consenti à ces ouvrages est libre d'exiger que celui qui les a faits remette les choses dans l'état où elles étaient avant qu'il plantât ou qu'il construisît ; et en ce cas, le propriétaire des arbres ou des matériaux ne peut se dispenser de les retirer : si en les retirant il dégrade, il faut qu'il répare les dégradations. En un mot, le propriétaire du fonds doit être parfaitement indemnisé.

Si, au contraire, le propriétaire du fonds aime mieux profiter des ouvrages, il ne tient qu'à lui de les retenir. Alors, voulant retenir ces ouvrages, il les approuve : dès qu'il les approuve, il est censé les avoir commandés lui-même ; et comme il eût été obligé de payer le prix des fournitures et de la main-d'œuvre, si dans le principe il les eût fait faire, son approbation ultérieure, qui le place dans cette même situation, l'assujétit aux mêmes obligations.

Voici cependant une exception :

Le projet refuse au propriétaire du fonds le droit de demander la suppression des ouvrages, dans le cas où celui qui les a faits possédait le sol de bonne foi et s'en regardait comme légitime propriétaire. La justice, en prononçant l'éviction, décidera s'il est ou non de bonne foi. S'il n'est pas de bonne foi, il sera nécessairement condamné à restituer les fruits. La justice aura donc reconnu sa bonne foi, lorsque le jugement ne portera pas cette condamnation contre lui. En ce cas, le propriétaire du fonds ne pourra se dispenser de garder les ouvrages; et comme ce n'est plus par sa volonté qu'il les retient, mais par la volonté de la loi, il n'est point astreint à la nécessité de payer la valeur des arbres ou des matériaux et le prix de la main-d'œuvre. En effet, il est impossible que la somme dont le fonds a augmenté de valeur soit inférieure à celle qu'il aurait à payer d'une autre manière : le projet lui laisse le choix de l'une ou de l'autre. Enfin, d'après l'alternative qui lui est laissée, il peut à la vérité lui en coûter moins que la valeur de l'augmentation du fonds : il ne peut jamais être obligé de payer plus. La loi prend la sage précaution de n'admettre la preuve de la bonne foi que lorsqu'elle résultera du jugement même d'éviction. Elle ne veut point ouvrir la porte à cette foule de difficultés qui ne manqueraient pas de naître, si la bonne foi pouvait être établie par toute espèce de moyens.

556 Suivant la définition donnée par le projet, on entend par *alluvion* les accroissemens qui se forment successivement et imperceptiblement aux fonds riverains d'un fleuve ou d'une rivière. Cette définition est celle de la loi romaine. Pour que l'alluvion existe, il faut que l'accroissement ait été successif et imperceptible; ces deux conditions sont absolument indispensables : la nature, par une opération si lente, semble s'être complue à gratifier les fonds riverains de ce supplément de richesse; c'est en effet le fonds riverain qui profite de l'alluvion. Le projet ne distingue point si l'alluvion provient d'un fleuve ou si elle provient d'une rivière, si cette rivière est navigable ou si elle ne l'est pas. Autrefois il n'en était pas ainsi : quand il s'agissait d'un fleuve ou d'une rivière navigable, les attérissemens et accroissemens n'appartenaient point aux particuliers; ils appartenaient au prince. Dans le cours du dix-septième siècle plusieurs édits et déclarations confirmèrent les possesseurs de ces attérissemens dont la possession remontait à une époque antérieure à l'année 1566,

à la charge de payer une redevance foncière. C'était donc par grâce spéciale qu'on laissait en paix les antiques possesseurs; c'était aussi déclarer implicitement que ceux qui n'avaient point une si longue possession devaient être dépossédés. C'était répéter enfin que, pour les fleuves et rivières navigables, l'alluvion n'avait lieu qu'au profit du prince; et si, dans quelques provinces, la résistance des cours souveraines vint à bout d'arrêter l'effet des arrêts du Conseil, ils ne furent que trop efficaces dans tout le reste de la France.

A l'égard des rivières non navigables, les terres d'alluvion n'accroissaient les héritages contigus qu'en accroissant la mouvance et les droits des seigneurs. C'était le droit commun de la France coutumière. Les coutumes de Normandie, d'Auxerre, de Sens et de Metz en contiennent des dispositions formelles.

« Il paraît bien extraordinaire, disait à ce sujet un savant « commentateur de la coutume de Normandie, que le sei- « gneur étende sa tenure sur une terre qui n'a jamais fait « partie de son fief, et que celui qui profite de l'alluvion soit « obligé de payer les droits seigneuriaux comme des autres « héritages adjacens. » (*Basnage.*)

Ainsi les propriétaires riverains ne pouvaient prétendre qu'à une alluvion formée par les rivières non navigables, et encore ces accroissemens étaient-ils dans le pays coutumier sujets à la maxime, *nulle terre sans seigneur.*

Aucune de ces entraves ne subsiste plus.

Depuis l'abolition de la féodalité, toutes les terres sont également libres.

Le Code déclare expressément que le propriétaire riverain profitera de l'alluvion formée par le plus grand fleuve, comme de celle formée par la plus petite rivière. Seulement, si c'est un fleuve ou une rivière navigable, le riverain sera tenu de se conformer aux règlemens qui exigent qu'on laisse le marche-pied ou le chemin de halage.

Ces règlemens sont fondés sur des motifs évidens d'utilité publique.

557 Quand le fleuve, en s'éloignant d'un côté de la rive, aurait inondé dans la même proportion les terres de la rive opposée et s'y serait établi, le propriétaire des terres couvertes par le fleuve ne pourrait réclamer le profit de l'alluvion.

Indépendamment des embarras et difficultés qui seraient la suite inévitable de pareilles réclamations, la préférence doit être accordée au propriétaire le plus voisin de l'alluvion, puisque la partie découverte s'y trouve réunie naturellement : ni l'alluvion ni l'inondation ne viennent de son fait. Sa propriété, au lieu de s'être accrue, pouvait être diminuée ; c'est une chance qu'il a courue : personne ne l'aurait dédommagé du mal, personne ne doit le priver du bien ; tout ce qui vient d'être dit est applicable aux eaux courantes.

La loi n'étend point le droit d'alluvion aux relais de la mer. Les rivages de la mer font partie des limites de l'État. L'intérêt politique exige pour tout ce qui concerne la mer et ses rivages une législation spéciale.

559 Ce qu'on appelle *alluvion* étant un accroissement successif et imperceptible, il en résulte que les terres enlevées tout-à-coup par un fleuve ou une rivière navigable ou non, et portées vers un champ inférieur, ou sur la rive opposée, ne peuvent être considérées comme terres d'alluvion. Le propriétaire a le droit de réclamer sa propriété partout où il la trouve. L'enlèvement de ses terres est l'effet d'une crise violente opposée à la marche ordinaire de la nature. L'on ne peut pas dire que la nature a uni ; on doit dire au contraire que la violence a désuni. Tant que le propriétaire du champ auquel la partie enlevée se trouve jointe n'a pas encore pris possession de cette partie, l'ancien propriétaire est recevable à réclamer. Il ne l'est plus, s'il a laissé passer un an depuis la prise de possession.

Un plus long terme prolongerait l'incertitude des nouveaux

possesseurs, et retarderait la culture de leurs nouvelles terres. Le silence que l'ancien propriétaire a gardé pendant une année suffit pour faire présumer qu'il n'a pas voulu faire usage de son droit de réclamation.

Les lacs et étangs ne sont pas non plus sujets aux droits d'alluvion. Ce ne sont point des eaux courantes susceptibles de s'étendre d'un côté et de s'éloigner de l'autre; le volume de l'eau vient-il à diminuer? c'est l'effet de la sécheresse, ou d'une déperdition d'eau causée par quelque circonstance locale : augmente-t-il considérablement? c'est l'effet des pluies abondantes. Si donc l'étang est à sec en quelque partie, le propriétaire de l'étang ne perd rien de ce qui est découvert; de même, en cas de crue extraordinaire, il ne gagne rien de ce que l'eau vient à couvrir au-delà de son lit. 558

Les îles qui se forment dans le lit des fleuves appartiennent à la nation; il en est de même de celles qui se forment dans les rivières navigables ou flottables. La loi maintient les droits résultant du titre ou de la prescription. 560

Quant aux autres rivières, ou l'une des rives est plus près que l'autre de la totalité de l'île, ou chacune des rives en avoisine une partie : 561

Dans le premier cas, l'île appartient au propriétaire riverain du côté où elle existe;

Dans le second, elle appartient aux riverains des deux côtés : chacun a droit à une part plus ou moins grande, suivant que l'île s'étend plus ou moins de son côté.

Les îlots et attérissemens sont soumis aux mêmes dispositions que les îles.

La distinction entre les îles des rivières navigables ou flottables et celles des autres rivières est fondée sur ce que les rivières de la première classe sont d'une bien plus haute importance pour l'État, à cause de l'intérêt du commerce, et que rien de ce qui se forme au milieu de leur cours ne doit être étranger au domaine public.

Si l'île est formée non dans le lit de la rivière, mais dans 562 le champ riverain qu'entoure un bras nouveau, le propriétaire de ce champ en conserve la propriété, lors même que la rivière serait navigable ou flottable.

Le propriétaire est assez malheureux de voir une partie de sa propriété inondée, et le surplus converti en île. La loi ne veut point aggraver son infortune : d'ailleurs ce n'est point une île qu'il acquiert, c'est un débris qui lui reste de sa propriété continentale.

563 Lorsqu'un fleuve ou une rivière abandonne son ancien lit et se forme un nouveau cours, la loi assigne aux propriétaires des fonds nouvellement occupés l'ancien lit abandonné : cette concession leur est faite pour les indemniser de ce qu'ils ont perdu; ils doivent donc avoir chacun une part proportionnée au terrain qui leur a été enlevé. Les motifs de la disposition sont dans le texte même, puisqu'il y est dit que c'est à titre d'indemnité.

564 Enfin, les animaux qui passent d'un colombier, d'une garenne, ou d'un étang où ils habitaient, dans un autre lieu semblable appartenant à un autre propriétaire, deviennent la propriété de celui-ci. Le motif est que ces animaux suivent toujours le sort du lieu où ils se trouvent : ils appartenaient au premier maître tant qu'ils ont été dans son domaine; ils ont changé de domaine, ils ont changé de maître. Si cependant on les avait attirés par fraude ou artifice, l'ancien propriétaire n'aurait pas perdu ses droits sur eux. L'improbité ne peut être un moyen d'acquérir.

565 La dernière partie du projet de loi concerne le droit d'accession relativement aux choses mobilières.

Il annonce d'abord qu'en pareille matière c'est toujours d'après l'équité naturelle qu'il convient de se déterminer.

Les cas étant extrêmement variés, il serait impossible de les prévoir tous.

Le projet établit des principes généraux auxquels les espèces particulières pourront être facilement appliquées.

566-567 Deux choses appartenant à différens maîtres sont-elles unies de manière à former un tout? on doit examiner quelle est la partie principale et quel est l'accessoire.

Le projet donne un développement à cet égard : il explique, on ne peut mieux, ce que c'est que l'accessoire, en disant que la partie principale est celle à laquelle l'autre n'a été unie que pour l'usage, l'ornement ou le complément de la première.

A qui le tout appartient-il ? le projet décide que c'est au maître du principal; mais il ne peut le retenir qu'en payant à l'autre la valeur de ce qui lui appartient.

Quoique les deux choses ne soient point inséparables, quoique l'une puisse subsister sans l'autre, il suffit, dans la règle générale, que toutes les deux forment un tout, pour que le maître de l'accessoire ne puisse en exiger la séparation. S'il en était autrement, la séparation ne s'effectuant jamais sans des dégradations sur l'une ou l'autre de ces deux choses, et quelquefois sur toutes deux, il en résulterait une source de difficultés que la loi veut prévenir.

Il est une exception à cette règle ; c'est lorsque l'accessoire 568 est beaucoup plus précieux que le principal, et que l'union a été faite sans que le maître de l'accessoire en fût instruit. Ce propriétaire souffrirait trop de l'application rigoureuse du principe général pour que la loi ne vienne pas à son secours. Elle l'autorise à demander la restitution de la chose unie. Quand cet accessoire ne pourrait être séparé sans quelque dégradation de la partie principale, il ne serait pas moins recevable. La loi ne veut pas que le propriétaire d'un objet important puisse en être privé par l'effet d'une union opérée à son insu : il ne doit pas être victime de ce qu'il n'était pas à portée d'empêcher.

Cette exception est nécessaire. En telles circonstances, l'asservissement aveugle au principe général, loin d'être un hommage rendu à l'équité, serait plutôt une atteinte à ses premières règles.

On demandera peut-être laquelle des deux choses unies 569 pour former un tout doit être réputée principale, lorsque aucune d'elles n'est, strictement parlant, l'accessoire de l'autre.

Le projet répond à cette question : il déclare que c'est la plus considérable en valeur. Les valeurs sont-elles à peu près égales ? alors c'est la plus considérable en volume.

On voit les précautions que la loi prend afin d'éviter les démembremens que souvent l'humeur provoquerait, et qui d'un tout, peut-être fort utile, ferait deux parties réduites à peu de chose par l'effet de dégradations presque toujours inévitables.

On ne doit pas perdre de vue que, dans ce cas comme dans tous les autres, celui à qui le tout appartient doit payer la valeur de la chose unie à l'individu qui en est privé.

570   Parcourons d'autres hypothèses, en suivant toujours la marche tracée par le projet.

Une matière est employée par celui à qui elle n'appartient pas, et de cet emploi il résulte une chose d'une nouvelle espèce. A qui cette chose doit-elle appartenir ? est-ce au propriétaire de la matière ? est-ce à l'individu qui lui a donné une autre forme ?

Le projet de loi répond que le propriétaire de la matière a le droit de réclamer la chose qui en a été formée, en remboursant le prix de la main-d'œuvre. Il avertit expressément qu'il ne faut point distinguer si la matière peut ou non reprendre sa première forme : il veut que la décision soit applicable au second cas comme au premier.

571   Il fait une seule exception, qui est conforme à celle déjà faite pour une autre hypothèse, et que le même esprit a dictée ; c'est lorsque la main-d'œuvre est précieuse, et que la matière l'est fort peu en comparaison de la main-d'œuvre.

Justinien, dans ses *Institutes*, avait prononcé la même exception : Il serait absurde, dit-il, que l'ouvrage d'un *Apelles* ou d'un *Parrhasius* pût être réclamé à droit d'accession par le propriétaire d'une toile sur laquelle ce chef-d'œuvre serait peint.

Il décide que la chose peut être retenue par celui qui l'a

travaillée, en remboursant le prix de la matière au propriétaire.

C'est aussi ce que décide le projet de loi.

Justinien observe que sa disposition ne s'applique qu'au cas où, par exemple, l'artiste qui voudrait retenir la chose aurait possédé de bonne foi la matière qu'il aurait employée; car, s'il l'avait enlevée, non seulement il ne pourrait se prévaloir de la loi pour prétendre la chose, mais encore il serait sujet à des poursuites extraordinaires. 571 et 577

Comme cette disposition est applicable à tous les cas où l'on aurait voulu s'approprier une chose dont on n'était pas propriétaire, elle se trouve placée à la fin du projet de loi, afin de ne pas être obligé de la rappeler à chaque article.

Le passage qui vient d'être cité des *Institutes* de Justinien sert à expliquer un autre article aussi des *Institutes*, qui a fixé l'attention particulière des plus habiles commentateurs. (*Lib.* II, *tit.* I, §§ 33 et 34.)

Il est dit que si quelqu'un a écrit sur une feuille ou parchemin qui ne lui appartient pas un poëme, une histoire ou un discours, ce qui est écrit doit appartenir au propriétaire de la feuille ou parchemin.

Il est évident que la loi, dans cette décision, n'a entendu parler que de l'opération mécanique de l'écriture. D'une part le texte dit que la disposition est applicable, quand même l'écriture serait en lettres d'or ; de l'autre la disposition où Justinien cite pour exemple un tableau d'Apelles ou de Parrhasius fait bien voir que, dans les ouvrages de génie ou d'invention, le travail de l'auteur ou de l'artiste doit, à raison de son prix supérieur, lui en attribuer la propriété préférablement au maître de la chose employée pour peindre ou pour écrire.

Je ne m'arrêterai pas plus long-temps sur l'exception relative aux ouvrages précieux.

Dans la dernière hypothèse présentée par le projet, il existait une seule matière ; et la nouvelle forme qu'elle avait 572 reçue lui avait été donnée par un autre que le propriétaire.

Dans l'hypothèse actuelle, deux matières ont été employées pour former une chose d'une nouvelle espèce : celui qui les a employées n'avait la propriété que de l'une d'elles. On suppose en même temps qu'aucune des deux matières n'est entièrement détruite, mais que la séparation ne pourrait avoir lieu sans inconvénient.

Le projet, voulant prévenir les difficultés qui naîtraient d'une telle séparation, porte que la chose sera commune aux deux propriétaires; l'un y prendra part pour sa matière et pour sa main-d'œuvre, l'autre pour sa matière seulement.

Par ce moyen, les intérêts de chacun se trouvent conservés ; l'exécution est simple et facile, et la chose n'est point détériorée.

573-574 Lorsque plusieurs matières appartenant à différens propriétaires ont servi par leur mélange à former une chose, le tout appartient au propriétaire de la matière principale. Le principe général reçoit ici son application.

Si aucune des deux ne peut être regardée comme la matière principale, ou l'on peut les séparer sans inconvénient, ou des inconvéniens réels naîtraient de la séparation qui en serait faite.

Si elles peuvent être séparées, celui à l'insu duquel les matières ont été mélangées a le droit d'en demander la division. Dans le cas où le mélange s'est fait à la connaissance de tous, la chose leur appartient en commun dans la proportion de la quantité, de la qualité et de la valeur des matières appartenant à chacun d'eux.

Elle leur appartient aussi en commun dans cette même proportion, lorsque les matières ne peuvent plus être séparées. Il est impossible que cela soit autrement : peu importe que le mélange ait été fait à l'insu de l'un des propriétaires, ou qu'il ait été fait à la connaissance de tous. En vain celui qui prétendrait l'avoir ignoré demanderait la division des matières, puisqu'elles sont devenues inséparables. La loi lui offre une ressource dans les dommages-intérêts qui lui seraient accordés à raison du préjudice qu'il aurait souffert.

Enfin, la même exception qu'on a eu occasion de remarquer plusieurs fois dans le projet est établie en faveur du propriétaire dont la matière est de beaucoup supérieure à celle de l'autre par le prix et la quantité ; s'il veut avoir la chose provenant du mélange, elle ne peut lui être contestée, pourvu qu'il rembourse à l'autre la valeur de sa matière.

C'est à la sagesse des juges qu'il appartient de déterminer les cas où l'une des matières est d'un prix tellement supérieur à l'autre, qu'il convient d'appliquer l'exception plutôt que le principe général. Il était impossible que la loi s'expliquât davantage à cet égard.

Le surplus du projet de loi contient des dispositions qui se réfèrent à tous les articles antérieurs.

Lorsqu'il est dit que la chose commune doit être licitée, 575 on suppose que les parties intéressées ne s'accordent point sur un partage amiable, et il est clair que c'est dans ce seul cas que la vente doit être faite en justice.

Toutes les fois qu'un propriétaire peut réclamer la propriété 576 d'une chose formée avec sa matière, et sans qu'il en ait eu connaissance, il est autorisé à demander que pareille matière lui soit délivrée en même nature, quantité, poids, mesure et bonté : s'il aime mieux demander sa valeur, il y est également autorisé.

Rien de plus juste que cette disposition. Dès que le propriétaire n'a point consenti à l'emploi qu'on a fait de sa matière, il ne peut être forcé de la prendre telle qu'elle est devenue par l'effet de l'emploi. Le remplacement de cette matière est une dette que l'autre propriétaire a contractée envers lui dès le moment où il s'est permis d'en faire usage ; et si le propriétaire de la matière trouve que le juste remplacement soit plutôt dans la valeur de la matière employée que dans une autre de même nature qui ne réunirait peut-être pas toutes les qualités nécessaires pour équivaloir à celle qu'il avait, il est bien naturel qu'il ait le droit d'en exiger le prix.

577 Le dernier article du projet réserve aux parties lésées les dommages-intérêts, et à la société la vindicte publique, s'il y a fraude ou vol.

J'ai terminé l'analyse motivée des dispositions du projet.

Votre section a pensé que partout il portait l'empreinte du plus grand respect pour la propriété. L'esprit qui l'a dicté s'est attaché constamment à suivre le plus sûr des guides, l'équité naturelle. Ainsi disparaîtront ces divers systèmes de législation qui rappelaient sans cesse au milieu d'une nation éclairée les résultats effrayans des invasions des peuples du nord; résultats d'autant plus faciles à sentir qu'on pouvait les comparer avec ce qui existait là où les Romains avaient conservé plus long-temps leur influence. N'hésitons point à le dire, c'est aux Romains que nous aurons le plus d'obligations pour le perfectionnement de notre législation. Nous sommes devenus riches de leur science, forts de leurs maximes : ils ont recouvré par là une partie de leur empire. Quant aux lois qui remontent aux siècles d'ignorance, leur ancienneté n'a pu couvrir leurs vices; elles ont éprouvé le sort que la raison leur destinait : elles seront désormais reléguées dans les archives de l'histoire; le souvenir de leur existence ne servira qu'à faire apprécier d'autant mieux la supériorité des lois nouvelles.

Une bonne législation sur les propriétés est le plus beau titre de gloire pour l'État qui la possède : elle vaut pour lui les plus brillantes conquêtes, puisqu'elle attire et réunit sous son égide tous ceux qui sont jaloux de partager ses précieux avantages.

La section de législation me charge de vous proposer l'adoption du projet de loi sur la propriété.

Le Tribunat émit son vœu d'adoption dans la séance

du 4 pluviose an XII (25 janvier 1804), et MM. Grenier, Faure et Leroy furent chargés de l'apporter au Corps législatif le 6 pluviose.

DISCUSSION DEVANT LE CORPS LÉGISLATIF.

DISCOURS PRONONCÉ PAR LE TRIBUN GRENIER.

Législateurs, si l'on peut se flatter d'obtenir l'attention d'une assemblée aussi respectable par les lumières des hommes qui la composent que par leur dignité, en lui parlant sur le *droit de propriété*, ce ne peut être que parce qu'il arrive des époques où la proclamation de certaines vérités, quelque incontestables qu'elles soient, se fait entendre avec le plus vif intérêt.

On est dans cette position lorsque des doutes répandus sur ces vérités, quoique reconnues pour être la base de tout ordre social, ont causé des maux encore présens aux esprits, quoique réparés, et lorsqu'elles sont solennellement consacrées par les législateurs d'un grand peuple dans un Code dont les dispositions doivent à jamais garantir la prospérité publique en stabilisant les fortunes particulières.

C'était d'abord une tâche pénible d'avoir à vous entretenir sur une matière qui a été si souvent traitée, où l'on n'a tout au plus qu'à choisir les preuves; mais l'embarras augmente après ce qui vous a été dit aussi éloquemment à ce sujet et à cette même tribune par l'orateur du gouvernement.

Cependant je sens que je remplis un devoir, et je fais taire tout autre sentiment. On doit encore espérer d'être écouté de vous, citoyens législateurs, ne fût-ce que sous le simple rapport d'une réunion de suffrages émis au nom des premières autorités de l'État, à l'appui des principes importans qu'il s'agit de confirmer.

Le respect dû au droit individuel de propriété, tel qu'il est actuellement établi, et qu'il a existé chez tous les peuples policés qui se sont cachés dans la nuit des temps, et qui ne vivent que dans l'histoire, est un de ces dogmes politiques que l'homme, dans quelque position qu'il soit, ne peut méconnaître lorsqu'il fait usage de sa raison.

Les funestes expériences qui nous ont été transmises par les monumens historiques de toutes les nations établiraient seules la nécessité de le maintenir plus que ne pourraient le faire tous les raisonnemens. Les dissensions civiles qui ont agité les peuples, les malheurs qui ont pesé sur eux, ont presque toujours dû leur existence au renversement ou à l'oubli du principe conservateur de la propriété; et l'ordre et le bonheur dont ils ont joui peuvent être regardés comme le signe du respect qu'ils lui ont porté.

Si l'on n'a jamais attaqué ce principe sans que les fondemens des sociétés n'aient été ébranlés, si elles n'ont repris leur antique splendeur que lorsqu'il y a été reconnu comme sacré, il faut en conclure qu'il est le point de ralliement de toute réunion politique, que le bonheur public dépend de son maintien; et, si la propriété individuelle produit de pareils effets, ce ne peut être que parce qu'elle est parfaitement appropriée à la nature de l'homme.

Sous quelque rapport en effet qu'il se considère, il sent la nécessité de posséder des biens, quels qu'ils soient. Ces biens sont un accessoire de sa vie; ils ont été destinés, dans les vues de la Providence divine, à sa subsistance et à celle des personnes à qui il est obligé de la procurer; et, lorsqu'il a légitimement acquis ces biens, on ne peut pas plus y attenter, sous aucun rapport, qu'à son existence même.

Il est vrai que, pour combattre, ou au moins pour jeter des doutes sur ce résultat, plusieurs écrivains ont indiscrètement accumulé beaucoup d'abstractions et de sophismes : on a cru pouvoir soulever au moins un coin du voile qui couvre l'origine de la propriété individuelle; on l'a attribuée à de sim ples conventions qui pouvaient être révoquées par d'autres ; et, en faisant entrevoir les prétendus avantages d'une égalité parfaite, qu'on a imaginé avoir dû exister, on a supposé que cette égalité, détruite seulement par une loi civile qu'on mettait en opposition avec la loi naturelle, pouvait être rétablie par une autre loi civile. C'est ainsi qu'on s'est joué quelquefois de ce qu'il y a de plus sacré au monde.

D'abord, l'antiquité même de l'origine de la propriété individuelle, c'est-à-dire (car, pour être entendu, il faut en venir à la définition de cette propriété dans son essence) de cette qualité morale inhérente aux choses, qui désigne le droit qui appartient à un individu d'en disposer exclusivement à tous autres ; cette antiquité, dis-je, qui est à une hauteur que nos regards ne peuvent atteindre, prouve que les peuples n'ont pu long-temps exister en nation sans s'y soumettre, qu'elle est venue par la force même des choses, et que dès lors elle est la meilleure manière d'être, sous les rapports politiques et moraux.

Mais on peut aller plus loin, et on peut soutenir avec confiance que, quelque part et dans quelque état qu'on prenne l'homme, il a toujours existé une propriété individuelle, même dans le sens dans lequel je viens de l'entendre.

Si on fixe l'homme sauvage, la proie qu'il a fait tomber à ses pieds, fruit de ses sueurs et de son industrie, devient sa propriété ; il peut légitimement la défendre contre celui qui veut la lui ravir. Il n'a pour lui que la loi naturelle, il est privé du secours de la loi civile, il est obligé d'y suppléer par la force : mais enfin, il est impossible de ne pas voir dans cette position même une propriété individuelle fondée sur le droit naturel, qu'il n'appartient qu'à la loi civile de sanctionner.

Il y a eu, dit-on, des peuples qui ont vécu en communauté de biens, et ce sont précisément ceux qu'on veut nous faire remarquer.

Nous devons convenir qu'il y a encore des traditions historiques qui nous apprennent que cet état de communauté a existé chez quelques peuples (a).

Mais suit-il de là qu'il n'y eût pas de propriété individuelle? Les Germains, qui sont mis au nombre de ces peuples, sont les seuls dont les mœurs nous soient connues. Or, en même temps que l'historien célèbre qui les a tracées nous parle de l'espèce de communauté dans laquelle ils vivaient, on voit que les terres étaient distribuées non seulement en proportion des besoins et du nombre de personnes qui composaient chaque famille, mais encore en raison de la dignité des emplois (b).

Ce n'est pas tout, il ajoute que le droit de succession y était établi, et il en explique le mode (c) : or, concevra-t-on l'établissement d'un droit et d'un mode de succéder, sans supposer l'existence d'une propriété individuelle, qui devait au moins porter sur des objets possédés particulièrement, tels que les habitations, les meubles et les animaux?

Ainsi, dans l'état même où étaient ces peuples, on est forcé de reconnaître l'établissement du droit de propriété, non seulement pour la totalité du territoire en faveur de la réunion contre les peuples voisins, mais encore pour la portion de chaque membre de la réunion dans le territoire indivis, indépendamment des choses qui servaient à l'usage de chaque père de famille.

D'ailleurs cet état de communauté, quel qu'il ait pu être, ne pouvait durer, parce qu'il était naturellement une source de dissensions, que l'agriculture, qui pour prospérer doit être confiée à l'intérêt personnel, aurait été négligée, et que

---

(a) Heineccius, dans une note sur le § CCXXXVII du chap. IX de son ouvrage intitulé *Elem. juris. nat. et gent.*, en fait la nomenclature.

(b) « Agri pro numero cultorum ab universis per vices occupantur, quos mox inter se secun
« dum dignationem partiuntur. Facilitatem partiendi camporum spatia præstant. Arva per annos
« mutant, et superest ager. » Tacite, *de Morib. Germ.*

(c) « Hæredes tamen successoresque sui quique liberi et nullum testamentum. Si liberi non
« sunt, proximus gradus in possessione, fratres, patrui, avunculi. » *Idem.*

cette négligence aurait fait éprouver le fléau des disettes (a). Enfin, cet état ne pouvait subsister, parce qu'il était lui-même un état de barbarie, et que l'homme etait destiné à jouir des avantages précieux de la civilisation, qui ont laissé à une distance immense l'être physique de l'être moral.

La nécessité du partage ne dut pas tarder à se faire sentir (b). Le partage une fois fait, le droit de propriété fut à son dernier degré de détermination. Ce fut moins l'effet d'une convention nouvelle sur la propriété que l'exécution d'un droit préexistant. La propriété individuelle se forma donc irrévocablement; elle est devenue la source de tout ordre public : c'est à son existence que l'homme est redevable de toutes ses jouissances, qui consistent principalement dans le développement de son industrie et de ses facultés intellectuelles. C'est pour la garantir que toutes les puissances de la terre ont été établies.

Je n'ai dit qu'un mot, et j'en ait dit assez sur cette égalité absolue à laquelle des hommes, dont la bonne foi serait plus que suspecte, voudraient nous ramener. Qui ne sait que cette égalité absolue est la chimère de l'âge d'or, qui n'a existé que dans l'imagination des poètes? L'inégalité des fortunes s'allie parfaitement avec l'ordre public. Cette vérité est si constante, qu'il serait très-inutile de la développer.

Toute égalité, autre que celle des droits, est évidemment contredite par la nature, qui a établi, sous les rapports physiques et moraux, une bien plus grande distance d'individu à individu, qu'il ne pourrait en résulter de la différence des fortunes.

Rien de ce qui existe n'est exempt d'inconvéniens et de

(a) « Itaque propter immensas contentiones plerumque res ad divisionem pervenit. » L. XXVI, ff. *de Servitut. præd. urb.*

« Naturale quippe vitium est negligi quod communiter possidetur ; utque se nihil habere, qui non totum habeat, arbitretur. Denique suam quoque partem corrumpi patiatur dum invidet alienæ. » L. II, au Cod. *Quando et quibus quarta pars debetur.*

(b) Sur les causes qui ont dû amener cette division voyez Puffendorff, *Droit de la nature et des gens*, liv. IV, chap. IV ; avec les notes de Barbeyrac, et le *Traité philosophique des lois naturelles*, par Richard Cumberland, chap. I, § XXIII.

maux : la sagesse veut qu'on prenne les moyens d'y remédier ou de les amoindrir; mais il n'y a que la folie qui pût en espérer l'extirpation en rentrant dans un chaos où le mal serait partout et le bien nulle part.

Tels sont, en peu de mots, les dogmes fondamentaux des réunions sociales, confirmés par l'expérience des siècles et par l'assentiment de tous les peuples. Malheur au temps où un pyrrhonisme présomptueux et aveugle voudrait les obscurcir! Mais si jamais la postérité en était menacée, elle aurait à se féliciter qu'ils eussent été si solennellement proclamés par des hommes qu'on saurait avoir été témoins de troubles et de discordes, et avoir acquis, aux dépens de leur repos, quelque expérience sur ce qui constitue le bonheur public.

Tous les titres du Code civil ne sont que le développement des règles relatives à l'exercice du droit de propriété; ce qui prouve déjà que la propriété est la base de toute législation, la source de toutes les affections morales et de toutes les jouissances auxquelles il est permis à l'homme d'aspirer.

Mais le projet de loi soumis à votre sanction définit particulièrement la propriété; il en limite l'exercice selon les cas où l'intérêt général de la société le commande; il donne des règles pour les circonstances où les modifications de la propriété peuvent faire naître des doutes sur le point de savoir à qui elle appartient : il y a même des circonstances où on peut dire qu'il naît un droit de propriété; et le projet de loi l'assigne à celui qui doit l'avoir, d'après les principes de l'équité que l'on a tâché de saisir.

La propriété est d'abord ainsi définie : « Le droit de jouir « et disposer des choses de la manière la plus absolue, pourvu « qu'on n'en fasse pas un usage prohibé par les lois et par « les règlemens. »

On sent, au premier abord, la justesse de cette définition; elle rappelle celle qu'on trouve dans le droit romain, qui paraît aussi avoir été faite avec soin, *Jus utendi et abutendi re sud, quatenus juris ratio patitur :* mais, osons le dire, la définition contenue dans le projet de loi est plus exacte ; l'esprit se refuse à voir ériger *l'abus de la propriété en droit :* il est bien toléré par la loi civile tant qu'il ne nuit point à autrui ; mais, dans les règles de la loi naturelle et de la morale, on ne doit pas se le permettre. Aussi on était porté à penser que, par ces expressions, *Jus abutendi*, les Romains n'avaient voulu entendre que *le droit de disposer de la manière la plus absolue*, et qu'ils s'en étaient seulement servi par opposition à ces mots, *Jus utendi et fruendi*, sous lesquels ils avaient défini l'usufruit.

La condition de ne point faire de sa propriété un usage prohibé par les lois et par les règlemens est d'une justice évidente.

L'intérêt général, qui est supérieur à tous les intérêts privés, peut exiger qu'un particulier cède sa propriété. Ce droit pourrait-il ne pas exister, puisque, dans certains cas de nécessité, un simple citoyen peut être autorisé à affecter la propriété d'un autre, comme, par exemple, si un chemin était indispensable ?

Mais en même temps qu'on était occupé du droit du corps social, on s'est empressé de manifester le plus grand respect pour la propriété individuelle, en disant que *nul ne peut être contraint de céder sa propriété, si ce n'est pour cause d'utilité publique ;* et en ajoutant, *et moyennant une juste et préalable indemnité*. Article 538.

Il faut donc qu'il soit constaté qu'il y ait une *cause d'utilité publique*, ce qui, dans la nature des choses, peut être assimilé à une nécessité ; et l'on ne peut être dessaisi de la propriété qu'autant qu'on aura préalablement reçu ce qui sera le prix de la juste indemnité. Ces précautions doivent faire disparaître toute crainte d'abus.

Je vous ai déjà parlé de certaines propriétés qu'on peut regarder comme naissantes, et de certaines autres qui se modifient par la réunion ou l'incorporation.

Avant de donner des règles sur les divers cas particuliers,

il a fallu d'abord poser ce principe général qui est incontestable : « La propriété d'une chose soit mobilière, soit immo-
« bilière, donne droit sur tout ce qu'elle produit, et sur ce
« qui s'y unit accessoirement soit naturellement, soit artifi-
« ciellement. » Article 539.

Il s'agissait de définir ce nouveau droit de propriété émanant d'une propriété déjà existante ; et à ce sujet, le projet de loi a été amélioré respectivement aux lois romaines. Elles contenaient une foule de distinctions qui ne pouvaient que jeter dans l'embarras. On a remarqué la possibilité d'exprimer tous les différens modes, soit de production, soit de réunion, soit d'incorporation, sous une seule expression générique qui les rend également, et qui est celle *d'accession*.

Cette expression se trouvant très-propre, le plan du projet de loi en est devenu plus simple.

Il a paru être composé de deux sections :

Dans la première, il est traité *du droit d'accession sur ce qui est produit par la chose*.

La seconde a pour objet *le droit d'accession sur ce qui s'unit et s'incorpore à la chose*.

Mais, pour procéder avec plus de méthode, on a divisé cette seconde section en deux paragraphes :

Le premier a trait au *droit d'accession relativement aux choses immobilières*;

Le second concerne le même droit *relativement aux choses mobilières*.

Il serait inutile d'examiner en détail les dispositions des articles qui composent ces deux sections ; il suffira de vous rappeler en masse les différentes espèces d'accession qui y sont énoncées, et de fixer votre attention sur les règles qui y sont appliquées.

547   Dans la première section, relative à l'accession sur ce qui est produit par la chose, après avoir consigné ce principe complémentaire de la propriété, que les fruits naturels ou industriels de la terre, les fruits civils, le croît des animaux,

appartiennent au propriétaire par droit d'accession, il a fallu en tirer la conséquence que tout possesseur qui les perçoit sans être propriétaire en doit la restitution.

Cependant on a maintenu la distinction si juste, et qui a existé de tous les temps entre le possesseur de bonne foi et celui de mauvaise foi. 549

Cette distinction a amené naturellement la définition du possesseur de bonne foi ; elle est ainsi conçue :

« Le possesseur est de bonne foi quand il possède comme « propriétaire en vertu d'un titre translatif de propriété dont « il ignore les vices. 550

« Il cesse d'être de bonne foi du moment où les vices lui « sont connus. » Art. 543.

Cette définition est plus positive qu'aucune de celles qui se trouvent dans le droit romain et dans quelques coutumes, et elle évitera beaucoup de contestations ; car il s'en élève souvent, et en différens sens, qui sont subordonnées à la qualité de la possession.

Tout ce qui peut concerner l'accession relativement aux choses immobilières, qui fait l'objet du § Ier de la première section, peut se réduire à quelques points principaux que je vais rappeler succinctement. 551

1°. On a fixé, dans l'article 545, ce principe élémentaire que la propriété du sol emporte la propriété du dessus et du dessous ; et les dispositions des articles suivans jusqu'au 549° ne sont que des conséquences sagement déduites de ce principe. 552

On n'y a pas oublié la limitation nécessaire relativement aux lois des servitudes, aux règlemens de police, et à ceux qui concernent les mines.

Mais il arrive souvent que des constructions, plantations et ouvrages sont faits sur le sol avec des matériaux qui n'appartenaient pas au propriétaire. Il se présente alors des difficultés considérables. 553 et suivans.

Vous sentez qu'il a fallu distinguer le cas où les ouvrages

et plantations auraient été faits par le propriétaire lui-même avec des matériaux appartenant à d'autres, du cas où les ouvrages auraient été faits par des tiers avec leurs propres matériaux; et à l'égard de ceux-ci il a fallu encore distinguer le possesseur de bonne foi de celui qui ne l'était pas.

Selon ces différentes circonstances, le projet de loi renferme des dispositions infiniment justes; mais le dernier paragraphe de l'article 548 porte surtout un caractère de sagesse qui ne vous aura pas échappé.

555 Lorsque des constructions, plantations ou autres ouvrages ont été faits par un possesseur de bonne foi, il paraissait trop dur qu'il fût réduit à la nécessité de les enlever sans indemnité; et un propriétaire qui aurait obtenu le désistement du fonds aurait pu abuser de cette nécessité pour s'enrichir aux dépens du possesseur : celui-ci aurait été contraint, ou de supprimer les ouvrages en pure perte, ou de les céder à un prix très-modique.

Il a paru juste que dans ce cas le propriétaire ne pût pas demander la suppression des ouvrages, et qu'il fût tenu de rembourser une somme égale à celle dont le fonds a augmenté de valeur.

Cependant cette obligation indéfinie de la part du propriétaire aurait quelquefois cessé d'être juste. Par exemple, le possesseur avec une avance de 300 francs aurait pu augmenter la valeur du fonds de 2,000 francs ou plus; cette augmentation aurait dû appartenir au propriétaire, comme inhérente au fonds, jusqu'à concurrence de ce dont elle aurait excédé le montant de l'avance. Cette considération a fait donner au propriétaire l'option, ou de rembourser une somme égale à celle dont le fonds a augmenté de valeur, ou de rembourser la valeur des matériaux et du prix de la main-d'œuvre.

Au moyen de cette option, dans quelque cas que l'on se trouve, le possesseur de bonne foi reçoit toujours une indemnité relative à ses dépenses, s'il n'en a fait que d'utiles; et le propriétaire ne peut jamais être grevé en remboursant une valeur qui serait le produit même de sa propriété.

C'est aux jurisconsultes à apprécier cette disposition législative : ils savent que ces différens cas n'étaient décidés par aucune loi positive, et qu'après avoir donné lieu à beaucoup de contestations, ils étaient entièrement soumis à l'arbitraire des tribunaux.

2°. Dans le cas de l'*alluvion*, le projet de loi rétablit la pureté des principes du droit romain. Il est dans la nature des choses que l'accroissement imperceptible désigné sous cette expression appartienne au propriétaire du fonds auquel il se forme. Le seul esprit de féodalité avait pu introduire quelques exceptions à cette règle. 556 à 558

Le projet de loi contient une limitation relativement aux relais de la mer, qui est fondée sur le droit public, et une juste décision par rapport aux débordemens des lacs et des étangs.

3°. Enfin toutes les modifications qui peuvent être la suite des inondations, des changemens du cours des fleuves et rivières, sont prévues dans le projet de loi; et dans tous ces cas, la propriété est assignée au propriétaire du fonds auquel la nature et l'équité commandent de la laisser. 559

C'est toujours en faveur de la propriété individuelle que la loi décide; toutes les idées fiscales ont disparu. La nation doit seulement avoir les îles, îlots et attérissemens qui se forment dans le lit des fleuves ou des rivières navigables ou flottables. L'intérêt du commerce exige que ces fleuves ou rivières soient libres : la nation a déjà l'avantage de ne dessaisir personne de ces objets, puisqu'ils n'appartiennent à aucun particulier. Elle se dispense seulement d'exercer une espèce de libéralité, parce que l'ordre public en souffrirait. 560

Encore ne devons-nous pas oublier une limitation à cette règle; c'est que si une île était formée du champ d'un particulier, qui aurait été coupé et embrassé par un fleuve ou une rivière même navigable ou flottable qui se serait fait un 562 bras nouveau, ce particulier conservera l'île, qui est toujours son champ.

563 C'est par un même esprit de justice que le lit qu'un fleuve ou une rivière aurait abandonné est laissé, à titre d'indemnité, aux propriétaires des fonds nouvellement occupés par le fleuve ou par la rivière.

sect. 2 A l'égard du droit d'accession relativement aux choses mobilières, qui fait la matière du § II de la même section II, je crois pouvoir m'abstenir d'entrer dans des détails : ses dispositions sont encore présentes à vos esprits.

Vous avez remarqué qu'on y a suivi avec soin tous les genres de modifications que pouvaient éprouver des objets mobiliers par l'addition, le mélange ou la confusion; et soit que la propriété du nouveau corps qui en est résulté soit adjugée au propriétaire d'une des matières qui y ont été employées, à la charge d'une indemnité envers ceux à qui les autres matières appartenaient, soit qu'on ait permis la désunion des matières employées, soit enfin que la licitation devienne nécessaire entre tous les copropriétaires ; dans tous les cas, le projet de loi est conçu dans un esprit de sagesse auquel il est impossible de ne pas se rendre.

Dans ce titre du Code civil, plus peut-être que dans aucun autre, on remarque des traces de la législation romaine, parce que cette matière a été moins soumise qu'aucun autre objet de législation aux préjugés et aux habitudes. On a dû en puiser les décisions dans l'équité naturelle ; et le peuple romain est celui de tous qui a su le mieux en déduire les principes.

Mais on trouve dans le projet de loi un ordre et une netteté d'idées qui manquent dans les lois romaines, parce qu'elles étaient plutôt un recueil de décisions qu'un code de lois, et que ces décisions même ont rarement été recueillies dans l'ordre convenable.

Tels sont, législateurs, les motifs qui ont déterminé le

Tribunat à donner son assentiment au projet de loi en question, et qu'il nous a chargés de vous exposer. Il y a tout lieu d'espérer que ce projet obtiendra votre sanction.

Le projet de loi fut décrété par le Corps législatif dans la même séance, et la promulgation eut lieu le 16 pluviose an XII (6 février 1804).

TITRE TROISIÈME.

De l'Usufruit, de l'Usage et de l'Habitation.

DISCUSSION DU CONSEIL D'ÉTAT.

(Procès-verbal de la séance du 27 vendémiaire an XII. — 20 octobre 1803.)

M. TREILHARD présente à la discussion le titre III du livre II.

Il est ainsi conçu :

DE L'USUFRUIT, DE L'USAGE ET DE L'HABITATION.

CHAPITRE Iᵉʳ.

De l'Usufruit.

Art. 572. « L'usufruit est le droit de jouir des choses dont « un autre a la propriété, avec le même avantage que le « propriétaire lui-même, mais à la charge d'en conserver la « substance. »

Art. 573. « L'usufruit est établi par la loi ou par la volonté « de l'homme. »

Art. 574. « L'usufruit peut être établi ou purement, ou « à certain jour, ou à condition. »

Art. 575. « Il peut être établi sur toute espèce de biens « meubles ou immeubles. »

Art. 576. « Il peut être accordé à tous ceux qui peuvent « posséder des biens, même à des communes. »

§ Ier.

Des Droits de l'usufruitier.

582 Art. 577. « L'usufruitier a le droit de jouir de toute espèce
« de fruits, soit naturels, soit industriels, soit civils, que
« peut produire l'objet dont il a l'usufruit. »

583 Art. 578. « Les fruits naturels sont ceux qui sont le produit
« spontané de la terre. Le produit et le croît des animaux
« sont aussi des fruits naturels.

« Les fruits industriels d'un fonds sont ceux qu'on obtient
« par la culture. »

584 Art. 579. « Les fruits civils sont les loyers des maisons, les
« intérêts des sommes exigibles, les arrérages des rentes.

« Les prix des baux à ferme sont aussi rangés dans la classe
« des fruits civils. »

585 Art. 580. « Les fruits naturels et industriels, pendans par
« branches ou par racines au moment où l'usufruit est ou-
« vert, appartiennent à l'usufruitier.

« Ceux qui sont dans le même état au moment où finit
« l'usufruit appartiennent au propriétaire, sans récompense
« de part et d'autre des labours et des semences, mais aussi
« sans préjudice de la portion des fruits qui pourrait être ac-
« quise au colon partiaire, s'il en existait un au commence-
« ment ou à la cessation de l'usufruit. »

586 Art. 581. « Les fruits civils sont réputés s'acquérir jour par
« jour, et appartiennent à l'usufruitier à proportion de la
« durée de son usufruit. Cette règle s'applique aux prix des
« baux à ferme, comme aux loyers des maisons et aux autres
« fruits civils. »

587 Art. 582. « Si l'usufruit comprend des choses dont on ne
« peut faire usage sans les consommer, comme l'argent, les
« grains, les liqueurs, l'usufruitier a le droit de s'en servir,
« mais à la charge d'en rendre de pareille quantité, qualité

« et valeur, ou leur estimation à la fin de l'usufruit. »

Art. 583. « L'usufruit d'une rente viagère donne aussi le droit d'en percevoir les arrérages, et de les employer à l'usage de l'usufruitier, sans charge de restitution à l'extinction de l'usufruit. »

Art. 584. « Si l'usufruit comprend des choses qui, sans se consommer de suite, se détériorent peu à peu par l'usage, comme du linge, des meubles meublans, l'usufruitier a le droit de s'en servir pour l'usage auquel elles sont destinées, et n'est obligé de les rendre à la fin de l'usufruit que dans l'état où elles se trouvent, non détériorées par son dol ou par sa faute.

« Si quelqu'une de ces choses se trouve entièrement consommée par l'usage, aussi sans dol et sans faute de la part de l'usufruitier, il est dispensé de la représenter à la fin de l'usufruit. »

Art. 585. « L'usufruit peut être établi sur les animaux ; il peut être établi sur un seul animal, sur un cheval par exemple, ou sur un troupeau entier. »

Art. 586. « L'usufruit comprend les coupes des bois taillis, à la charge par l'usufruitier d'observer l'ordre et la quotité des coupes, conformément à l'aménagement ou à l'usage constant des propriétaires; sans indemnité toutefois en faveur de l'usufruitier ou de ses héritiers, pour les coupes ordinaires, soit de taillis, soit de baliveaux, soit de futaie, qu'il n'aurait pas faites pendant sa jouissance.

« Les arbres qu'on peut tirer d'une pépinière sans la dégrader font aussi partie de l'usufruit, mais à la charge du remplacement. »

Art. 587. « L'usufruitier profite encore, toujours en se conformant aux époques et à l'usage des anciens propriétaires, des parties de bois de haute futaie qui ont été mises en coupes réglées, soit que ces coupes se fassent périodiquement sur une certaine étendue de terrain, soit qu'elles

« se fassent d'une certaine quantité d'arbres pris indistincte-
« ment sur toute la surface du domaine. »

592 Art. 588. « Dans tous les autres cas, l'usufruitier ne peut
« toucher au bois de haute futaie ; il peut seulement em-
« ployer, pour faire les réparations dont il est tenu, les ar-
« bres arrachés ou brisés par accident ; il peut même, pour
« cet objet, en faire abattre, s'il est nécessaire, mais à la
« charge d'en faire constater la nécessité avec le proprié-
« taire. »

593 Art. 589. « Il peut prendre dans les bois des échalas pour
« les vignes, suivant l'usage du pays, ou la coutume des
« propriétaires. »

594 Art. 590. « Les arbres fruitiers qui meurent, ceux même
« qui sont arrachés ou brisés par accident, appartiennent à
« l'usufruitier, à la charge de les remplacer par d'autres. »

595 Art. 591. « L'usufruitier peut jouir par lui-même, donner
« à ferme à un autre, ou même vendre ou céder son droit à
« titre gratuit : s'il donne à ferme, il doit se conformer,
« pour les époques où les baux doivent être renouvelés, et
« pour leur durée, aux règles établies pour le mari, à l'égard
« des biens de la femme, dans le titre *du Contrat de mariage*
« *et des Droits respectifs des époux*. »

596 Art. 592. « L'usufruitier jouit de l'augmentation survenue
« par alluvion à l'objet dont il a l'usufruit. »

597 Art. 593. « Il jouit des droits de servitude, de passage, et
« généralement de tous les droits dont le propriétaire peut
« jouir, et il en jouit comme le propriétaire lui-même. »

598 Art. 594. « Il jouit aussi, de la même manière que le pro-
« priétaire, des mines de fossiles, et des carrières qui sont
« en exploitation à l'ouverture de l'usufruit ; mais il n'a au-
« cun droit aux mines et carrières non ouvertes à cette épo-
« que, ni au produit des mines de métaux, ni au trésor qui
« pourrait être découvert pendant la durée de l'usufruit. »

599 Art. 595. « Le propriétaire ne peut, par son fait, ni de

« quelque manière que ce soit, nuire aux droits de l'usu-
« fruitier. »

§ II.

Des Obligations de l'usufruitier.

Art. 596. « L'usufruitier ne peut entrer en jouissance « qu'après avoir fait dresser, en présence du propriétaire, « ou lui dûment appelé, un inventaire des meubles, et un « état des immeubles sujets à l'usufruit. »

Art. 597. « Il donne caution de jouir en bon père de fa- « mille, s'il n'en est dispensé par l'acte constitutif de l'usu- « fruit; cependant les père et mère ayant l'usufruit légal du « bien de leurs enfans, le vendeur ou le donateur sous ré- « serve d'usufruit, ne sont pas tenus de donner caution. »

Art. 598. « Si l'usufruitier ne trouve pas de caution, les « immeubles sont donnés à ferme ou mis en séquestre.

« Les sommes comprises dans l'usufruit sont placées.

« Les denrées sont vendues, et le prix en provenant est « pareillement placé.

« Les intérêts de ces sommes, et les prix des fermes, ap- « partiennent, dans ce cas, à l'usufruitier. »

Art. 599. « A défaut d'une caution de la part de l'usufrui- « tier, le propriétaire peut exiger que les meubles qui dé- « périssent par l'usage soient vendus, pour le prix en être « placé comme celui des denrées; et l'usufruitier jouit de « l'intérêt pendant son usufruit. »

Art. 600. « Le retard de donner caution ne prive pas l'u- « sufruitier des fruits auxquels il peut avoir droit; ils lui « sont dus du moment où l'usufruit a été ouvert. »

Art. 601. « L'usufruitier n'est tenu qu'aux réparations « d'entretien.

« Les grosses réparations demeurent à la charge du pro- « priétaire, à moins qu'elles n'aient été occasionées par le

« défaut de réparations d'entretien depuis l'ouverture de l'u-
« sufruit, auquel cas l'usufruitier en est aussi tenu. »

606   Art. 602. « Les grosses réparations sont celles de la cons-
« truction des gros murs et des voûtes, du rétablissement
« des poutres et des couvertures entières ;
   « Celui des digues et des murs de soutenement et de clôture
« aussi en entier.
   « Toutes les autres réparations sont d'entretien. »

607   Art. 603. « Ni le propriétaire ni l'usufruitier ne sont tenus
« de rebâtir ce qui est tombé de vétusté, ou ce qui a été dé-
« truit par cas fortuit. »

608   Art. 604. « L'usufruitier est tenu, pendant sa jouissance,
« de toutes les charges annuelles de l'héritage, telles que les
« contributions et autres, qui, dans l'usage, sont censées
« charges des fruits. »

609   Art. 605. « A l'égard des charges qui peuvent être impo-
« sées sur la propriété pendant la durée de l'usufruit, l'usu-
« fruitier et le propriétaire y contribuent ainsi qu'il suit :
   « Le propriétaire est obligé de les payer, et l'usufruitier
« doit lui tenir compte des intérêts.
   « Si elles sont avancées par l'usufruitier, il a la répétition
« du capital à la fin de l'usufruit. »

610   Art. 606. « Le legs fait par un testateur, d'une rente via-
« gère ou pension alimentaire, doit être acquitté par le léga-
« taire universel de l'usufruit, et sans aucune répétition de
« sa part. »

611   Art. 607. « L'usufruitier à titre particulier n'est pas tenu
« des dettes auxquelles le fonds est hypothéqué : s'il est
« forcé de les payer, il a son recours contre le propriétaire,
« sauf ce qui a été dit au titre *des Donations et Testamens*, ar-
« ticle 309. »

612   Art. 608. « L'usufruitier à titre universel doit contribuer
« avec le propriétaire au paiement des dettes ainsi qu'il suit :
   « On estime la valeur du fonds sujet à usufruit ; on fixe
« ensuite la contribution aux dettes, à raison de cette valeur.

« Si l'usufruitier veut avancer la somme pour laquelle le
« fonds doit contribuer, le capital lui en est restitué à la fin
« de l'usufruit sans aucun intérêt.

« Si l'usufruitier ne veut pas faire cette avance, le pro-
« priétaire a le choix ou de payer cette somme, et, dans ce
« cas, l'usufruitier lui tient compte des intérêts pendant la
« durée de l'usufruit, ou de faire vendre jusqu'à due con-
« currence une portion des biens soumis à l'usufruit. »

Art. 609. « L'usufruitier n'est tenu que des frais des 613
« procès qui concernent la jouissance. »

Art. 610. « Si, pendant la durée de l'usufruit, un tiers 614
« commet quelque usurpation sur le fonds, ou attente autre-
« ment aux droits du propriétaire, l'usufruitier est tenu de
« le dénoncer à celui-ci; faute de ce, il est responsable de
« tout le dommage qui peut en résulter pour le propriétaire,
« comme il le serait de dégradations commises par lui-
« même. »

Art. 611. « Si l'usufruit n'est établi que sur un cheval ou 615
« autre animal qui vient à périr sans la faute de l'usufruitier,
« celui-ci n'est pas tenu d'en rendre un autre ni d'en payer
« l'estimation. »

Art. 612. « Si le troupeau sur lequel un usufruit a été 616
« établi périt entièrement par accident ou par maladie, et
« sans la faute de l'usufruitier, celui-ci n'est tenu, envers le
« propriétaire, que de lui rendre compte des cuirs ou de
« leur valeur.

« Si le troupeau ne périt pas entièrement, l'usufruitier
« est tenu de remplacer jusqu'à concurrence du croît les
« têtes des animaux qui ont péri. »

§ III.

Comment l'usufruit prend fin.

Art. 613. « L'usufruit s'éteint par la mort naturelle et par 617
« la mort civile de l'usufruitier ;

« Par l'expiration du temps pour lequel il a été accordé;
« Par la consolidation ou la réunion sur la même tête des « deux qualités d'usufruitier et de propriétaire ;
« Par le non-usage du droit pendant trente ans ;
« Par la perte totale de la chose sur laquelle l'usufruit est « établi. »

618 Art. 614. « L'usufruit peut aussi s'éteindre par l'abus que « l'usufruitier fait de sa jouissance, soit en commettant des « dégradations sur le fonds, soit en le laissant dépérir faute « d'entretien. »

Ib. Art. 615. « Dans les cas de l'article précédent, les juges « peuvent, suivant la gravité des circonstances, ou prononcer « l'extinction absolue de l'usufruit, ou n'ordonner la rentrée « du propriétaire dans la jouissance de l'objet qui en est « grevé, que sous la charge de payer annuellement à l'usu-« fruitier une somme déterminée, jusqu'à l'instant où l'u-« sufruit aurait dû cesser. »

619 Art. 616. « L'usufruit accordé à une commune ne dure « que trente ans. »

620 Art. 617. « L'usufruit accordé jusqu'à ce qu'un tiers ait « atteint un âge fixe dure jusqu'à cette époque; encore que « le tiers soit mort avant l'âge fixé. »

621 Art. 618. « La vente de la chose sujette à usufruit ne fait « aucun changement dans le droit de l'usufruitier ; il con-« tinue de jouir de son usufruit, s'il n'y a pas formellement « renoncé. »

622 Art. 619. « Les créanciers de l'usufruitier peuvent faire « annuler la renonciation qu'il aurait faite à leur préjudice. »

623 Art. 620. « Si une partie seulement de la chose soumise à « l'usufruit est détruite, l'usufruit se conserve sur ce qui « reste. »

624 Art. 621. « Si l'usufruit n'est établi que sur un bâtiment, « et que ce bâtiment soit détruit par un incendie ou autre « accident, ou qu'il s'écroule de vétusté, l'usufruitier n'aura « le droit de jouir ni du sol ni des matériaux ;

« Si l'usufruit était établi sur un domaine dont le bâti-
« ment faisait partie, l'usufruitier jouirait du sol et des ma-
« tériaux. »

CHAPITRE II.

De l'Usage et de l'Habitation.

Art. 622. « Les droits d'usage et d'habitation s'établissent 625
« et se perdent de la même manière que l'usufruit. »

Art. 623. « On ne peut en jouir sans donner préalable- 626
« ment caution, et sans faire des états et des inventaires
« comme pour un usufruit. »

Art. 624. « L'usager et celui qui a un droit d'habitation 627
« doivent jouir en bons pères de famille. »

Art. 625. « Les droits d'usage et d'habitation se règlent 628
« par le titre qui les a établis, et reçoivent, d'après ses dis-
« positions, plus ou moins d'étendue. »

Art. 626. « Si le titre ne s'explique pas sur l'étendue de 629
« ces droits, ils sont réglés ainsi qu'il suit. »

Art. 627. « Celui qui a l'usage des fruits d'un fonds ne 630
« peut en exiger qu'autant qu'il lui en faut pour ses besoins
« et pour ceux de sa famille.

« Il peut en exiger pour les besoins même des enfans qui
« lui sont survenus depuis la concession de l'usage. »

Art. 628. « L'usager ne peut céder ni louer son droit à un 631
« autre. »

Art. 629. « Celui qui a un droit d'habitation dans une 632
« maison peut y demeurer avec sa famille, quand même il
« n'aurait pas été marié à l'époque où ce droit lui a été
« donné. »

Art. 630. « Le droit d'habitation se restreint à ce qui est 633
« nécessaire pour l'habitation de celui à qui ce droit est con-
« cédé et de sa famille. »

Art. 631. « Le droit d'habitation ne peut être ni cédé ni 634
« loué. »

Art. 632. « Si l'usager absorbe tous les fruits du fonds, « ou s'il occupe la totalité de la maison, il est assujéti aux « frais de culture, aux réparations d'entretien et aux paie- « mens des contributions, comme l'usufruitier.

« S'il ne prend qu'une partie des fruits, ou s'il n'occupe « qu'une partie de la maison, il contribue au prorata de ce « dont il jouit. »

Art. 633. « L'usage des bois et forêts est réglé par des lois « particulières. »

M. Treilhard fait lecture du chapitre Ier, *de l'Usufruit.*

Les articles 572, 573, 574 et 575 sont adoptés.

L'article 576 est discuté.

Sur l'observation de M. *Miot,* le Conseil retranche ces mots, *même à des communes,* afin de ne rien préjuger sur la question que l'article 510 a fait naître.

Le § Ier, *des Droits de l'usufruitier,* est soumis à la discussion.

Les articles 577, 578 et 579 sont adoptés.

L'article 580 est discuté.

M. Jollivet attaque la disposition de cet article dans les effets qu'elle aurait par rapport à la communauté. L'usufruit qui appartient à l'un des époux tombe dans la communauté ; elle fait donc les frais de culture : or, il serait très-rigoureux de la priver de la récolte sans lui faire raison de ses impenses. Aussi dans l'usage lui en a-t-on toujours accordé la récompense.

M. Tronchet dit qu'en pareil cas on n'a jamais accordé de récompense au mari. Comme administrateur, il était tenu de cultiver et d'ensemencer : et même en général tout usufruitier est tenu d'entretenir la chose et d'en jouir en bon père de famille. Le bénéfice qui en peut résulter pour lui est subordonné aux effets du hasard. Mais on ne peut s'écarter, en faveur de la communauté, du principe qui déclare immeubles les fruits pendans par les racines.

M. Treilhard ajoute que d'ailleurs, si l'usufruitier est exposé à ne pas recueillir ce qu'il a semé, il peut arriver aussi qu'il profite d'une récolte que d'autres ont préparée; car la disposition porte sur l'entrée en jouissance comme sur la cessation de l'usufruit. La chance est donc égale.

M. Jollivet répond qu'il y a cette différence que, quand la communauté commence, les parties peuvent modifier la disposition de la loi, au lieu que leur volonté ne peut écarter son influence au moment où la communauté finit.

M. Treilhard observe que l'article proposé, étant emprunté du projet de la commission, a été communiqué aux tribunaux, et n'a excité aucune réclamation quant au principe. Les tribunaux ont seulement demandé, pour le colon partiaire, la restriction que la section propose.

M. Tronchet dit que cette approbation tacite et unanime des tribunaux dépose contre l'usage qu'on a prétendu exister.

La proposition de M. *Jollivet* est rejetée.

L'article est adopté.

L'article 581 est discuté.

M. Muraire pense que la seconde partie de l'article est inutile, attendu que l'article 579 met les prix des baux à ferme au nombre des fruits civils qui tombent dans l'usufruit.

M. Tronchet dit que cette explication a paru nécessaire à la section pour mieux effacer quelques préjugés anciens. En effet, comme les fruits pendans par les racines sont immeubles, on a quelquefois jugé que le prix de la ferme n'appartient à l'usufruitier que lorsque la récolte des fruits est faite pendant sa jouissance.

M. Defermon craint qu'il ne s'élève des difficultés lorsque le prix des fermes ne doit être payé, comme dans certains pays, que dix-huit mois après la récolte.

M. Tronchet répond que toute difficulté est aplanie par la règle qui donne à l'usufruitier le prix de la ferme pour la portion de temps que son usufruit a duré. Il ne pourrait s'élever de difficultés que dans le cas où l'on ferait dépendre le droit de l'usufruitier au prix de la ferme de l'époque où la récolte qu'il représente aurait été faite : car, comme les fruits de diverses natures ne sont pas récoltés dans le même temps, il faudrait des ventilations et des expertises pour déterminer dans quelle mesure chaque récolte, faite pendant la durée de l'usufruit, devrait être comptée dans le prix total de la ferme. La règle simple que l'article établit prévient tous ces débats.

L'article est adopté.

L'article 582 est adopté.

L'article 583 est discuté.

M. Muraire observe que, dans les départemens méridionaux, on attache au mot *arrérages* une idée différente de celle qu'il présente ailleurs : là il exprime les arrérages arriérés, c'est-à-dire ceux dus pour les années antérieures à l'année courante. Il paraît nécessaire de faire cesser cette équivoque.

Cette observation est renvoyée à la section pour y avoir égard dans la rédaction.

Le principe de l'article est adopté.

L'article 584 est discuté.

M. Tronchet dit qu'il est difficile que les meubles soumis à l'usufruit soient tellement consommés par l'usage, qu'il n'en reste absolument rien ; que cependant on donnerait à l'usufruitier la facilité de les soustraire à son profit, si on ne l'obligeait pas à représenter ce qui en reste.

DE L'USUFRUIT, DE L'USAGE, etc.

M. Treilhard, adoptant ces considérations, propose de retrancher la dernière partie de l'article.

L'article est adopté avec ce retranchement.

L'article 585 est adopté.

L'article 586 est discuté.

M. Pelet dit qu'il est contre la nature des choses d'imposer à l'usufruitier l'obligation de remplacer les arbres qu'il tire d'une pépinière : ces arbres sont les fruits mêmes dont on fait la récolte après trois ans; les remplacer, c'est créer une pépinière nouvelle.

M. Bigot-Préameneu dit que, puisque, sur la jouissance des bois taillis, l'on s'en est référé à l'usage, on peut également laisser l'usage déterminer les conditions de l'usufruit établi sur une pépinière.

L'article est adopté avec cet amendement.

Les articles 587, 588, 589, 590, 591, 592 et 593 sont adoptés.

L'article 594 est discuté.

M. Defermon demande que les mines de métaux ne soient point soustraites à la jouissance de l'usufruitier; car rien ne s'oppose à ce que les fruits d'une concession n'y soient sujets.

M. Treilhard répond que la jouissance des mines n'est conférée que par l'autorité publique : ces sortes de propriétés doivent être surveillées par elle, afin que l'exploitation en soit confiée à ceux-là seuls qui ont et les connaissances propres et les facultés nécessaires pour réussir dans de semblables entreprises. La préférence n'est même due au propriétaire du fonds que lorsque toutes choses sont d'ailleurs égales entre lui et ses concurrens.

M. Defermon pense que cependant, lorsque le propriétaire

a obtenu la concession, il doit lui être permis d'en donner l'usufruit comme celui de tout autre bien.

M. Treilhard dit que l'article ne s'applique pas même à ce cas, mais à celui où une mine a été ouverte pendant la durée de l'usufruit.

M. Defermon dit qu'alors il est nécessaire d'en changer la rédaction, afin qu'il n'y ait point de méprise sur l'intention de la loi.

M. Tronchet partage cette opinion; car l'article, dans les termes qu'il est présenté, pourrait introduire l'exclusion absolue de l'usufruitier. Cependant, comme les principes rappelés par M. *Treilhard* doivent être respectés, et qu'en laissant au propriétaire la faculté indéfinie de disposer de l'usufruit de la mine, il serait possible que l'exploitation tombât dans des mains incapables de la diriger, la prudence exige que l'usufruitier ne puisse profiter du don sans l'approbation du gouvernement.

M. Regnaud (de Saint-Jean-d'Angely) dit que déjà les lois et règlemens ont établi les précautions qu'on propose; ils veulent que les héritiers du concessionnaire ne puissent profiter de la concession qu'autant qu'elle leur serait confirmée par le gouvernement, et même qu'en général la concession soit censée révoquée si l'exploitation a été interrompue pendant un temps qu'ils déterminent.

M. Treilhard dit qu'il faut distinguer l'usufruit du fonds où la mine est placée de celui de la concession. On ne peut les confondre que lorsque les terrains sous lesquels la mine s'étend appartiennent au même propriétaire, ce qui est très-rare. L'usufruit de la concession ne doit en effet être déféré qu'avec la confirmation du gouvernement.

L'article est adopté avec cet amendement.

L'article 595 est adopté.

Le § II, *des Obligations de l'usufruitier*, est soumis à la discussion.

L'article 596 est discuté.

M. Regnaud (de Saint-Jean-d'Angely) demande quel serait l'effet de la clause par laquelle un testateur aurait dispensé l'usufruitier de faire inventaire et de donner caution, et déclaré que, dans le cas où l'on voudrait exiger l'accomplissement de ces conditions, il lègue la chose en toute propriété. Un jugement récent du tribunal d'appel de Paris a décidé que, dans ce cas le légataire est néanmoins tenu de faire inventaire, mais aux frais de l'héritier qui le requiert, pour éviter la contestation après le décès dudit légataire, et les embarras d'un inventaire par commune renommée.

M. Treilhard doute que le jugement dont on a parlé ait été précisément rendu dans la même espèce. Il est évident, en effet, qu'une telle clause est valable; car le testateur, qui pouvait d'abord donner la propriété de la chose, peut, à plus forte raison, dispenser son légataire des conditions ordinaires imposées à la jouissance de l'usufruitier, et ordonner que le legs d'usufruit deviendra un legs en toute propriété, si ses intentions ne sont point respectées.

Le Consul Cambacérès dit qu'une telle clause est certainement valable.

M. Maleville ajoute qu'elle est très-fréquente dans les testamens.

L'article est adopté.

Les articles 597 et 598 sont adoptés.

L'article 599 est discuté.

Le Consul Cambacérès trouve qu'il est trop rigoureux de priver l'usufruitier même des meubles nécessaires à son usage, lorsqu'il lui a été impossible de fournir une caution.

M. Treilhard répond que cette rigueur est nécessaire pour la sûreté du propriétaire; qu'au surplus elle ne porte pas préjudice à l'usufruitier, puisqu'il vivra dans l'état où il se trouvait avant la libéralité qui lui a été faite, et qu'il touchera le revenu que produira le prix des meubles.

Le Consul Cambacérès dit que ces considérations peuvent être d'un grand poids lorsque l'usufruit est assis sur un mobilier considérable ; mais qu'il faut surtout calculer l'effet de la disposition par rapport aux petites fortunes. Dans les campagnes, par exemple, un mari laisse à sa femme l'usufruit du peu de meubles qui composaient leur ménage et peut-être tout leur patrimoine : certainement une faible rente ne remplacera pas les avantages que l'usufruitière eût tiré des meubles en nature. Cependant il importe, dans ce cas, de se régler par l'intention du testateur, et de maintenir dans leur réalité les avantages qu'il a entendu procurer.

L'article est adopté avec l'amendement que l'usufruitier qui n'aura pu fournir caution conservera néanmoins en nature les meubles nécessaires à son usage suivant son état et sa condition.

604 à 610   Les articles 600, 601, 602, 603, 604, 605 et 606 sont adoptés.

611   L'article 607 est discuté.

M. Jollivet demande si cet article dispense l'usufruitier d'acquitter la rente constituée sur le fonds.

MM. Tronchet et Treilhard répondent qu'une telle rente est une charge de l'usufruit.

L'article est adopté.

612 à 616   Les articles 608, 609, 610, 611 et 612 sont adoptés.

Le § III, *comment l'Usufruit prend fin*, est soumis à la discussion.

617-618   Les articles 613 et 614 sont adoptés.

619   L'article 615 est discuté.

M. Portalis observe que l'article ne statue pas sur le sort

des créanciers de l'usufruitier. Lorsqu'il y a renonciation de sa part, point de doute qu'ils doivent être admis à réclamer; mais lorsqu'il y a déchéance, il faut ou les écarter, ou faire continuer l'usufruit à leur profit. Il est nécessaire de statuer sur cette question, qui s'est souvent présentée. On disait alors que l'expulsion de l'usufruitier suffisait pour mettre à couvert l'intérêt du propriétaire, mais que, comme elle ne devait pas devenir pour lui un bénéfice, il était juste qu'il payât jusqu'à due concurrence les dettes de l'usufruitier : on répondait, à la vérité, que les créanciers avaient dû prévoir que celui-ci pourrait mal administrer, et, par cette raison, asseoir leur garantie sur des bases plus solides que son usufruit; mais il restait toujours cette grande considération, que la mauvaise administration de l'usufruitier ne doit pas devenir un profit pour le propriétaire.

M. Tronchet dit que l'article distingue la privation totale de l'usufruit à raison de dégradations qui attaquent le fonds même de la chose, de la privation partielle dont l'objet est d'employer le revenu à réparer les dégradations moins importantes : dans l'un et l'autre cas, les créanciers ne peuvent avoir droit que sur les fruits qui ne sont point affectés à l'indemnité du propriétaire.

M. Treilhard dit que les créanciers ne peuvent exercer que les droits de leur débiteur. Il leur est permis d'intervenir et de discuter la demande en extinction d'usufruit formée par le propriétaire, d'offrir des garanties, de demander que la privation de l'usufruit ne soit que partielle ; mais quand la contestation est jugée, soit avec eux, soit sans eux (le propriétaire n'étant point obligé de les appeler), il ne leur reste plus de recours ; ils doivent s'imputer de n'avoir point surveillé l'usufruitier : avec moins de négligence, ils auraient connu la demande du propriétaire et auraient pu intervenir.

Le Consul Cambacérès dit qu'on peut rédiger l'article de manière qu'il ne préjuge rien contre les créanciers, et qu'il laisse aux juges la liberté d'avoir égard aux circonstances ; il suffit d'ajouter : *sans préjudice des droits légitimes des créanciers*. Les circonstances seules doivent décider, car il serait possible qu'un usufruitier présentât de faux créanciers pour conserver sa jouissance sous leur nom.

M. Defermon dit que les intérêts du propriétaire sont suffisamment garantis par la caution que l'usufruitier est tenu de fournir, et par les précautions qui la suppléent; que d'ailleurs son droit à reprendre l'usufruit est éventuel, tandis que celui que l'usufruitier a de le conserver est certain.

Le Consul Cambacérès répond qu'il ne s'agit pas ici de quelques dommages particuliers, résultant de dégradations peu importantes, mais d'empêcher que le propriétaire soit privé de sa chose par une dégradation totale. Une caution ne suffit pas pour lui donner cette dernière garantie : d'abord, elle peut devenir insolvable ; mais, ce qui est bien plus ordinaire, elle contestera sur l'étendue de son engagement.

M. Bigot-Préameneu dit qu'il est possible de pourvoir également à l'intérêt des créanciers et à celui du propriétaire. Le propriétaire n'est pas forcé de les appeler ; le jugement rendu sans eux a toute sa force : mais il semble que, si ensuite ils proposent de réparer les dégradations en indemnité desquelles l'usufruit a été ou aboli ou restreint, l'usufruit doit revivre à leur profit.

M. Maleville observe qu'ils ne seraient plus admissibles après la contestation terminée.

M. Treilhard dit que l'extinction de l'usufruit étant tout à la fois une peine contre l'usufruitier, et une indemnité pour le propriétaire, on ne peut accorder aux créanciers que la faculté d'intervenir et de faire des offres.

L'amendement de M. *Treilhard* est adopté.

L'article 616 est discuté.

La rédaction de cet article est changée ainsi qu'il suit :
L'usufruit qui n'est pas accordé à des particuliers ne dure que trente ans.

Les articles 617, 618, 619, 620 et 621 sont adoptés. 620 à 624

M. Treilhard fait lecture du chapitre II, *de l'Usage et de l'Habitation*.

Les articles 622, 623, 624, 625, 626, 627, 628, 629, 625 à 636 630, 631, 632 et 633, qui composent ce chapitre, sont adoptés.

Le Consul Cambacérès propose de placer également, à la tête du chapitre précédent, la disposition générale énoncée dans l'article 625.

En consacrant le principe que le titre fait loi, et que les dispositions du Code civil ne sont destinées qu'à le suppléer, cette disposition leverait une foule de difficultés, celle, par exemple, qui s'est élevée sur l'effet de la clause qui dispense l'usufruitier de donner caution et de faire inventaire.

Cette proposition est adoptée.

(Procès-verbal de la séance du 4 brumaire an XII. — 27 octobre 1803.)

M. Treilhard présente les titres I, II et III du projet de Code civil, rédigés conformément aux amendemens adoptés dans les séances des 20 et 27 vendémiaire.

Le titre III est ainsi conçu :

TITRE III.

DE L'USUFRUIT, DE L'USAGE ET DE L'HABITATION.

CHAPITRE Ier.

De l'Usufruit.

Art. 571. « L'usufruit est le droit de jouir des choses dont 578
« un autre a la propriété, avec le même avantage que le pro--

« priétaire lui-même, mais à la charge d'en conserver la
« substance. »

579   Art. 572. « L'usufruit est établi par la loi ou par la volonté
« de l'homme : dans ce dernier cas, il se règle par le titre
« qui le constitue. »

580   Art. 573. « L'usufruit peut être établi ou purement, ou
« à certain jour, ou à condition. »

581   Art. 574. « Il peut être établi sur toute espèce de biens
« meubles ou immeubles. »

ap. 581   Art. 575. « Il peut être accordé à tous ceux qui peuvent
« posséder des biens. »

§ Ier.

Des Droits de l'usufruitier.

582   Art. 576. « L'usufruitier a le droit de jouir de toute es-
« pèce de fruits, soit naturels, soit industriels, soit civils,
« que peut produire l'objet dont il a l'usufruit. »

583   Art. 577. « Les fruits naturels sont ceux qui sont le pro-
« duit spontané de la terre. Le produit et le croît des ani-
« maux sont aussi des fruits naturels.

« Les fruits industriels d'un fonds sont ceux qu'on obtient
« par la culture. »

584   Art. 578. « Les fruits civils sont les loyers des maisons,
« les intérêts des sommes exigibles, les arrérages des rentes.

« Les prix des baux à ferme sont aussi rangés dans la classe
« des fruits civils. »

585   Art. 579. « Les fruits naturels et industriels, pendans par
« branches ou par racines, au moment où l'usufruit est ou-
« vert, appartiennent à l'usufruitier.

« Ceux qui sont dans le même état au moment où finit l'u-
« sufruit appartiennent au propriétaire, sans récompense de
« part et d'autre des labours et des semences, mais aussi
« sans préjudice de la portion des fruits qui pourrait être

« acquise au colon partiaire, s'il en existait un au commen-
« cement ou à la cessation de l'usufruit. »

Art. 580. « Les fruits civils sont réputés s'acquérir jour par
« jour, et appartiennent à l'usufruitier à proportion de la
« durée de son usufruit. Cette règle s'applique aux prix des
« baux à ferme, comme aux loyers des maisons et aux autres
« fruits civils. »

Art. 581. « Si l'usufruit comprend des choses dont on ne
« peut faire usage sans les consommer, comme l'argent, les
« grains, les liqueurs, l'usufruitier a le droit de s'en servir,
« mais à la charge d'en rendre de pareille quantité, qualité
« et valeur, ou leur estimation, à la fin de l'usufruit. »

Art. 582. « L'usufruit d'une rente viagère donne aussi à
« l'usufruitier, pendant la durée de son usufruit, le droit
« d'en percevoir les arrérages, sans être tenu à aucune res-
« titution. »

Art. 583. « Si l'usufruit comprend des choses qui, sans se
« consommer de suite, se détériorent peu à peu par l'usage,
« comme du linge, des meubles meublans, l'usufruitier a le
« droit de s'en servir pour l'usage auquel elles sont destinées,
« et n'est obligé de les rendre à la fin de l'usufruit que dans
« l'état où elles se trouvent, non détériorées par son dol ou
« par sa faute. »

Art. 584. « L'usufruit peut être établi sur les animaux : il
« peut être établi sur un seul animal, sur un cheval par
« exemple, ou sur un troupeau entier. »

Art. 585. « L'usufruit comprend les coupes des bois taillis;
« à la charge par l'usufruitier d'observer l'ordre et la quo-
« tité des coupes, conformément à l'aménagement ou à
« l'usage constant des propriétaires; sans indemnité toute-
« fois en faveur de l'usufruitier ou de ses héritiers, pour
« les coupes ordinaires, soit de taillis, soit de baliveaux,
« soit de futaie, qu'il n'aurait pas faites pendant sa jouis-
« sance.

« Les arbres qu'on peut tirer d'une pépinière sans la dé-

« grader font aussi partie de l'usufruit, à la charge par l'u-
« sufruitier de se conformer aux usages des lieux pour le
« remplacement. »

591 Art. 586. « L'usufruitier profite encore, toujours en se con-
« formant aux époques et à l'usage des anciens propriétaires,
« des parties de bois de haute futaie qui ont été mises en
« coupes réglées, soit que ces coupes se fassent périodique-
« ment sur une certaine étendue de terrain, soit qu'elles se
« fassent d'une certaine quantité d'arbres pris indistincte-
« ment sur toute la surface du domaine. »

592 Art. 587. « Dans tous les autres cas, l'usufruitier ne peut
« toucher aux bois de haute futaie ; il peut seulement em-
« ployer, pour faire les réparations dont il est tenu, les ar-
« bres arrachés ou brisés par accident ; il peut même, pour
« cet objet, en faire abattre, s'il est nécessaire, mais à la
« charge d'en faire constater la nécessité avec le propriétaire. »

593 Art. 588. « Il peut prendre dans les bois des échalas pour
« les vignes, suivant l'usage du pays ou la coutume des pro-
« priétaires. »

594 Art. 589. « Les arbres fruitiers qui meurent, ceux même
« qui sont arrachés ou brisés par accident, appartiennent à
« l'usufruitier, à la charge de les remplacer par d'autres. »

595 Art. 590. « L'usufruitier peut jouir par lui-même, donner
« à ferme à un autre, ou même vendre ou céder son droit à
« titre gratuit : s'il donne à ferme, il doit se conformer, pour
« les époques où les baux doivent être renouvelés, et pour
« leur durée, aux règles établies pour le mari, à l'égard des
« biens de la femme, dans le titre *du Contrat de mariage et*
« *des Droits respectifs des époux.* »

596 Art. 591. « L'usufruitier jouit de l'augmentation survenue
« par alluvion à l'objet dont il a l'usufruit. »

597 Art. 592. « Il jouit des droits de servitude, de passage, et
« généralement de tous les droits dont le propriétaire peut
« jouir, et il en jouit comme le propriétaire lui-même. »

598 Art. 593. « Il jouit aussi de la même manière que le pro-

« priétaire des mines et carrières qui sont en exploitation à
« l'ouverture de l'usufruit; et néanmoins, s'il s'agit d'une
« exploitation qui ne puisse être faite sans une concession ,
« l'usufruitier ne pourra en jouir qu'après en avoir obtenu
« la permission du gouvernement.

« Il n'a aucun droit aux mines et carrières non encore ou-
« vertes, ni aux tourbières dont l'exploitation n'est point en-
« core commencée, ni au trésor qui pourrait être découvert
« pendant la durée de l'usufruit. »

Art. 594. « Le propriétaire ne peut, par son fait, ni de
« quelque manière que ce soit, nuire aux droits de l'usu-
« fruitier.

« De son côté, l'usufruitier ne peut, à la cessation de l'u-
« sufruit, réclamer aucune indemnité pour les améliorations
« qu'il prétendrait avoir faites, encore que la valeur de la
« chose en fût augmentée.

« Il peut cependant enlever les glaces, tableaux et autres
« ornemens qu'il aurait fait placer, mais à la charge de ré-
« tablir les lieux dans leur premier état. »

§ II.

Des Obligations de l'usufruitier.

Art. 595. « L'usufruitier ne peut entrer en jouissance qu'a-
« près avoir fait dresser, en présence du propriétaire, ou lui
« dûment appelé, un inventaire des meubles, et un état des
« immeubles sujets à l'usufruit. »

Art. 596. « Il donne caution de jouir en bon père de fa-
« mille, s'il n'en est dispensé par l'acte constitutif de l'usu-
« fruit; cependant les père et mère ayant l'usufruit légal du
« bien de leurs enfans, le vendeur ou le donateur sous ré-
« serve d'usufruit, ne sont pas tenus de donner caution. »

Art. 597. « Si l'usufruitier ne trouve pas de caution, les
« immeubles sont donnés à ferme ou mis en séquestre.

« Les sommes comprises dans l'usufruit sont placées.

« Les denrées sont vendues, et le prix en provenant est « pareillement placé.

« Les intérêts de ces sommes et le prix des fermes appar- « tiennent, dans ce cas, à l'usufruitier. »

603 Art. 598. « A défaut d'une caution de la part de l'usufrui- « tier, le propriétaire peut exiger que les meubles qui dépé- « rissent par l'usage soient vendus pour le prix en être placé « comme celui des denrées, et l'usufruitier jouit de l'intérêt « pendant son usufruit. Cependant l'usufruitier pourra de- « mander, et les juges pourront ordonner, suivant les cir- « constances, qu'une partie des meubles nécessaires pour son « usage lui soit délaissée sous sa simple caution juratoire, « et à la charge de les représenter à l'extinction de l'usu- « fruit. »

604 Art. 599. « Le retard de donner caution ne prive pas l'u- « sufruitier des fruits auxquels il peut avoir droit; ils lui sont « dus du moment où l'usufruit a été ouvert. »

605 Art. 600. « L'usufruitier n'est tenu qu'aux réparations d'en- « tretien.

« Les grosses réparations demeurent à la charge du pro- « priétaire, à moins qu'elles n'aient été occasionées par le « défaut de réparations d'entretien depuis l'ouverture de l'u- « sufruit, auquel cas l'usufruitier en est aussi tenu. »

606 Art. 601. « Les grosses réparations sont celles de la con- « struction des gros murs et des voûtes, du rétablissement « des poutres et des couvertures entières.

« Celui des digues et des murs de soutenement et de clô- « ture aussi en entier.

« Toutes les autres réparations sont d'entretien. »

607 Art. 602. « Ni le propriétaire ni l'usufruitier ne sont tenus « de rebâtir ce qui est tombé de vétusté, ou ce qui a été dé- « truit par cas fortuit. »

608 Art. 603. « L'usufruitier est tenu, pendant sa jouissance, « de toutes les charges annuelles de l'héritage, telles que les

« contributions et autres, qui, dans l'usage, sont censées
« charges des fruits. »

Art. 604. « A l'égard des charges qui peuvent être impo- 609
« sées sur la propriété pendant la durée de l'usufruit, l'u-
« sufruitier et le propriétaire y contribuent ainsi qu'il suit :
« Le propriétaire est obligé de les payer, et l'usufruitier
« doit lui tenir compte des intérêts.

« Si elles sont avancées par l'usufruitier, il a la répétition
« du capital à la fin de l'usufruit. »

Art. 605. « Le legs fait par un testateur d'une rente via- 610
« gère ou pension alimentaire doit être acquitté par le lé-
« gataire universel de l'usufruit, et sans aucune répétition
« de sa part. »

Art. 606. « L'usufruitier à titre particulier n'est pas tenu 611
« des dettes auxquelles le fonds est hypothéqué ; s'il est forcé
« de les payer, il a son recours contre le propriétaire, sauf
« ce qui a été dit au titre des *Donations et Testamens*, ar-
« ticle 309. »

Art. 607. « L'usufruitier à titre universel doit contribuer 612
« avec le propriétaire au paiement des dettes, ainsi qu'il suit :

« On estime la valeur du fonds sujet à usufruit; on fixe en-
« suite la contribution aux dettes, à raison de cette valeur.

« Si l'usufruitier veut avancer la somme pour laquelle le
« fonds doit contribuer, le capital lui en est restitué, à la fin
« de l'usufruit, sans aucun intérêt.

« Si l'usufruitier ne veut pas faire cette avance, le pro-
« priétaire a le choix ou de payer cette somme, et, dans ce
« cas, l'usufruitier lui tient compte des intérêts pendant la
« durée de l'usufruit, ou de faire vendre jusqu'à due con-
« currence une portion des biens soumis à l'usufruit. »

Art. 608. « L'usufruitier n'est tenu que des frais des pro- 613
« cès qui concernent la jouissance, et des autres condamna-
« tions auxquelles ces procès pourraient donner lieu. »

Art. 609. « Si, pendant la durée de l'usufruit, un tiers 614
« commet quelque usurpation sur le fonds, ou attente autre-

« ment aux droits du propriétaire, l'usufruitier est tenu de
« le dénoncer à celui-ci ; faute de ce, il est responsable de
« tout le dommage qui peut en résulter pour le propriétaire,
« comme il le serait de dégradations commises par lui-même. »

615 Art. 610. « Si l'usufruit n'est établi que sur un cheval ou
« autre animal qui vient à périr sans la faute de l'usufruitier,
« celui-ci n'est pas tenu d'en rendre un autre ni d'en payer
« l'estimation. »

616 Art. 611. « Si le troupeau sur lequel un usufruit a été
« établi périt entièrement par accident ou par maladie, et
« sans la faute de l'usufruitier, celui-ci n'est tenu, envers le
« propriétaire, que de lui rendre compte des cuirs ou de leur
« valeur.

« Si le troupeau ne périt pas entièrement, l'usufruitier est
« tenu de remplacer jusqu'à concurrence du croît, les têtes
« des animaux qui ont péri. »

§ III.

Comment l'Usufruit prend fin.

617 Art. 612. « L'usufruit s'éteint par la mort naturelle et par
« la mort civile de l'usufruitier ;

« Par l'expiration du temps pour lequel il a été accordé ;

« Par la consolidation ou la réunion sur la même tête des
« deux qualités d'usufruitier et de propriétaire ;

« Par le non-usage du droit pendant trente ans ;

« Par la perte totale de la chose sur laquelle l'usufruit est
« établi. »

618 Art. 613. « L'usufruit peut aussi s'éteindre par l'abus que
« l'usufruitier fait de sa jouissance, soit en commettant des
« dégradations sur le fonds, soit en le laissant dépérir faute
« d'entretien. »

Ib. Art. 614. « Dans les cas de l'article précédent, les créan-
« ciers de l'usufruitier peuvent intervenir dans les contesta-

« tions, pour la conservation de leurs droits; ils peuvent
« offrir la réparation des dégradations commises et des ga-
« ranties pour l'avenir, et les juges peuvent, suivant la gra-
« vité des circonstances, ou prononcer l'extinction absolue de
« l'usufruit, ou n'ordonner la rentrée du propriétaire dans
« la jouissance de l'objet qui en est grevé, que sous la charge
« de payer annuellement à l'usufruitier, ou à ses ayans-
« cause, une somme déterminée, jusqu'à l'instant où l'usu-
« fruit aurait dû cesser. »

Art. 615. « L'usufruit qui n'est pas accordé à des parti- 619
« culiers ne dure que trente ans. »

Art. 616. « L'usufruit accordé jusqu'à ce qu'un tiers ait 620
« atteint un âge fixe dure jusqu'à cette époque, encore que
« le tiers soit mort avant l'âge fixé. »

Art. 617. « La vente de la chose sujette à usufruit ne fait 621
« aucun changement dans le droit de l'usufruitier; il conti-
« nue de jouir de son usufruit, s'il n'y a pas formellement
« renoncé. »

Art. 618. « Les créanciers de l'usufruitier peuvent faire an- 622
« nuler la renonciation qu'il aurait faite à leur préjudice. »

Art. 619. « Si une partie seulement de la chose soumise à 623
« l'usufruit est détruite, l'usufruit se conserve sur ce qui
« reste. »

Art. 620. « Si l'usufruit n'est établi que sur un bâtiment, 624
« et que ce bâtiment soit détruit par un incendie ou autre
« accident, ou qu'il s'écroule de vétusté, l'usufruitier n'aura
« le droit de jouir ni du sol ni des matériaux.

« Si l'usufruit était établi sur un domaine dont le bâti-
« ment faisait partie, l'usufruitier jouirait du sol et des ma-
« tériaux. »

CHAPITRE II.

De l'Usage et de l'Habitation.

Art. 621. « Les droit d'usage et d'habitation s'établissent 625
« et se perdent de la même manière que l'usufruit. »

626 Art. 622. « On ne peut en jouir sans donner préalablement « caution, et sans faire des états et des inventaires comme « pour un usufruit. »

627 Art. 623. « L'usager et celui qui a un droit d'habitation « doivent jouir en bons pères de famille. »

628 Art. 624. « Les droits d'usage et d'habitation se règlent « par le titre qui les a établis, et reçoivent, d'après ses dis- « positions, plus ou moins d'étendue. »

629 Art. 625. « Si le titre ne s'explique pas sur l'étendue de « ces droits, ils sont réglés ainsi qu'il suit. »

630 Art. 626. « Celui qui a l'usage des fruits d'un fonds ne « peut en exiger qu'autant qu'il lui en faut pour ses besoins « et pour ceux de sa famille.

« Il peut en exiger pour les besoins même des enfans qui « lui sont survenus depuis la concession de l'usage. »

631 Art. 627. « L'usager ne peut céder ni louer son droit à un « autre. »

632 Art. 628. « Celui qui a un droit d'habitation dans une mai- « son peut y demeurer avec sa famille, quand même il n'au- « rait pas été marié à l'époque où ce droit lui a été donné. »

633 Art. 629. « Le droit d'habitation se restreint à ce qui est « nécessaire pour l'habitation de celui à qui ce droit est con- « cédé et de sa famille. »

634 Art. 630. « Le droit d'habitation ne peut être ni cédé ni « loué. »

635 Art. 631. « Si l'usager absorbe tous les fruits du fonds, ou « s'il occupe la totalité de la maison, il est assujéti aux frais « de culture, aux réparations d'entretien, et au paiement des « contributions, comme l'usufruitier.

« S'il ne prend qu'une partie des fruits, ou s'il n'occupe « qu'une partie de la maison, il contribue au prorata de ce « dont il jouit. »

636 Art. 632. « L'usage des bois et forêts est réglé par des lois « particulières. »

M. Treilhard dit qu'il n'arrêtera pas l'attention du Conseil sur quelques changemens légers et de pure rédaction; qu'il se bornera à faire remarquer les changemens plus importans.

Sur l'article 593, il fait observer que la rédaction nouvelle est conforme aux amendemens adoptés dans la séance du 20 vendémiaire.

La rédaction est adoptée.

M. Treilhard ajoute que la section a cru devoir faire une addition à l'article 594, afin de prévenir les difficultés qui pourraient s'élever lors de la cessation de l'usufruit sur les améliorations faites à la chose par l'usufruitier.

Le Consul Cambacérès propose de comprendre textuellement dans la disposition les héritiers de l'usufruitier.

Cet amendement est adopté.

La troisième partie de l'article sera rédigée ainsi : « Il peut « cependant, ou ses héritiers, enlever les glaces, etc. »

M. Treilhard reprend, et dit que la section a réformé les articles 598 et 615, conformément aux observations qui ont été faites.

La rédaction qu'il présente est adoptée.

Le Consul ordonne que le titre qui vient d'être arrêté par le Conseil sera communiqué officieusement, par le secrétaire-général du Conseil d'État, à la section de législation du Tribunat, conformément à l'arrêté du 18 germinal an X.

COMMUNICATION OFFICIEUSE

A LA SECTION DE LÉGISLATION DU TRIBUNAT.

Par suite de cette communication, la section procéda

à l'examen du projet dans les séances du 17 brumaire an XII (9 novembre 1803) et les jours suivans.

TEXTE DES OBSERVATIONS.

Un membre, au nom d'une commission, fait un rapport sur le projet de loi formant le titre III du livre II, *des Biens et des différentes Modifications de la Propriété*.

Lequel projet de loi est intitulé, *de l'Usufruit, de l'Usage et de l'Habitation*.

578 Art. 571. La section propose de substituer à ces mots, *avec le même avantage que le propriétaire lui-même*, ceux-ci, *comme le propriétaire*.

Les expressions employées dans le projet de loi ont paru présenter une trop grande latitude. Il y a plusieurs cas dans lesquels l'usufruitier ne jouit pas *avec le même avantage que le propriétaire lui-même*, et notamment en ce qui concerne les mines, les carrières et les tourbières, et dans les cas encore où l'usufruit n'est établi que sur un bâtiment, et que ce bâtiment soit détruit par un incendie ou autre accident, ou qu'il s'écroule de vétusté ; cas dans lesquels l'usufruitier n'aura le droit de jouir ni du sol ni des matériaux, d'après l'article 620. En sorte qu'il y aurait au moins une apparence de contradiction dans les termes du projet de loi.

Il a paru que ces mots, *comme le propriétaire*, avaient plus d'analogie avec la simple perception des fruits dont il est question dans cet article, et qu'ils ne seraient pas en opposition avec les dispositions suivantes.

Il y a encore une autre raison à l'appui du changement proposé : c'est que l'usufruitier doit participer comme le propriétaire aux charges de la propriété ; et sous ce rapport, il s'agit de *désavantages*, et non d'*avantages*. L'idée est remplie par les mots *comme le propriétaire*.

Art. 572. La section vote la suppression de la seconde partie de l'article, *dans ce dernier cas, il se règle par le titre qui le constitue.*

Tout ce qu'on a voulu dire dans cette seconde partie de l'article se trouve dans la première, qui porte, *l'usufruit est établi par la loi ou par la volonté de l'homme.*

D'ailleurs, si la seconde partie de l'article subsistait, elle laisserait quelque chose à désirer. On y suppose non seulement que le titre établit l'usufruit, mais encore qu'il le règle. Mais il peut l'établir sans le régler ou le modifier ; et dans le cas d'un simple établissement par titre, il faudrait dire que l'usufruit est réglé par la loi. Or, tout cela est de droit, et résulte suffisamment de la première partie seule.

Art. 575. « La section vote la suppression de cet article entier, ainsi conçu : *Il peut être accordé à tous ceux qui peuvent posséder des biens.*

Il est d'abord inutile, d'après le principe général, de dire que ceux qui sont incapables de recevoir le sont pour un usufruit comme pour une propriété.

Ensuite il peut donner lieu à des inconvéniens. On peut citer pour exemple le cas où un mort civilement ne recevrait pas un usufruit, mais disposerait des immeubles qu'il aurait acquis dans son état de mort civile. Il aurait droit de les vendre, et il pourrait par conséquent s'en réserver l'usufruit. On pourrait abuser de cet article pour soutenir la négative.

De plus, en laissant cet article, il faudrait le répéter pour l'usage et l'habitation.

Il semble plus convenable de s'en tenir aux principes déjà établis au titre *de la Jouissance et de la Privation des droits civils.*

Art. 579. La section propose de dire, dans la seconde partie de cet article, *sans récompense de part ni d'autre*, au lieu de *sans récompense de part et d'autre.*

Art. 584. La section propose la suppression de cet article.

Ses dispositions sont parfaitement comprises dans celles des articles 574, 577, 610 et 611.

Art. 585. La section propose de rédiger la première partie de cet article ainsi qu'il suit :

« Si l'usufruit comprend des bois taillis, l'usufruitier est « tenu d'observer l'ordre, etc. »

En laissant subsister le reste de cette première partie.

Le mode de rédaction proposé est plus conforme à celui des articles précédens. D'ailleurs il laisse supposer, ainsi que cela doit être, d'après ce qui est déjà établi, que les coupes de bois taillis, ainsi que tout ce qui est produit, sont dans les fruits.

Par les mêmes raisons, la section propose de rédiger la seconde partie de l'article ainsi qu'il suit :

« Les arbres qu'on peut tirer d'une pépinière sans la dé- « grader ne font aussi partie de l'usufruit qu'à la charge par « l'usufruitier, etc. »

Art. 587. La section propose de dire, *dans tous les autres cas, l'usufruitier ne peut toucher aux arbres de haute futaie*, au lieu de *aux bois de haute futaie*.

Le reste de l'article devant subsister.

L'objet de ce changement est de comprendre dans l'article non seulement les bois proprement dits de haute futaie, mais encore les arbres qui peuvent leur être assimilés, tels que ceux d'avenues, d'ornement, ou épars, pour lesquels le projet de loi présentait une lacune.

Art. 588. La section propose de substituer à la rédaction de cet article celle qui suit :

« Il peut prendre dans les bois des échalas pour les vignes ; « il peut aussi prendre sur les arbres des produits annuels « ou périodiques; le tout suivant l'usage du pays ou la cou- « tume des propriétaires. »

La rédaction proposée aura le double avantage de comprendre le droit de prendre des échalas dans les bois, si tel est l'usage du pays, et celui de prendre les produits annuels ou périodiques de certains arbres qui ne sont ni bois de futaie ni bois taillis, tels que les saules, peupliers, aunes, bouleaux, bois de liége, etc., pour lesquels le projet de loi présentait aussi une lacune.

Art. 595. La section propose de dire :
« L'usufruitier prend les choses dans l'état où elles sont;
« mais il ne peut entrer en jouissance, etc. »
Le surplus de l'article devant subsister.

Il paraît nécessaire d'annoncer que c'est seulement pour établir l'état des lieux, et pour les laisser de même, que l'usufruitier doit faire dresser procès-verbal ; mais qu'il ne peut s'en servir dans la vue d'aucune répétition contre le propriétaire.

Art. 598. La section propose de dire, *et alors l'usufruitier jouit; et les juges.* L'omission des mots *alors* et *les* ne paraissant être qu'une faute typographique.

Art. 601. La section propose de s'exprimer ainsi :
« Les grosses réparations sont celles des gros murs et des
« voûtes, le rétablissement des poutres et des couvertures
« entières, etc. »
Le reste de l'article devant subsister.

Cette rédaction, qui est conforme à l'article 262 de la coutume de Paris, paraît plus exacte.

En disant, comme dans l'article du projet de loi, « les
« grosses réparations sont celles de la construction des gros
« murs et des voûtes, etc., » on pourrait en induire que ces grosses réparations ne consistent que dans la construction entière des gros murs et des voûtes, etc. Cependant il peut être question de les réparer ou reprendre en partie sans les reconstruire entièrement, et ces réparations doivent être mises au nombre de celles qui sont à la charge du propriétaire, comme tendant à maintenir l'objet dans son état naturel.

Art. 605. La section propose de substituer à cet article la rédaction suivante :

« Le legs fait par un testateur d'une rente viagère ou pension « alimentaire doit être acquitté par le légataire universel de « l'usufruit dans son intégrité, et par le légataire à titre uni- « versel de l'usufruit à proportion de sa jouissance, sans au- « cune restitution de leurs parts. »

Il ne suffit pas de parler des charges, dans ce cas, du légataire universel ; il faut rapporter aussi celles du légataire à titre universel. Il doit contribuer en proportion de la quotité dont il a l'usufruit. Cette disposition est d'ailleurs conforme à ce qui est dit à ce sujet au titre *des Donations et Testamens*.

612 . Art. 607. Par la même raison, la section propose de dire *l'usufruitier universel, ou à titre universel*, au lieu de dire seulement *l'usufruitier à titre universel*.

Il est essentiel de maintenir toujours la distinction des trois sortes de legs établie au titre *des Donations et des Testamens*, savoir, le legs universel, le legs à titre universel et le legs à titre particulier.

615 Art. 610. La section propose de dire :
« Si l'usufruit n'est établi que sur un animal qui vient à « périr, etc. »

L'exemple de l'usufruit *sur un cheval* paraît inutile.

618-619 Art. 613 et 614. La section propose de refondre ces deux articles en un seul qui serait ainsi conçu :

« L'usufruit peut aussi cesser par l'abus que l'usufruitier « fait de sa jouissance, soit en commettant des dégradations « sur le fonds, soit en le laissant dépérir faute d'entretien.

« Les créanciers de l'usufruitier peuvent intervenir dans « les contestations pour la conservation de leurs droits. Ils « peuvent offrir la réparation des dégradations commises, et « des garanties pour l'avenir.

« Les juges peuvent, suivant la gravité des circonstances, « ou prononcer l'extinction absolue de l'usufruit, etc. »

Avec le paragraphe second de l'article du projet.

Voici l'objet de ce changement :

En laissant subsister les deux articles du projet de loi, il pourrait en résulter que les juges ne devraient avoir la liberté de substituer une pension annuelle en faveur de l'usufruitier, et pour sa vie, que dans le seul cas où les créanciers interviendraient pour la conservation de leurs droits. L'article 613, restant tel qu'il est, paraîtrait exclure cette faculté à l'égard de l'usufruitier, quand il n'y aurait pas le concours des créanciers ; et l'article 614 ne paraîtrait faire une exception que dans le seul cas de ce concours.

Cependant l'intention des auteurs du projet paraît être que cette faculté existe dans tous les cas. Telle est aussi l'opinion de la section, et ce but est plus sûrement rempli par la rédaction proposée.

Art. 622. La section propose de dire : « On ne peut en « jouir, comme dans le cas de l'usufruit, sans donner préa- « lablement caution, et sans faire des états et inventaires. »

La rédaction du projet de loi présente une difficulté, qui est de savoir si ces termes, *comme pour un usufruit*, qui sont à la fin, se rapportent à la nécessité de donner caution, ou seulement à la nécessité de faire des états et des inventaires.

La rédaction proposée fait disparaître toute équivoque.

Une conférence eut lieu entre la section de législation du Tribunat et celle du Conseil d'État, pour s'entendre sur les changemens proposés.

RÉDACTION DÉFINITIVE DU CONSEIL D'ÉTAT.

(Procès-verbal de la séance du 14 nivose an XII. — 5 janvier 1804.)

M. TREILHARD rend compte des observations sur le titre *de l'Usufruit, de l'Usage et de l'Habitation.*

Il dit que ces observations n'ont porté que sur de légers changemens de rédaction que la section a adoptés.

M. *Treilhard* présente ensuite la rédaction définitive de ce titre.

Le Conseil l'adopte sans discussion.

Elle elle ainsi conçue :

TITRE III.

DE L'USUFRUIT, DE L'USAGE ET DE L'HABITATION.

CHAPITRE Ier.

De l'Usufruit.

578   Art. 571. « L'usufruit est le droit de jouir des choses dont « un autre a la propriété, comme le propriétaire lui-même, « mais à la charge d'en conserver la substance. »

579   Art. 572. « L'usufruit est établi par la loi ou par la volonté « de l'homme. »

580   Art. 573. « L'usufruit peut être établi ou purement, ou à « certain jour, ou à condition. »

581   Art. 574. « Il peut être établi sur toute espèce de biens « meubles ou immeubles. »

§ Ier.

Des Droits de l'usufruitier.

582   Art. 575. « L'usufruitier a le droit de jouir de toute es-« pèce de fruits, soit naturels, soit industriels, soit civils, « que peut produire l'objet dont il a l'usufruit. »

Art. 576. « Les fruits naturels sont ceux qui sont le pro- 583
« duit spontané de la terre. Le produit et le croît des ani-
« maux sont aussi des fruits naturels.

« Les fruits industriels d'un fonds sont ceux qu'on obtient
« par la culture. »

Art. 577. « Les fruits civils sont les loyers des maisons, les 584
« intérêts des sommes exigibles, les arrérages des rentes.

« Les prix des baux à ferme sont aussi rangés dans la
« classe des fruits civils. »

Art. 578. « Les fruits naturels et industriels, pendans par 585
« branches ou par racines au moment où l'usufruit est ou-
« vert, appartiennent à l'usufruitier.

« Ceux qui sont dans le même état au moment où finit
« l'usufruit appartiennent au propriétaire, sans récompense
« de part ni d'autre des labours et des semences, mais aussi
« sans préjudice de la portion des fruits qui pourrait être
« acquise au colon partiaire, s'il en existait un au commence-
« ment ou à la cessation de l'usufruit. »

Art. 579. « Les fruits civils sont réputés s'acquérir jour 586
« par jour, et appartiennent à l'usufruitier, à proportion de
« la durée de son usufruit. Cette règle s'applique au prix des
« baux à ferme, comme aux loyers des maisons et aux au-
« tres fruits civils. »

Art. 580. « Si l'usufruit comprend des choses dont on ne 587
« peut faire usage sans les consommer, comme l'argent,
« les grains, les liqueurs, l'usufruitier, a le droit de s'en
« servir, mais à la charge d'en rendre de pareille quan-
« tité, qualité et valeur, ou leur estimation, à la fin de
« l'usufruit. »

Art. 581. « L'usufruit d'une rente viagère donne aussi à 588
« l'usufruitier, pendant la durée de son usufruit le droit
« d'en percevoir les arrérages, sans être tenu à aucune res-
« titution. »

Art. 582. « Si l'usufruit comprend des choses qui, sans se 589
« consommer de suite, se détériorent peu à peu par l'usage,

« comme du linge, des meubles meublans, l'usufruitier a le
« droit de s'en servir pour l'usage auquel elles sont destinées,
« et n'est obligé de les rendre, à la fin de l'usufruit, que
« dans l'état où elles se trouvent, non détériorées par son
« dol ou par sa faute. »

590 Art. 583. « Si l'usufruit comprend des bois taillis, l'usu-
« fruitier est tenu d'observer l'ordre et la quotité des coupes,
« conformément à l'aménagement ou à l'usage constant des
« propriétaires ; sans indemnité toutefois, en faveur de l'usu-
« fruitier ou de ses héritiers, pour les coupes ordinaires, soit
« de taillis, soit de baliveaux, soit de futaie, qu'il n'aurait pas
« faites pendant sa jouissance.

« Les arbres qu'on peut tirer d'une pépinière sans la dé-
« grader ne font aussi partie de l'usufruit qu'à la charge,
« par l'usufruitier, de se conformer aux usages des lieux
« pour le remplacement. »

591 Art. 584. « L'usufruitier profite encore, toujours en se
« conformant aux époques et à l'usage des anciens proprié-
« taires, des parties de bois de haute futaie qui ont été mises
« en coupes réglées, soit que ces coupes se fassent périodi-
« quement sur une certaine étendue de terrain, soit qu'elles
« se fassent d'une certaine quantité d'arbres pris indistincte-
« ment sur toute la surface du domaine. »

592 Art. 585. « Dans tous les autres cas, l'usufruitier ne peut
« toucher aux arbres de haute futaie : il peut seulement em-
« ployer, pour faire les réparations dont il est tenu, les ar-
« bres arrachés ou brisés par accident ; il peut même, pour
« cet objet, en faire abattre, s'il est nécessaire, mais à la
« charge d'en faire constater la nécessité avec le propriétaire. »

593 Art. 586. « Il peut prendre dans les bois des échalas pour
« les vignes ; il peut aussi prendre sur les arbres des produits
« annuels ou périodiques : le tout suivant l'usage du pays ou
« la coutume des propriétaires. »

594 Art. 587. « Les arbres fruitiers qui meurent, ceux même
« qui sont arrachés ou brisés par accident, appartiennent à

« l'usufruitier, à la charge de les remplacer par d'autres. »

Art. 588. « L'usufruitier peut jouir par lui-même, donner
« à ferme à un autre, ou même vendre ou céder son droit à
« titre gratuit. S'il donne à ferme, il doit se conformer, pour
« les époques où les baux doivent être renouvelés et pour
« leur durée, aux règles établies pour le mari à l'égard des
« biens de la femme dans le titre *du Contrat de mariage et des*
« *Droits respectifs des époux.* »

Art. 589. « L'usufruitier jouit de l'augmentation survenue
« par alluvion à l'objet dont il a l'usufruit. »

Art. 590. « Il jouit des droits de servitude, de passage, et
« généralement de tous les droits dont le propriétaire peut
« jouir, et il en jouit comme le propriétaire lui-même. »

Art. 591. « Il jouit aussi, de la même manière que le pro-
« priétaire, des mines et carrières qui sont en exploitation à
« l'ouverture de l'usufruit; et néanmoins, s'il s'agit d'une
« exploitation qui ne puisse être faite sans une concession,
« l'usufruitier ne pourra en jouir qu'après en avoir obtenu la
« permission du gouvernement.

« Il n'a aucun droit aux mines et carrières non encore
« ouvertes, ni aux tourbières dont l'exploitation n'est point
« encore commencée, ni au trésor qui pourrait être découvert
« pendant la durée de l'usufruit. »

Art. 592. « Le propriétaire ne peut par son fait, ni de
« quelque manière que ce soit, nuire aux droits de l'usu-
« fruitier.

« De son côté, l'usufruitier ne peut, à la cessation de l'usu-
« fruit, réclamer aucune indemnité pour les améliorations
« qu'il prétendrait avoir faites, encore que la valeur de la
« chose en fût augmentée.

« Il peut cependant, ou ses héritiers, enlever les glaces,
« tableaux et autres ornemens qu'il aurait fait placer, mais à
« la charge de rétablir les lieux dans leur premier état. »

§ II.

Des Obligations de l'usufruitier.

600   Art. 593. « L'usufruitier prend les choses dans l'état où « elles sont ; mais il ne peut entrer en jouissance qu'après « avoir fait dresser, en présence du propriétaire, ou lui dû- « ment appelé, un inventaire des meubles et un état des im- « meubles sujets à l'usufruit. »

601   Art. 594. « Il donne caution de jouir en bon père de fa- « mille, s'il n'en est dispensé par l'acte constitutif de l'usu- « fruit : cependant les père et mère ayant l'usufruit légal du « bien de leurs enfans, le vendeur ou le donateur sous ré- « serve d'usufruit, ne sont pas tenus de donner caution. »

602   Art. 595. « Si l'usufruitier ne trouve pas de caution, les im- « meubles sont donnés à ferme ou mis en séquestre ;

« Les sommes comprises dans l'usufruit sont placées ;

« Les denrées sont vendues, et le prix en provenant est pa- « reillement placé ;

« Les intérêts de ces sommes et les prix des fermes appar- « tiennent, dans ce cas, à l'usufruitier. »

603   Art. 596. « A défaut d'une caution de la part de l'usufrui- « tier, le propriétaire peut exiger que les meubles qui dépé- « rissent par l'usage soient vendus, pour le prix en être placé « comme celui des denrées ; et alors l'usufruitier jouit de « l'intérêt pendant son usufruit : cependant l'usufruitier « pourra demander et les juges pourront ordonner, suivant « les circonstances, qu'une partie des meubles nécessaires « pour son usage lui soit délaissée sous la simple caution ju- « ratoire, et à la charge de les représenter à l'extinction de « l'usufruit. »

604   Art. 597. « Le retard de donner caution ne prive pas l'u- « sufruitier des fruits auxquels il peut avoir droit ; ils lui sont « dus du moment où l'usufruit a été ouvert. »

Art. 598. « L'usufruitier n'est tenu qu'aux réparations d'en-
« tretien.

« Les grosses réparations demeurent à la charge du pro-
« priétaire, à moins qu'elles n'aient été occasionées par le
« défaut de réparations d'entretien, depuis l'ouverture de
« l'usufruit, auquel cas l'usufruitier en est aussi tenu. »

Art. 599. « Les grosses réparations sont celles des gros murs
« et des voûtes, le rétablissement des poutres et des couver-
« tures entières ;

« Celui des digues et des murs de soutenement et de clô-
« ture aussi en entier.

« Toutes les autres réparations sont d'entretien. »

Art. 600. « Ni le propriétaire, ni l'usufruitier, ne sont te-
« nus de rebâtir ce qui est tombé de vétusté, ou ce qui a été
« détruit par cas fortuit. »

Art. 601. « L'usufruitier est tenu, pendant sa jouissance,
« de toutes les charges annuelles de l'héritage, telles que les
« contributions et autres, qui dans l'usage sont censées charges
« des fruits. »

Art. 602. « A l'égard des charges qui peuvent être impo-
« sées sur la propriété pendant la durée de l'usufruit, l'usu-
« fruitier et le propriétaire y contribuent ainsi qu'il suit :

« Le propriétaire est obligé de les payer, et l'usufruitier
« doit lui tenir compte des intérêts.

« Si elles sont avancées par l'usufruitier, il a la répétition
« du capital à la fin de l'usufruit. »

Art. 603. « Le legs fait par un testateur d'une rente via-
« gère ou pension alimentaire doit être acquitté par le léga-
« taire universel de l'usufruit dans son intégrité, et par
« le légataire à titre universel de l'usufruit dans la pro-
« portion de sa jouissance, sans aucune répétition de leur
« part. »

Art. 604. « L'usufruitier à titre particulier n'est pas tenu
« des dettes auxquelles le fonds est hypothéqué ; s'il est forcé
« de les payer, il a son recours contre le propriétaire, sauf

« ce qui a été dit au titre *des Donations et Testamens*, ar-
« ticle 309. »

611 Art. 605. « L'usufruitier, ou universel, ou à titre univer-
« sel, doit contribuer avec le propriétaire au paiement des
« dettes, ainsi qu'il suit :

« On estime la valeur du fonds sujet à usufruit; on fixe
« ensuite la contribution aux dettes à raison de cette valeur.

« Si l'usufruitier veut avancer la somme pour laquelle le
« fonds doit contribuer, le capital lui en est restitué à la fin
« de l'usufruit, sans aucun intérêt.

« Si l'usufruitier ne veut pas faire cette avance, le proprié-
« taire a le choix ou de payer cette somme, et dans ce cas
« l'usufruitier lui tient compte des intérêts pendant la durée
« de l'usufruit, ou de faire vendre jusqu'à due concurrence
« une portion des biens soumis à l'usufruit. »

613 Art. 606. « L'usufruitier n'est tenu que des frais des procès
« qui concernent la jouissance, et des autres condamnations
« auxquelles ces procès pourraient donner lieu. »

614 Art. 607. « Si pendant la durée de l'usufruit un tiers commet
« quelque usurpation sur le fonds, ou attente autrement aux
« droits du propriétaire, l'usufruitier est tenu de le dénoncer
« à celui-ci ; faute de ce, il est responsable de tout le dom-
« mage qui peut en résulter pour le propriétaire, comme il
« le serait de dégradations commises par lui-même. »

615 Art. 608. « Si l'usufruit n'est établi que sur un animal qui
« vient à périr sans la faute de l'usufruitier, celui-ci n'est
« pas tenu d'en rendre un autre ni d'en payer l'estimation. »

616 Art. 609. « Si le troupeau sur lequel un usufruit a été éta-
« bli périt entièrement par accident ou par maladie, et sans
« la faute de l'usufruitier, celui-ci n'est tenu envers le pro-
« priétaire que de lui rendre compte des cuirs ou de leur
« valeur.

« Si le troupeau ne périt pas entièrement l'usufruitier est
« tenu de remplacer, jusqu'à concurrence du croît, les têtes
« des animaux qui ont péri. »

§ III.

Comment l'usufruit prend fin.

Art. 610. « L'usufruit s'éteint par la mort naturelle et par la mort civile de l'usufruitier ;

« Par l'expiration du temps pour lequel il a été accordé ;

« Par la consolidation ou réunion sur la même tête des deux qualités d'usufruitier et de propriétaire ;

« Par le non usage du droit pendant trente ans ;

« Par la perte totale de la chose sur laquelle l'usufruit est établi. »

Art. 611. « L'usufruit peut aussi cesser par l'abus que l'usufruitier fait de sa jouissance, soit en commettant des dégradations sur le fonds, soit en le laissant dépérir faute d'entretien.

« Les créanciers de l'usufruitier peuvent intervenir dans les contestations, pour la conservation de leurs droits ; ils peuvent offrir la réparation des dégradations commises, et des garanties pour l'avenir.

« Les juges peuvent, suivant la gravité des circonstances, ou prononcer l'extinction absolue de l'usufruit, ou n'ordonner la rentrée du propriétaire dans la jouissance de l'objet qui en est grevé, que sous la charge de payer annuellement à l'usufruitier, ou à ses ayans-cause, une somme déterminée, jusqu'à l'instant où l'usufruit aurait dû cesser. »

Art. 612. « L'usufruit qui n'est pas accordé à des particuliers ne dure que trente ans. »

Art. 613. « L'usufruit accordé jusqu'à ce qu'un tiers ait atteint un âge fixe dure jusqu'à cette époque, encore que le tiers soit mort avant l'âge fixé. »

Art. 614. « La vente de la chose sujette à usufruit ne fait aucun changement dans le droit de l'usufruitier ; il con-

210

« tinue de jouir de son usufruit, s'il n'y a pas formellement
« renoncé. »

622. Art. 615. « Les créanciers de l'usufruitier peuvent faire
« annuler la renonciation qu'il aurait faite à leur préjudice. »

623. Art. 616. « Si une partie seulement de la chose soumise à
« l'usufruit est détruite, l'usufruit se conserve sur ce qui
« reste. »

624. Art. 617. « Si l'usufruit n'est établi que sur un bâtiment,
« et que ce bâtiment soit détruit par un incendie ou autre
« accident, ou qu'il s'écroule de vétusté, l'usufruitier n'aura
« le droit de jouir ni du sol ni des matériaux.

« Si l'usufruit était établi sur un domaine dont le bâtiment
« faisait partie, l'usufruitier jouirait du sol et des maté-
« riaux. »

CHAPITRE II.

De l'Usage et de l'Habitation.

625. Art. 618. « Les droits d'usage et d'habitation s'établissent
« et se perdent de la même manière que l'usufruit. »

626. Art. 619. « On ne peut en jouir, comme dans le cas de
« l'usufruit, sans donner préalablement caution, et sans
« faire des états et inventaires. »

627. Art. 620. « L'usager et celui qui a un droit d'habitation
« doivent jouir en bons pères de famille. »

628. Art. 621. « Les droits d'usage et d'habitation se règlent par
« le titre qui les a établis, et reçoivent, d'après ses disposi-
« tions, plus ou moins d'étendue. »

629. Art. 622. Si le titre ne s'explique pas sur l'étendue de ces
« droits, ils sont réglés ainsi qu'il suit. »

630. Art. 623. « Celui qui a l'usage des fruits d'un fonds ne
« peut en exiger qu'autant qu'il lui en faut pour ses besoins
« et ceux de sa famille.

« Il peut en exiger pour les besoins même des enfans qui
« lui sont survenus depuis la concession de l'usage. »

Art. 624. « L'usager ne peut céder ni louer son droit à un 631
« autre. »

Art. 625. « Celui qui a un droit d'habitation dans une 632
« maison peut y demeurer avec sa famille, quand même il
« n'aurait pas été marié à l'époque où ce droit lui a été
« donné. »

Art. 626. « Le droit d'habitation se restreint à ce qui est 633
« nécessaire pour l'habitation de celui à qui ce droit est con-
« cédé, et de sa famille. »

Art. 627. « Le droit d'habitation ne peut être ni cédé ni 634
« loué. »

Art. 628. « Si l'usager absorbe tous les fruits du fonds, ou 635
« s'il occupe la totalité de la maison, il est assujéti aux frais
« de culture, aux réparations d'entretien, et au paiement
« des contributions comme l'usufruitier.

« S'il ne prend qu'une partie des fruits, ou s'il n'occupe
« qu'une partie de la maison, il contribue au prorata de ce
« dont il jouit. »

Art. 629. « L'usage des bois et forêts est réglé par des lois 636
« particulières. »

M. Galli fut nommé avec MM. Treilhard et Bérenger pour présenter le projet ayant pour titre *de l'Usufruit, de l'Usage et de l'Habitation*, au Corps législatif, dans sa séance du 28 nivose an XII (19 janvier 1804), et pour en soutenir la discussion dans celle du 9 pluviose.

PRÉSENTATION AU CORPS LÉGISLATIF,

ET EXPOSÉ DES MOTIFS, PAR M. GALLI.

Législateurs, nous venons vous présenter, au nom du gouvernement, le titre *de l'Usufruit, de l'Usage et de l'Habitation*, qui est le IIIe du livre II du projet de Code civil.

Ce titre est divisé en deux chapitres :

Le premier concerne *l'usufruit;*

Le deuxième, *l'usage et l'habitation.*

On commence, dans le Ier, par définir ce que c'est que l'*usufruit.* C'est *le droit de jouir des choses dont un autre a la propriété, comme le propriétaire lui-même, mais à la charge d'en conserver la substance.*

Quelque difficile que puisse être toute définition (a), et quoiqu'il soit très-dangereux d'en insérer dans un corps de lois, cependant, comme le Code civil ne contient pas seulement des règles pour les juges, mais aussi des instructions pour chaque citoyen, il est bon d'en trouver quelques-unes brièves et précises, qui, éclairant les juges et les parties en même temps, dissipent toute incertitude et ne laissent aucune ressource à la chicane.

Aussi ne définit-on pas l'*usufruit*, comme d'autres l'ont défini (b), *le droit de jouir d'une chose dont on n'est pas le propriétaire, la conservant entière et sans la détériorer ni la diminuer.* Ces dernières paroles auraient emporté l'exclusion des choses qui se consomment par l'usage ou qui se détériorent, et desquelles cependant on peut avoir l'usufruit, sous le nom d'*usufruit impropre*, comme s'expriment les praticiens, ou de *quasi usufructus*, comme le dit formellement le texte dans les

---

(a) L. 202, ff. *de Regulis juris.*
(b) *Domat*, liv. I, titre II, *de l'Usufruit*, § 1.

DE L'USUFRUIT, DE L'USAGE, etc.   213

Institutes (a); et ce, par suite de la règle générale, que l'usufruit peut s'établir sur toutes les choses qui sont en notre patrimoine (b), soit qu'elles se conservent, soit qu'elles se détériorent, soit qu'elles se consomment.

Voilà pourquoi, dans ce Code, on a préféré l'expression de la loi romaine (c), *salva rerum substantia.*

Et c'est pour la même raison qu'on déclare, article 574, que *l'usufruit peut être établi sur* toute espèce *de biens meubles ou immeubles*, et par conséquent sur ces choses aussi qui se consomment par l'usage ou qui se détériorent.

L'article 572 décide que *l'usufruit est établi par la loi ou par la volonté de l'homme.*

Par la loi, tel que l'ufruit légal, appartenant aux père et mère sur le bien de leurs enfans, dont il est parlé à l'article 594 ;

Par la volonté de l'homme, tel que celui qui est porté par un testament, par un contrat. C'est cet usufruit qui nous procure, qui nous facilite des libéralités, des actes de bienfaisance et de gratitude. C'est par le moyen de cet usufruit que des transactions les plus épineuses quelquefois se combinent, que les acquisitions les plus importantes et les plus difficiles se font ; c'est par lui que les époux se rendent mutuellement les derniers témoignages de leur amour et de leur tendresse.

Les fruits civils sont réputés, dit l'article 579, *s'acquérir jour par jour, et appartiennent à l'usufruitier, à proportion de la durée de son usufruit.*

L'article applique ensuite cette règle au prix des baux à ferme, comme aux loyers des maisons et aux autres fruits civils, dans la classe desquels l'article 577 range le prix des baux à ferme.

Cette application fait cesser toutes les questions qui s'agi-

---

(a) § II. *De Usufr.*
(b) L. 1. *De Usufr. juncto.* § II. Inst. *de Usufr.*
(c) *In lege prima,* ff. *de Usufr,*

taient autrefois, entre le propriétaire et l'héritier de l'usufruitier, sur le mode de répartir un prix qui, représentant des fruits naturels, paraissait devoir suivre la nature de ceux-ci, et non celle des autres.

590. A l'égard des arbres qu'on peut tirer d'une pépinière, il est dit, article 583, que l'on se conformera aux usages des lieux pour leur remplacement.

593. Quant aux échalas pour les vignes, qu'on peut prendre dans les bois, et quant aux produits annuels ou périodiques, qu'on peut prendre sur les arbres, l'article 586 statue que l'on doit suivre l'usage du pays ou la coutume du propriétaire.

Vous voyez par là, législateurs, respectées et maintenues, partout où il le faut, les habitudes, les coutumes des peuples.

Cette excellente partie de la législation est également due aux sages réflexions des rédacteurs du projet de Code civil, puisqu'ils avaient, dans leur discours préliminaire, manifesté le désir qu'il y eût *une tradition suivie d'usages, de maximes et de règles, afin que l'on fût en quelque sorte nécessité à juger aujourd'hui comme on a jugé hier* (a).

602. A l'article 595, il est dit que *si l'usufruitier ne trouve pas de caution, les immeubles sont donnés à ferme ou mis en séquestre;*

Les sommes comprises dans l'usufruit sont placées;

Les denrées sont vendues, et le prix en provenant est pareillement placé;

Les intérêts de ces sommes et les prix des fermes appartiennent, dans ce cas, à l'usufruitier.

Cette jurisprudence est bien plus judicieuse, bien plus mûrie que celle de ces pays où il est dit que, si l'usufruitier, par sa pauvreté, par son impuissance, ou parce qu'il est étranger, ne trouve point de caution, l'on doit alors s'en tenir à

(a) Projet du Code, page 22 du discours préliminaire. (Édit. in-4°.)

la caution juratoire. Mais cette caution juratoire serait-elle aussi satisfaisante pour le propriétaire? Cette caution, qui n'est que de paroles, pourrait-elle valoir au propriétaire autant que lui valent les moyens ci-dessus prescrits?

Néanmoins, s'il est juste de n'admettre aucune caution juratoire dans le cas énoncé, il est également conforme à la justice et aux principes d'une équitable commisération de l'avoir adoptée dans le cas de l'article 596, où il est précisément dit que *l'usufruitier peut demander, et les juges peuvent accorder, suivant les circonstances, qu'une partie des meubles nécessaires pour son usage lui soit délaissée sous sa simple caution juratoire*.

L'article 612 dispose que *l'usufruit qui n'est pas accordé à des particuliers ne dure que trente ans*.

On n'a pas adopté ici l'opinion du texte romain (a) : *Placuit centum annis tuendos esse municipes*.

A la vérité, on ne pourrait trouver bien solide la raison qui y est alléguée, *quia is finis vitæ longævi hominis est*.

Comment! parce qu'un homme peut vivre cent ans, il faudra décerner l'usufruit aussi pour cent ans à une ville ou autre communauté! Je ne comprends pas la conséquence de ce principe : mais je comprends bien la doctrine de l'immortel *Domat*, qui lui-même devança l'opinion de notre Code, et n'eut pas de peine à dire qu'il y aurait eu bien plus de raison de fixer cet usufruit à trente années seulement (b).

Vous verrez, législateurs, qu'après avoir donné avec beaucoup de précision la définition de l'usufruit, après en avoir expliqué la nature, après avoir dit comment et sur quelle chose il peut s'établir, on est passé de suite, articles 575 et suivans, aux droits de l'usufruitier, sans s'occuper des autres distinctions que des interprètes des siècles passés avaient inventées, en les exprimant par des locutions étrangères au

---

(a) L. 8, ff. *de Usufr. et Usufr. legato*. L. *An. Usufr.* 56, *ff. de Usufr.*
(b) *Titre XI, de l'Usufruit*, in fine.

texte et vraiment barbares, telles que celle-ci : *Inter usumfructum causalem et usumfructum formalem;* sous le prétexte qu'elles étaient plus propres à l'intelligence des anciens jurisconsultes, tandis qu'au contraire, il n'en est résulté que de grandes disputes aux écoles et mille procès à la postérité.

Je finis, législateurs, par vous prier de quelque indulgence pour moi, si je vous ai entretenu plus qu'il ne fallait du droit romain : je suis né en Italie, d'où il tire son origine, où les *Pandectes* ont été retrouvées, où ses maximes triomphent, et où il faisait notre droit commun.

Il n'est pas surprenant que j'y sois attaché ; mais ce qui m'excuse davantage, et même ce qui me justifie par devant vous, c'est un Français, c'est votre *Dumoulin*, dans sa préface de la *Coutume de Paris*, n° 110. *E jure scripto mutuamur quod æquitati consonum invenitur, non quod fuerimus subditi Justiniano aut successoribus ejus, sed quia jus illo auctore a sapientissimis viris ordinatum, tam est æquum, rationabile, et undequaque absolutum, ut omnium fere christianarum gentium usu et approbatione commune sit effectum.*

Je ne m'arrête pas à vous faire une plus ample analyse des autres dispositions de ce chapitre premier ni de celles du chapitre second, qui concerne l'usage et l'habitation : elles ne sont susceptibles d'aucune objection, et n'ont par conséquent pas besoin d'être développées. Il suffira donc de vous en faire lecture pour que leur justice et leur utilité vous soient connues à l'instant.

Sans doute, législateurs, c'est un honneur bien grand que celui de pouvoir monter à cette auguste tribune, et il est encore plus grand pour moi, qui seul n'aurais jamais pu y aspirer.

Oui, législateurs, ce n'est que le bénéfice de la réunion accordé au peuple piémontais qui a rejailli sur moi par un effet du hasard plus que par celui d'autres circonstances qui dussent me protéger.

C'est dans cette journée, législateurs, que je dois vous parler pour la première fois ; c'est aujourd'hui que je dois remplir ma tâche envers vous.

Instruit depuis quelque temps par les lumières de mes illustres collègues, j'ai quelquefois espéré pouvoir satisfaire à la tâche qui m'était imposée de parler devant vous pour la première fois ; mais d'autre part, ébloui chaque jour par leur éloquence, frappé de l'énergie de leurs sentimens, pénétré de la justesse de leurs maximes, je n'ai pas le courage d'élever une voix impuissante et timide après tant de Démosthènes, de Cicérons et d'Eschines.

Je ferai donc beaucoup mieux de resserrer mon discours et de le soustraire ainsi à une censure qui paraîtrait juste à plus d'un titre.

Devenu citoyen français seulement depuis une très-courte époque, il n'est pas surprenant que je n'aie pas suivi le conseil d'un de vos plus célèbres magistrats, d'Aguesseau, lorsqu'il dit qu'une de nos premières études doit être celle de notre patrie, de son histoire, de sa législation, de ses mœurs.

Je ne suis pas à même, autant qu'un Français, de discerner toutes les beautés de votre Code, celles, dis-je, qui résultent de son parallèle avec les abus et les vices du précédent.

Je connais quelques-uns de ces inconvéniens, tels que cette masse immense, cet informe chaos de tant de coutumes; mais, je le répète, je ne suis pas à même de calculer exactement, et par une juste comparaison, tout le bien de l'un et tout le mal de l'autre.

En vérité, législateurs, je crains fort que, par suite de ce nouveau Code, ne soient presque ensevelis dans un éternel oubli ces grands jurisconsultes de la France, Duaren, Talon, Térasson, d'Aguesseau, Domat, Pothier ; et il me fâcherait plus encore d'y voir ensevelis un Cujas, un Favre.

Voulez-vous savoir le motif de ma juste prédilection? je vous le dirai.

Cujas, natif de Toulouse, fut appelé en Piémont par Emmanuel Philibert. C'est dans ses écrits que les Piémontais apprirent les vrais élémens de la jurisprudence. Oui, l'université de Turin s'honore toujours de son nom. Les Piémontais furent ses disciples ; les Piémontais sont reconnaissans et le seront à jamais.

Et quant à Favre, jadis premier président à Chambéry, il naquit à Bourg en 1557 ; la Bresse était alors sous la domination de la Savoie.

D'autre part, il est consolant pour moi de penser que si ce nouveau Code est le fruit de profondes méditations, il fut surtout puisé dans les sources des lois romaines.

Et c'est d'après une source si pure et si sacrée, c'est d'après l'appui de tant d'hommes savans dont la France abonde, que son restaurateur, le génie du monde, s'est intimement persuadé de ce que disait Euripide : *Nihil est in civitate præstantius quam leges bene positæ.*

Pardon, législateurs, si mon amour pour le Piémont m'a détourné quelque peu de l'objet de notre mission.

COMMUNICATION OFFICIELLE AU TRIBUNAT.

Le Corps législatif ayant adressé le projet avec l'exposé des motifs au Tribunat, le 29 nivose an XII (20 janvier 1804), M. Perreau en fit le rapport à l'assemblée générale dans la séance du 4 pluviose (25 janvier).

RAPPORT FAIT PAR LE TRIBUN PERREAU.

Tribuns, après avoir reconnu et consacré de nouveau les bases immuables de la *propriété*, après avoir retracé les limites dans lesquelles les lois de la raison et de l'intérêt social doivent la circonscrire, il convenait de s'occuper d'une de ses plus importantes modifications, de cette faculté qu'elle nous donne de séparer dans la chose qui nous appartient la jouissance du domaine.

C'est le sujet du titre soumis aujourd'hui à votre discussion.

Il renferme deux chapitres : le premier, de l'*usufruit*, des *droits*, des *obligations de l'usufruitier* et des *divers modes d'extinction de son droit*.

Le second, de l'*usage* et de l'*habitation*.

L'usufruit est défini (a) le droit de jouir des choses dont 578 un autre a la propriété comme le propriétaire lui-même, mais à la charge d'en conserver la substance. Cette définition est du petit nombre de celles qui donnent une idée parfaite de leur sujet, et que l'on obscurcirait en cherchant à les expliquer.

Ce droit peut être établi par la loi, ou par la volonté de 579 l'homme. Par la loi, dans les cas où il est une suite nécessaire de droits antérieurement reconnus; par la volonté de l'homme, c'est-à-dire par le propriétaire de la chose, à quelque titre que ce soit, sous toutes les conditions raisonnables qu'il lui plaît d'imposer quant au mode et à la durée de la jouissance : son objet peut être soit un bien particulier, soit une universalité de biens meubles ou immeubles, et dans toute l'étendue que l'on donne à ces deux dénominations.

Si l'on a bien compris, d'après les premières idées que fait 582 à 584 naître sa définition, ce qui constitue l'essence de l'usufruit, on verra qu'il doit être, pour celui à qui la jouissance en est accordée, le droit de se rendre propres tous les fruits qui composent le revenu ordinaire de la chose : les fruits naturels, tels que les produits spontanés de la terre, le produit et le croît des animaux; les fruits industriels que donne la culture; enfin les fruits civils, ou ceux qui se perçoivent à raison du fonds, tels que les loyers des maisons, les intérêts des

(a) Leg. 1 ff. de Usufr. et quemadmod.

sommes exigibles, les arrérages des rentes, enfin les prix des baux à ferme.

585 Il est de la nature de ce droit que celui qui en jouit prenne et laisse la chose dans l'état où elle est : donc les fruits naturels et industriels pendans par les racines doivent lui appartenir au moment où il entre en jouissance, et appartenir au propriétaire lorsqu'il en sort, sans récompense ni pour l'un ni pour l'autre, mais sans préjudice de la portion qui pourrait être due au colon partiaire.

586 Quant aux fruits civils, comme ils sont réputés acquis chaque jour, ils appartiennent à l'usufruitier en raison de la durée de sa jouissance; ils correspondent à chaque instant de cette durée.

587 Quoique les choses fongibles, qui se consomment par l'usage qu'on en fait, paraissent au premier aspect ne pouvoir être l'objet de l'usufruit, puisque dans la réalité on ne peut en jouir sans en détruire la substance, cependant on les reconnaît comme susceptibles de ce droit, à la charge de les rendre en même quantité, qualité et valeur; tandis que celles qui se détériorent seulement par l'usage sont rendues dans l'état où elles se trouvent, pourvu qu'il n'y ait d'ailleurs aucun reproche à faire à l'usufruitier.

590 Si son droit comprend les coupes de bois taillis, les précautions dues à tout ce qui intéresse la conservation des biens exigent qu'il respecte ce que les propriétaires ont établi quant à l'ordre, à la quotité des coupes et à l'aménagement ; et la loi ne doit permettre ni à lui, ni à ses héritiers, de réclamer aucune indemnité pour celles qu'il n'aurait pas faites pendant sa jouissance.

Mais doit-on lui donner comme faisant partie de son droit celui de tirer des arbres d'une pépinière? Oui, pourvu qu'il ne la dégrade pas, et que, selon l'usage du lieu, il soigne le remplacement.

591 Ce sera encore, et toujours en se conformant à ce même

usage, qu'il pourra profiter des parties de bois de haute futaie mises en coupes réglées sur une étendue déterminée de terrain, ou d'une certaine quantité d'arbres pris indistinctement sur toute la surface du domaine.

Hors de ces cas spécifiés par la loi, il ne pourra toucher aux arbres de haute futaie, qui font essentiellement partie intégrante du fonds, et que l'on ne saurait raisonnablement comprendre dans la classe des fruits ordinaires. Il aura cependant la faculté d'employer aux réparations dont il sera tenu les arbres de cette espèce arrachés ou brisés par accident, et d'en faire abattre pour cette même fin, avec le consentement du propriétaire ; car rien n'est plus naturel que de faire servir ce qui sort du fonds à son entretien. 592

Par la même raison, la loi lui permettra de couper dans les bois des échalas pour les vignes, de prendre sur les arbres des produits annuels et périodiques, enfin de profiter des arbres fruitiers morts naturellement, ou arrachés par accident, pourvu qu'il satisfasse à l'obligation du remplacement. Ces différens objets font évidemment partie des fruits. 593-594

Ce droit étant un droit personnel, on serait assez disposé à croire, en s'attachant rigoureusement au sens, qu'ainsi que tous ceux que comprend cette dénomination, il ne peut se transmettre ; cependant il paraît très-raisonnable d'établir que celui qui en jouit puisse l'exercer par lui-même, ou en céder l'exercice, et à quelque titre que ce soit. Dans le cas où il le donne à ferme, l'article 588 l'assujétit très-sagement, pour les époques où il doit renouveler les baux et pour leur durée, aux règles fixées pour les maris à l'égard des biens de leurs femmes. 595

Si l'usufruitier est entièrement substitué dans cet exercice de son droit au propriétaire, il doit donc jouir comme celui-ci de l'augmentation survenue au fonds par alluvion de tous les droits de servitude qui peuvent y être attachés, de tous les moyens enfin qui lui sont nécessaires pour profiter de son usufruit. 596-597

598. Jouira-t-il dans la même plénitude des mines, des carrières ? Oui, des mines et des carrières qui seront en exploitation à l'époque où il entrera dans l'exercice de ses droits ; mais non de celles qui, à cette même époque, ne seront pas ouvertes, ni des tourbières que l'on n'aura pas alors commencé d'exploiter : car il est évident que ces dernières ne peuvent pas plus être comprises dans la classe des fruits annuels et périodiques, que le trésor qu'il trouverait de hasard dans le fonds pendant la durée de sa jouissance.

599. Mais s'il a, comme on ne peut en douter, le droit de faire sur le fonds, en travaux et en dépenses, tout ce qu'il veut sans le détériorer, pour étendre ses moyens de jouir, peut-il à cette occasion réclamer des indemnités ? Non, pas même dans le cas où, par ces travaux et ces dépenses, il aurait réellement ajouté plus de valeur au fonds ; car les avantages qu'il a retirés de ces améliorations compensent ce qu'elles lui ont coûté : mais rien d'ailleurs ne doit s'opposer à ce qu'il enlève tous les objets qu'il aura fait placer, tels que les glaces, les tableaux et autres ornemens, si cela se peut sans dégradation.

600. La première de ses obligations, en prenant les choses dans l'état où elles sont, est, avant d'entrer en jouissance, de faire dresser devant le propriétaire, ou après l'avoir dûment appelé, un inventaire exact des meubles, et de faire constater l'état des immeubles, de promettre de jouir en bon père de

601. famille, et d'en donner caution. Il peut être affranchi de cette dernière condition par l'acte même ; il peut aussi en être dispensé par la loi, s'il a l'usufruit légal des biens de ses enfans, si, comme donateur ou vendeur d'un fonds, il s'en réserve l'usufruit. On découvre aisément les raisons de ces exceptions.

La loi ne doit pas faire à des parens l'injure de présumer qu'ils puissent détériorer ou négliger de conserver le bien de leurs enfans ; elle ne doit pas non plus faire une charge de son bienfait pour le donateur : quant au vendeur, tout est

602. censé avoir été réglé par l'acte même de la vente. Mais dans

le cas où l'usufruitier obligé à donner caution n'en trouverait pas, quel parti prendre? Alors il paraît très-juste d'ordonner que les immeubles seront affermés ou mis en séquestre, que les sommes qui font partie de l'usufruit seront placées, que les denrées seront vendues et leur prix placé ; et en résultat, que les intérêts de ces sommes et le prix des fermes appartiendront à l'usufruitier. Si le propriétaire l'exige, cette même règle doit s'appliquer, toujours dans le cas du défaut de caution, à la manière de disposer des meubles qui dépérissent par l'usage ; mais alors ce même esprit de justice, qui veille avec tant de soin aux intérêts du propriétaire, doit aussi, de l'autre part, laisser à l'usufruitier la faculté de demander, et au juge la faculté de prononcer qu'une partie de ces meubles lui sera délaissée pour son usage, en l'obligeant d'ailleurs, sous sa caution juratoire, de les représenter quand l'usufruit cessera. La raison de ces dispositions est que le retard de donner caution ne saurait attaquer essentiellement le droit de l'usufruitier, et ne doit pas conséquemment le priver de celui qu'il a sur les fruits dus, à compter du moment où son droit est ouvert. 603
604

La loi met à sa charge les réparations qu'exige l'entretien du fonds, en exceptant les grosses réparations que désigne l'article 599, et qui n'ont pas été causées par sa négligence ou par sa faute. 605-606

Mais ni lui ni le propriétaire ne sont tenus de réparer ce qui a péri de vétusté ou par cas fortuit. C'est toujours la conséquence de ce principe, qui veut que l'usufruitier prenne la chose, en jouisse, et la laisse dans l'état où elle se trouve. 607

Quant aux charges du fonds, les articles 601 et 602 distinguent avec une grande justesse les charges annuelles et ordinaires de celles qui sont imposées pendant la durée de l'usufruit. Ainsi les premières, étant des charges de la jouissance, doivent être supportées par l'usufruitier ; les autres, étant à la fois charges du fonds non prévues et de la jouissance, doivent être supportées par le propriétaire et l'usu- 608-609 fruitier : de sorte que si ce dernier en fait les avances, le premier lui remboursera le capital à la fin de l'usufruit; et que, dans le cas inverse où celui-ci les paiera, l'autre lui tiendra compte des intérêts.

610 Comment le légataire de l'usufruit sera-t-il tenu d'acquitter le legs d'une rente viagère ou d'une pension alimentaire? Après avoir encore fait ici une distinction très-sage, la loi décide que, s'il est légataire universel, il sera tenu d'acquitter le legs dans toute son intégrité; mais qu'il ne l'acquittera que dans la proportion de sa jouissance, s'il n'est légataire qu'à titre universel.

611 Elle est encore aussi juste quand elle prononce que l'usufruitier à titre particulier ne peut être tenu des dettes auxquelles le fonds est hypothéqué, et que, dans le cas où il sera contraint de les acquitter, il aura son recours contre le propriétaire.

612 Comment enfin l'usufruitier à titre universel et le propriétaire contribueront-ils au paiement des dettes? L'article 605 règle ainsi de la manière la plus parfaite cette contribution : si l'usufruitier avance la somme pour laquelle le fonds doit contribuer, on lui en restituera le capital sans intérêts à la fin de l'usufruit; s'il ne veut pas faire cette avance, le propriétaire pourra ou payer, et alors l'usufruitier lui tiendra compte des intérêts pour toute la durée de sa jouissance, ou il aura le droit de faire vendre jusqu'à due concurrence une portion des biens soumis à l'usufruit. Rien n'est plus conforme à l'équité que cette disposition.

613 Puisque tout ce qui a trait à la jouissance regarde l'usufruitier, on doit en inférer qu'il est chargé de tous les frais des procès relatifs à l'exercice de son droit, et tenu des condamnations qui peuvent en résulter.

614 Ses obligations étant non seulement de s'abstenir de tout ce qui pourrait tendre par son fait à détériorer le fonds, mais encore de veiller avec soin à sa conservation, il faut en conclure que si un tiers commet une usurpation, ou attente de

quelque manière que ce soit aux droits du propriétaire, il doit le dénoncer à celui-ci, et que s'il ne le fait pas, il répond de tout le dommage, comme s'il l'eût causé lui-même.

Les articles 608 et 609 terminent la section des *obligations de l'usufruitier* par les règles que l'on doit suivre lorsque son droit est établi sur un ou plusieurs animaux.

Dans le premier cas il n'est tenu de remplacer l'animal qui a péri, ou d'en payer l'estimation, que lorsqu'il en a causé la perte.

Dans le second cas où il exerce son droit sur un troupeau, et où ce troupeau vient à périr entièrement par un accident qu'on ne peut lui imputer, il n'est tenu que de rendre compte au propriétaire des cuirs ou de leur valeur; car il ne doit répondre que des pertes qu'il a causées.

Mais si le troupeau ne périt pas entièrement, il est obligé de remplacer, jusqu'à concurrence du croît dont il profite, les têtes des animaux qui ont péri : cet entretien est étroitement lié à sa jouissance.

Le projet ne traite point particulièrement des droits ni des obligations du propriétaire; les uns et les autres sont implicitement renfermés par corrélation dans les droits et les obligations de l'usufruitier. Il a suffi d'y établir en principe général, à l'article 592, que le propriétaire ne peut, sous aucun rapport, nuire par son fait aux droits de l'usufruitier.

L'usufruit étant, comme nous l'avons déjà remarqué, un droit personnel, doit s'éteindre par la mort naturelle ou civile de l'usufruitier.

Il cesse aussi tout naturellement par l'expiration du temps pour lequel il a été accordé, par sa réunion à la propriété, selon cette maxime, *Nemini res sua servit,* par la prescription; car il importe à la conservation des biens que la jouissance ne soit pas trop long-temps séparée du domaine. C'est d'après cette considération que les auteurs du projet ont très-sagement limité à trente ans, pour toutes les espèces, la prescription de ce droit; prescription portée autrefois à cent ans, lorsqu'il était accordé à une corporation, et sous le ridicule prétexte que l'on devait comparer, sous ce rapport, une corporation à une seule personne qui jouirait de la plus longue vie.

618 Il n'y a non plus aucun doute que l'usufruitier ne doive perdre son droit par l'abus qu'il en fait, soit en dégradant le fonds, soit en négligeant de l'entretenir : mais il pourrait y en avoir sur le sort des créanciers. On les a dissipés en permettant aux créanciers d'intervenir pour la conservation de leurs droits, d'offrir la réparation des dommages, et de donner une garantie pour l'avenir. Ainsi on a laissé aux juges, selon les circonstances, la faculté de prononcer la cessation absolue de l'usufruit, ou de ne rendre au propriétaire la jouissance qu'à la charge de payer soit à l'usufruitier, soit à ses ayans-cause, une somme déterminée, jusqu'au terme de la durée de l'usufruit.

620 Si ce terme était fixé pour le temps où un tiers aurait atteint tel âge, et que ce tiers fût mort avant l'âge prescrit, conviendrait-il de conserver à l'usufruitier sa jouissance jusqu'à cette époque? Oui, et cette décision, que l'on trouve dans l'article 613, est très-juste, en ce qu'elle paraît s'accorder avec l'intention de celui qui a établi l'usufruit.

621-622 L'article 614 statue encore, si la chose est vendue, que l'usufruitier ne perdra ses droits que lorsqu'il y aura formellement renoncé ; mais cette faculté est restreinte avec raison dans l'article suivant, qui porte que les créanciers pourront faire annuler la renonciation faite à leur préjudice.

623 Il résulte enfin de l'idée juste que l'on doit se faire de ce droit, que si la chose certaine sur laquelle il porte vient à périr en partie, il n'est conservé que sur ce qui reste de
624 cette chose. Que si, par exemple, il s'agit d'un bâtiment qui a été détruit par accident, l'usufruitier ne peut jouir du sol ni profiter des matériaux ; mais qu'il faut décider le contraire, s'il est question de l'usufruit d'un domaine dont ce bâtiment faisait partie.

Les principes qui règlent l'usufruit quant à la manière 6₂5-6₂6 dont il s'établit et se perd, qui fixent les obligations, pour celui qui en a la jouissance, de faire dresser des états et inventaires, de jouir en bon père de famille et de donner caution, sont aussi ceux qui règlent l'exercice des droits d'usage et d'habitation, sans gêner d'ailleurs la faculté de les modifier comme il plaît par l'acte même qui les établit. Mais la 630 loi parle lorsque le titre se tait : elle veut alors que celui qui a l'usage d'un fonds ne puisse en exiger que ce qui est nécessaire pour lui et sa famille : dans cette expression sont compris les enfans survenus depuis la concession du droit.

Elle étend cette même règle à l'habitation, en statuant éga- 631 à 634 lement pour celui qui en jouit, et pour l'usager d'un fonds, la défense de rien louer ou céder de leurs droits.

Elle établit encore, s'ils jouissent, l'un de tous les fruits 635 du fonds, l'autre de toute l'habitation, qu'ils seront également assujétis, le premier, à tous les frais de culture ; le second, à toutes les réparations d'entretien et au paiement des contributions, comme elle y assujétit l'usufruitier ; mais que, s'ils ne jouissent qu'en partie, ils ne seront tenus de contribuer qu'au prorata de ce dont ils jouissent.

Ici se bornent toutes les règles qu'il importait d'établir 636 relativement à l'usufruit, à l'usage et à l'habitation. Celles qui auront rapport à l'usage des bois et forêts sont renvoyées par le dernier article à des lois particulières.

J'ai cru, tribuns, qu'il suffisait de vous rappeler, par l'exposé le plus simple, et suivant l'ordre qu'ont suivi ses auteurs, les dispositions de ce projet, pour vous mettre à portée de les apprécier. Je dois seulement ajouter que votre section de législation, en y reconnaissant sur cette matière les principes consacrés dans tous les temps par la raison et l'équité, a constamment trouvé dans la rédaction cette même précision, cette même pureté qui forment un des plus heureux caractères de nos nouvelles lois. Tel est le jugement qu'elle

15.

en a porté, et qu'elle espère vous voir confirmer par vos suffrages.

Le Tribunat émit son vœu d'adoption dans la séance du 7 pluviose an XII (28 janvier 1804), et MM. Perreau, Gary et Pinteville-Cernon, vinrent l'apporter au Corps législatif le 9 pluviose (30 janvier).

DISCUSSION DEVANT LE CORPS LÉGISLATIF.

DISCOURS PRONONCÉ PAR LE TRIBUN GARY.

Législateurs, le Tribunat nous a chargés de vous porter son vœu en faveur du projet de loi, titre III, livre II du Code civil, *sur l'Usufruit, l'Usage et l'Habitation.*

En décrétant le titre II de ce même livre, vous avez établi les droits de la propriété. En déclarant qu'elle est *le droit de jouir et de disposer des choses de la manière la plus absolue*, sous la seule condition *de n'en point faire un usage prohibé par les lois et les règlemens*, vous avez consacré votre respect pour ce lien unique, pour cette base fondamentale des sociétés. Cependant cette jouissance et cette disposition absolue peuvent être gênées ou pour l'intérêt des héritages voisins, ou au profit des individus. Ainsi la nature des choses ou les conventions établissent des devoirs, des services d'un fonds de terre à l'autre : c'est l'objet du titre *des Servitudes et des Services fonciers*. Ainsi la volonté de l'homme ou l'autorité de la loi donnent à un individu le droit de jouir ou d'user d'une chose qui ne lui appartient pas : c'est la matière du projet soumis à votre délibération.

Son titre vous annonce sa division naturelle : on y traite

d'abord de *l'usufruit*; on s'occupe ensuite de *l'usage et de l'habitation*.

CHAPITRE Iᵉʳ.

De l'Usufruit.

Cette première partie du projet de loi contient quelques dispositions générales, qui précèdent l'établissement des règles, 1° sur les droits de l'usufruitier; 2° sur ses obligations; 3° sur les différentes causes qui éteignent ou font cesser l'usufruit.

La première de ces dispositions devait être la définition de l'usufruit.

C'est le droit de jouir des choses dont un autre a la propriété comme le propriétaire lui-même, mais à la charge d'en conserver la substance.

Cette définition de l'usufruit, qui rappelle celles qu'en donnaient les lois romaines, est un texte fécond dont toutes les dispositions du projet de loi ne sont que les développemens. Vous y voyez d'abord la différence entre le propriétaire et l'usufruitier; le propriétaire *jouit et dispose*, l'usufruitier ne fait que *jouir :* le propriétaire dissipe ou change à son gré la substance de la chose; l'usufruitier doit la conserver, il ne peut dénaturer même pour améliorer.

Ce que l'usufruitier a de commun avec le propriétaire, c'est qu'il recueille tous les profits et tous les avantages que la chose peut produire. Il jouit comme le propriétaire, mais comme le propriétaire sage, qui n'abuse point de sa chose, et qui est intéressé à sa conservation; son administration doit être celle du père de famille, même vigilant, qui ne sacrifie point l'avenir au présent, mais qui ménage l'un en jouissant sagement de l'autre.

La seconde disposition générale indique les manières dont l'usufruit s'établit; *c'est par la loi ou par la volonté de l'homme : par la loi*, comme dans l'espèce de l'article 378 du premier livre du Code civil, qui accorde aux pères durant le mariage, et après la dissolution du mariage au survivant des père et mère, la jouissance des biens de leurs enfans jusqu'à l'âge de dix-huit ans ou jusqu'à l'émancipation; *par la volonté de l'homme*, lorsque le propriétaire d'une chose en a transmis la jouissance à un autre, dans un acte entre-vifs ou dans un acte de dernière volonté.

580. *L'usufruit peut être établi, ou purement et à certain jour, ou à condition ;* c'est le sort de toutes les dispositions entre-vifs ou testamentaires.

581. *Il peut être établi sur toute espèce de biens, meubles ou immeubles :* tout ce qui peut produire quelque utilité, profit ou agrément, en est susceptible.

Après avoir ainsi fait connaître, par ces dispositions générales, la nature, les causes, les divers modes et l'étendue de l'usufruit, le projet de loi règle les droits de l'usufruitier.

§ Ier.

Des Droits de l'usufruitier.

582. Ces droits dérivent tous du principe renfermé dans la définition de l'usufruit; mais leur exercice varie suivant la nature des objets qui y sont soumis.

L'usufruit a pour objet ou des choses susceptibles de produit, ou des choses qui, sans offrir de produit, ne sont utiles que par leur usage.

Je m'occupe d'abord de celles comprises dans la première classe : tels sont les maisons et fonds de terre, les troupeaux, les contrats et obligations produisant des intérêts ou des rentes, tant foncières que perpétuelles et viagères.

Une règle commune à toutes ces choses, c'est que tous les fruits, soit naturels, soit industriels, soit civils, appartiennent à l'usufruitier.

La loi *sur la Propriété* a déjà consacré la distinction des fruits naturels et industriels.

Les fruits naturels sont ceux que la terre offre d'une main libérale, et sans être sollicitée par la culture ; on regarde comme fruits naturels le produit et le croît des animaux.

Les fruits industriels sont ceux que la terre n'accorde qu'au travail de l'homme.

Les fruits civils sont les loyers des maisons, les intérêts des sommes exigibles, les arrérages des rentes. Les prix des baux à ferme, encore qu'ils représentent des fruits naturels ou industriels, sont aussi rangés dans la classe des fruits civils.

C'est ici le lieu de remarquer une différence entre les fruits naturels ou industriels et les fruits civils, quant à l'instant auquel commencent ou se terminent les droits de l'usufruitier sur ces divers genres de fruits.

Pour cela, deux époques sont à considérer ; celle de l'ouverture de l'usufruit, celle de son extinction.

Au moment où l'usufruit s'ouvre, tous les fruits naturels et industriels pendans par branches ou par racines appartiennent à l'usufruitier, tandis qu'il n'a de droits sur les fruits civils qu'à compter du jour où l'usufruit est ouvert ; cette dernière nature de fruits s'acquérant jour par jour, et à proportion de la durée de l'usufruit.

Lorsque l'usufruit finit, tous les fruits naturels et industriels alors pendans par branches ou par racines appartiennent au propriétaire sans récompense de part ni d'autre dès labours et des semences, tandis que les fruits civils sont dus jour par jour à l'usufruitier ou à ses héritiers, pour tout le temps qu'a duré l'usufruit. Cela s'applique aux prix des baux à ferme, comme aux loyers des maisons et aux autres fruits civils.

Dans cette seconde disposition, deux différences entre le droit romain et le projet de loi.

Le droit romain statuait, comme le projet, que tous les

fruits pendans au moment de l'extinction de l'usufruit appartenaient au propriétaire ; mais il accordait à l'usufruitier ou à ses héritiers la répétition des frais de semences et de culture. Le projet exclut au contraire cette répétition. La loi accordant en effet à l'usufruitier tous les fruits non récoltés à l'époque de l'ouverture de l'usufruit, sans qu'il doive concourir aux frais des travaux, il faut, pour que la chance soit égale, que les fruits non recueillis, lorsque l'usufruit s'éteint, appartiennent au propriétaire affranchi de la même charge. Mais ce qui est surtout d'un grand intérêt aux yeux de la loi et pour le repos de la société, c'est qu'une source féconde de contestations est tarie.

La seconde différence est relative au sort du prix des baux à ferme. La loi romaine disposait pour le prix du bail comme pour les fruits qu'il représente ; et de même que ceux-ci appartenaient à l'usufruitier, s'ils avaient été perçus pendant la durée de l'usufruit, ainsi le prix du bail lui était acquis, quoique l'usufruit eût cessé dans l'intervalle de la perception et de l'échéance des termes de paiement. Le projet de loi en décide autrement ; on a pensé que l'usufruitier ayant converti son droit de percevoir les fruits en une rente, il fallait que cette rente subît le sort des loyers de maison et des autres fruits civils ; et cela prévient les difficultés auxquelles donnait lieu la loi romaine, lorsque diverses natures de fruits se percevant en différens temps, ou lorsqu'une partie seulement des fruits étant recueillie, il fallait déterminer par une ventilation les portions du prix du bail à répartir entre les parties intéressées.

Après avoir établi une disposition générale qui s'applique à tous les objets susceptibles d'un produit, le projet de loi reconnaît que quelques-uns de ces objets appellent des règles particulières.

597-599 Ainsi, s'il s'agit de maisons et de fonds de terre, l'usufruitier jouit des droits de servitude et de passage comme le propriétaire lui-même ; s'il a amélioré, il ne peut, à la cessation de l'usufruit, réclamer aucune indemnité, sauf à lui d'enlever les glaces et ornemens qu'il aurait fait placer, en rétablissant les choses dans leur premier état. L'équité semble d'abord s'opposer à ce que le propriétaire profite, aux dépens de l'usufruitier, de l'amélioration évidente de la chose. Mais quand on considère que l'usufruitier en a lui-même recueilli le fruit, que cette amélioration n'est d'ailleurs aux yeux de la loi que le résultat naturel d'une jouissance éclairée et d'une administration sage et vigilante, quand on pense qu'il ne doit pas être au pouvoir de l'usufruitier de grever d'avance le propriétaire de répétitions qui pourraient souvent lui être onéreuses, quand on songe enfin aux contestations infinies qu'étouffe dans leur naissance la disposition qui vous est soumise, on ne peut lui refuser son assentiment.

S'il s'agit seulement de fonds de terre, l'usufruitier jouit 596 de l'augmentation survenue par alluvion à l'héritage. Il doit en effet pouvoir gagner par la même cause qui peut le faire perdre.

Ici se présentent des natures particulières de fonds de 590 à 594 terre qui appellent l'attention spéciale du législateur; tels sont les bois taillis et de haute futaie, les pépinières, les arbres, les carrières, mines et tourbières.

Un principe fécond et lumineux nous a guidés dans l'examen de ces questions. Ce principe est dans le respect dû à l'usage ancien des propriétaires : il ne suffit pas en effet que l'usufruitier jouisse en bon père de famille ; il faut encore qu'il suive dans sa jouissance la destination du père de famille. Celui qui a constitué l'usufruit est censé, à moins de stipulation contraire, avoir voulu que l'usufruitier jouisse comme lui et ses auteurs ont joui ; et ceci nous fait rentrer dans la définition de l'usufruit, qui est le droit de jouir comme le propriétaire.

Ainsi l'usufruitier, dans la coupe des bois taillis, observera l'ordre et la quotité établis par l'aménagement et l'usage constant des propriétaires.

Il suivra le même usage quant aux parties de bois de haute futaie mises en coupes réglées.

Il se conformera aux usages des lieux pour le remplacement des arbres tirés d'une pépinière.

Il ne touchera point aux arbres épars de haute futaie, sauf les cas où il aurait à s'en servir pour les réparations dont il est tenu, et pour le bien même de la propriété.

Il prendra dans les bois, si cela est l'usage, des échalas pour les vignes.

Les arbres fruitiers, et tous ceux qui sont utiles par leurs branches ou leur écorce, tels que les saules, les aunes, les bouleaux, l'arbre à liége, lui offriront leurs produits annuels ou périodiques.

598. A l'égard des carrières, la loi romaine accordait à l'usufruitier le droit d'en ouvrir, pourvu que ce ne fût pas dans une partie du terrain qui fût utile, et pourvu que d'ailleurs la culture n'en souffrît pas. Ces conditions, quelque sages qu'elles fussent, devaient être des occasions fréquentes de contestations.

On s'est rattaché au principe qui veut que l'usufruitier jouisse comme le propriétaire, et en conservant la substance de la chose; et toutes les difficultés se sont aplanies. Si les mines ou carrières sont ouvertes, ou l'exploitation des tourbières commencée au moment de l'ouverture de l'usufruit, l'usufruitier continuera d'en jouir; mais il ne sera jamais autorisé à en ouvrir quand le propriétaire ne l'a pas fait, parce qu'il ne doit jouir que comme le propriétaire jouissait, et sans pouvoir dénaturer la substance de l'héritage soumis à l'usufruit. C'est ainsi que, dans un système bien ordonné, toutes les parties s'enchaînent, s'expliquent et se fortifient les unes par les autres.

589. Je viens de vous entretenir, législateurs, des droits de l'u-

DE L'USUFRUIT, DE L'USAGE, etc.   235

sufruitier sur les objets susceptibles d'un produit quelconque. Je n'ai qu'un mot à vous dire de ceux qui, ne donnant pas de produit, ne sont utiles que par leur usage ; et ici il faut distinguer.

Ou ce sont des choses qui, sans se consommer de suite, se détériorent peu à peu par l'usage, comme du linge, des meubles meublans ; et l'usufruitier a le droit de s'en servir en les appliquant à l'usage exclusif auquel elles sont destinées, et n'est obligé de les rendre qu'à la fin de l'usufruit, non détériorées par son dol ou par sa faute.

Ou ce sont des choses dont on ne peut jouir sans les con- sommer, comme l'argent, les denrées, les liqueurs ; ceci n'est pas proprement un usufruit, car la jouissance de ces choses comporte leur ruine. Mais les lois, toujours jalouses de maintenir les actes de bienfaisance entre les hommes, et de protéger et d'encourager l'exercice d'une vertu si utile au bonheur de la société, ont cherché à assurer l'effet de pareilles dispositions. Elles les ont regardées comme un *quasi-usufruit*, suivant les expressions du droit romain, et ont sagement combiné l'intérêt de l'usufruitier et celui du propriétaire, en statuant que l'usufruitier se servirait des choses qui se consomment par l'usage ; mais à la charge d'en rendre, à la fin de l'usufruit, de pareille quantité et qualité, ou la valeur.

J'ai mis sous vos yeux les dispositions qui règlent les droits de l'usufruitier sur les diverses natures d'usufruit : je n'ai plus qu'à énoncer deux maximes qui s'appliquent à toute espèce d'usufruit.

La première, c'est que l'usufruitier peut céder et transmettre son droit à titre gratuit ou onéreux : on exige seulement, s'il passe des baux à ferme, qu'il se conforme aux règles établies pour le mari jouissant des biens de sa femme ; si l'intérêt de l'usufruitier veut en effet qu'il puisse jouir pleinement de la chose soumise à l'usufruit, l'intérêt de la société et celui du propriétaire ne permettent pas que, par des baux passés à trop longs termes, il annulle, ou atténue les droits de ce propriétaire.

599. La seconde règle est celle qui veut que le propriétaire ne puisse par son fait, ni de quelque manière que ce soit, nuire aux droits de l'usufruitier. Cette règle place à côté des droits de l'usufruitier les obligations du propriétaire.

Je passe à l'examen des dispositions qui règlent les obligations de l'usufruitier.

§ II.

Des Obligations de l'usufruitier.

600. Ces obligations sont de deux sortes ; ou elles sont relatives à la jouissance, où elles dérivent de la nécessité de contribuer, dans certains cas, aux dettes de la propriété.

Pour déterminer les obligations relatives à la jouissance, il faut considérer deux époques, celle de l'entrée en jouissance, et celle de sa durée.

En entrant en jouissance l'usufruitier a deux obligations à remplir :

1°. Il doit faire dresser un inventaire des meubles et un état des biens, parce que, devant rendre les choses dans l'état où il les trouve, il lui importe, ainsi qu'au propriétaire, que cet état soit constaté.

601. 2°. Il doit donner caution de jouir en bon père de famille : il faut, en effet, au propriétaire une garantie que l'usufruitier n'excédera pas les limites qui lui sont prescrites.

Trois exceptions seulement à cette dernière obligation : la première, quand celui qui a constitué l'usufruit en a dispensé l'usufruitier ; car alors le propriétaire ayant consenti à suivre la foi de l'usufruitier, ni lui ni ses héritiers ne peuvent revenir sur son propre ouvrage : la seconde, lorsqu'une chose a été vendue ou donnée sous réserve d'usufruit, le vendeur ou le donateur n'étant pas censé avoir voulu s'imposer cette condition : la troisième enfin, quand il s'agit de l'usufruit légal accordé aux pères et mères sur les biens de leurs enfans ; disposition aussi juste qu'honorable, par laquelle le législateur reconnaît qu'à ses yeux la plus sûre garantie est cette tendresse que la nature a placée dans les cœurs des pères et des mères pour y être éternellement la protectrice et la sauve-garde des intérêts de leurs enfans.

Le projet de loi devait prévoir que, dans le cas où l'usu- 602 à 604
fruitier est tenu de donner caution, il serait possible qu'il n'en trouvât pas ; et, dans cette hypothèse, les intérêts de l'usufruitier et du propriétaire sont heureusement ménagés ; les immeubles sont donnés à ferme ou mis en séquestre ; les sommes en argent sont placées, les denrées ou meubles sont vendus, et le prix des baux à ferme ou les intérêts appartiennent à l'usufruitier : il y a même des cas où on lui laisse, sous sa simple caution juratoire, une partie des meubles nécessaires pour son usage.

Portons maintenant nos regards sur la seconde époque, 601-605-606
sur la durée de l'usufruit, et parcourons pendant cette durée ses obligations.

1°. L'usufruitier doit jouir en bon père de famille, et suivre, comme nous l'avons dit, la destination du père de famille. Ses obligations comme ses droits sont tous dans ces mots : *Il jouit comme le propriétaire, à la charge de conserver la substance.*

2°. Il est tenu des réparations d'entretien. Les héritages sont susceptibles de trois sortes de réparations : les menues ou locatives, qui sont à la charge du locataire ou du fermier, celles d'entretien ou les viagères, qui sont supportées par l'usufruitier, et les grosses réparations, qui sont à la charge du propriétaire. Le projet de loi, en définissant ce qu'on doit entendre par grosses réparations, range tout ce qui n'y est pas compris parmi les obligations de l'usufruitier.

3°. Quant aux charges imposées sur la propriété, on dis- 608
tingue : ou ce sont des charges annuelles, comme les contributions, qui sont toujours censées charges des fruits ; l'usu-

fruitier seul en est tenu : ou ce sont des charges accidentelles ou temporaires ; alors les propriétaires et l'usufruitier y contribuent, l'un pour la somme principale, l'autre pour les intérêts. Cette contribution commune est dans les règles de l'équité ; car chacun profite, dans l'ordre de ses intérêts, d'une dépense qui a pour objet la conservation ou l'amélioration de la propriété.

613   4°. L'usufruitier est tenu des frais des procès qui concernent la jouissance, et des condamnations qui y sont relatives.

614   5°. Il est obligé de dénoncer au propriétaire toutes les usurpations commises sur le fonds, ou toutes les entreprises sur la propriété ; sans quoi l'équité veut qu'il en soit responsable.

610 à 612   Après avoir déterminé les obligations de l'usufruitier, soit lorsqu'il entre en jouissance, soit pendant la durée de l'usufruit, j'examine quelles sont celles que lui impose la nécessité de contribuer, dans certains cas, aux dettes de la propriété.

Pour rendre plus facile l'intelligence des dispositions du projet de loi sur cette question, il faut se rappeler celles de votre loi du 13 floréal dernier, *sur les Donations entre-vifs et les Testamens*.

Vous avez distingué dans cette loi trois sortes de legs : le legs particulier, qui est d'une chose déterminée ; le legs universel, qui est de l'universalité des biens ; et le legs à titre universel, qui a pour objet une quote-part des biens, telle qu'une moitié, un tiers, ou tous les immeubles, ou tous les meubles, ou une quotité seulement des immeubles ou du mobilier ; et vous avez statué que le légataire à titre particulier n'est pas tenu des dettes de la succession ; qu'elles sont toutes à la charge de celui qui recueille l'universalité des biens ; et que celui qui n'en reçoit qu'une quotité n'est tenu d'y contribuer que dans une proportion égale à cette quotité.

Le Conseil d'État et le Tribunat ne pouvaient, législateurs, suivre de marche plus sûre que celle que vous leur aviez tracée. Comme vous, nous avons distingué trois espèces d'usufruit; l'usufruit à titre particulier, l'usufruit universel, et l'usufruit à titre universel.

L'usufruitier à titre particulier n'est tenu d'aucune des dettes de la propriété, sauf néanmoins les droits du créancier hypothécaire, et le recours de l'usufruitier, en cas de paiement contre le propriétaire.

Il n'y a que l'usufruitier universel et l'usufruitier à titre universel qui contribuent aux dettes, l'un pour la totalité, l'autre dans la proportion de sa jouissance, et sans contribution de la part du propriétaire, s'il s'agit de dettes viagères, ou pensions qui soient, par leur nature, des charges des fruits. Mais si les dettes affectent la propriété, le propriétaire y contribue pour la somme principale, et l'usufruitier pour les intérêts. Ainsi, si l'usufruitier veut avancer la somme due, le capital lui en sera restitué à la fin de l'usufruit; si c'est le propriétaire, les intérêts lui en seront dus par l'usufruitier pendant la durée de l'usufruit; ou bien enfin l'on vendra jusqu'à due concurrence une portion des biens soumis à l'usufruit.

Nous venons de parcourir les droits et les obligations de l'usufruitier; nous allons examiner comment l'usufruit finit.

§ III.

Comment l'usufruit prend fin.

L'usufruit *s'éteint* ou *cesse* par différentes causes.

Il s'éteint, 1° par la mort naturelle ou civile de l'usufruitier; c'est un droit personnel que la mort anéantit; 617

2°. Par l'expiration du temps pour lequel il a été accordé; ainsi l'exige l'autorité de la loi ou la volonté des parties;

3°. Par la consolidation ou réunion sur la même tête des deux qualités d'usufruitier et de propriétaire : celui qui réunit ces deux qualités a la plénitude des droits de la propriété;

4°. Par le non usage du droit pendant trente ans; c'est la loi de la prescription introduite pour le repos de la société;

5°. Par la perte totale de la chose sur laquelle l'usufruit est établi : on ne peut pas conserver de droits sur une chose qui n'existe plus. Le projet de loi explique d'ailleurs par des exemples, aux articles 619 et 620, les caractères auxquels on doit reconnaître que la chose est totalement perdue;

621-622 6°. Par la renonciation de l'usufruitier; mais ici le projet de loi veille pour les créanciers qui peuvent faire annuler cette renonciation quand elle est faite à leur préjudice. Cette disposition n'est pas nouvelle; mais elle me fournit une occasion que je saisis à cette tribune, de reconnaître et de publier le respect constamment porté par les auteurs du Code aux intérêts des créanciers, trop souvent négligés ou sacrifiés par la législation elle-même à ceux des débiteurs. Dans un état de choses ou la richesse publique se compose des richesses mobilières comme des richesses territoriales, tous les genres de propriété doivent être également sacrés aux yeux de la loi; ainsi le veulent l'équité, l'intérêt du commerce et de l'industrie, celui même des propriétés foncières, qui, pour la plupart, seraient frappées de stérilité, sans le secours vivifiant des capitaux, et sans la protection due aux capitalistes.

618 J'ai dit comment l'usufruit s'éteint. Il peut encore *cesser*, sur la demande du propriétaire, par l'abus que l'usufruitier fait de sa jouissance, soit en commettant des dégradations sur le fonds, soit en le laissant dépérir faute d'entretien. Il est juste d'ôter la jouissance d'une chose à celui qui en abuse; s'il en était autrement, ce serait reconnaître dans ses mains le droit d'anéantir la propriété. Dans ce cas les juges statueront suivant la gravité des circonstances; ou ils prononceront l'extinction absolue de l'usufruit, ou ils accorderont une somme annuelle à l'usufruitier. Là, on s'occupe encore des créanciers; on leur indique et les moyens qu'ils ont à prendre, et les offres qu'ils peuvent faire pour la conservation de leurs droits.

La décision de trois espèces particulières achève et complète cette partie de la loi.

Dans la première, il s'agissait de déterminer la durée d'un usufruit qui n'est pas accordé à des particuliers; et l'on a cédé à des vues aussi sages que politiques, en préférant, entre les différentes dispositions que présentait à cet égard le droit romain, celle qui tend à laisser le moins long-temps possible la jouissance séparée de la propriété.

Il s'agissait, en second lieu, de savoir si l'usufruit accordé jusqu'à ce qu'un tiers eût atteint un âge fixe dure jusqu'à cette époque, encore que le tiers soit mort avant l'âge fixé. L'usufruit a été prolongé jusqu'à l'époque où le tiers aurait atteint l'âge s'il eût vécu, cette époque n'étant censée désignée que dans l'intérêt de l'usufruitier, et pour marquer la durée de sa jouissance.

Enfin on a décidé que la vente de la chose sujette à l'usufruit ne fait aucun changement dans le droit de l'usufruitier; sa renonciation à l'usufruit ne peut s'induire d'aucune circonstance; il faut qu'elle soit expresse.

Les règles de l'usufruit sont tracées; il ne reste plus que peu de choses à dire sur celles de l'usage et de l'habitation; c'est l'objet de la seconde partie du projet de loi.

CHAPITRE II.

De l'Usage et de l'Habitation.

Il y a cette différence entre l'usufruit et l'usage, que l'usufruit, comme nous l'avons vu, est le droit de jouir de tous les fruits que produit la chose qui en est l'objet, tandis que l'usage ne donne de droits que sur la portion de ces fruits nécessaire aux besoins de l'usager.

Ces besoins se règlent d'ailleurs sur sa fortune et sur ses habitudes; et, comme il est impossible de séparer des besoins d'un individu ceux de sa femme et de ses enfans, il est autorisé à prendre tout ce qui est nécessaire à la subsistance de sa famille, lors même qu'il n'aurait été ni époux ni père à l'époque où le droit a été établi en sa faveur.

632.* L'habitation n'est autre chose que l'usage d'une maison. Toutes les règles relatives à l'usage sont donc applicables à l'habitation.

Après avoir établi la différence entre la nature de l'usufruit et celle de l'usage, voyons les règles qui leur sont communes, et celles qui sont particulières au droit d'usage.

625 à 627. Ce que ces droits ont de commun, c'est la manière dont ils s'établissent ou se perdent; l'obligation de donner préalablement caution, et de faire des états et inventaires; celle de jouir en bon père de famille.

Deux dispositions sont particulières à l'usage et à l'habitation.

631-634. L'une ne permet de céder ni de louer son droit à un autre. En effet, l'étendue ou les bornes de ce droit se réglant sur les besoins et les convenances personnelles de l'usager, il se modifierait nécessairement, et deviendrait sujet à d'autres règles en passant d'un individu à l'autre.

635. La seconde disposition est relative aux charges de la chose soumise à l'usage. Si les besoins de l'usager absorbent tous les fruits, ou s'il occupe la totalité de la maison, il est assujéti aux mêmes charges que l'usufruitier : s'il ne prend qu'une partie des fruits, ou n'occupe qu'une partie de la maison, il contribue dans la proportion de sa jouissance.

Telles sont les règles de l'usage et de l'habitation, s'il n'y a été dérogé par des stipulations contraires.

Législateurs, je vous ai présenté le système et les détails du projet de loi sur lequel vous avez à prononcer. Vous y avez vu des règles générales fondées sur la nature des choses, et des dispositions particulières qui, faisant ressortir l'équité de ces règles, et leur prêtant un nouvel appui, guideront les juges dans la décision de cas semblables.

Dans ce projet comme dans ceux qui vont être successivement présentés à votre approbation, vous remarquerez avec atisfaction le soin religieux avec lequel tous ceux qui ont concouru à la rédaction du Code ont consulté la législation de ce peuple qui, après avoir asservi la terre entière par la force de ses armes, la gouverne encore par la supériorité et la profondeur de sa raison. Qu'il me soit permis de signaler ici une erreur répandue par l'ignorance, et que la paresse pourrait peut-être accréditer, c'est qu'il suffira désormais à ceux qui se destinent à l'étude des lois de connaître le Code civil. Nous ne pouvons assez leur répéter qu'à l'exemple de nos plus grands magistrats et de nos plus célèbres jurisconsultes, ils doivent étudier le droit dans sa source la plus pure, dans les lois romaines. Ce n'est que dans les recherches et la méditation de ce monument immortel de sagesse et d'équité que peuvent se former ceux qui aspirent à l'honorable emploi d'éclairer leurs concitoyens sur leurs intérêts, ou de prononcer sur leurs différends.

Le Tribunat vous propose d'adopter le *projet de loi, titre III, livre II du Code civil, sur l'Usufruit, l'Usage et l'Habitation.*

Le Corps législatif décréta ce projet dans la même séance, et la promulgation eut lieu le 19 pluviose an XII (9 février 1804).

TITRE QUATRIÈME.

Des Servitudes ou services fonciers.

DISCUSSION DU CONSEIL D'ÉTAT.

(Procès-verbal de la séance du 4 brumaire an XII. — 27 octobre 1803.)

M. Treilhard présente le titre IV du livre II. Il est ainsi conçu :

DES SERVITUDES OU SERVICES FONCIERS.

Art. 633. « Une servitude est une charge imposée sur un « héritage pour l'usage et l'utilité d'un héritage voisin appartenant à un autre propriétaire. »

Art. 634. « La servitude n'établit aucune prééminence « d'un héritage sur l'autre. »

Art. 635. « Elle dérive ou de la situation naturelle des « lieux, ou des obligations imposées par la loi, ou des con« ventions entre les propriétaires. »

CHAPITRE Ier.

Des Servitudes qui dérivent de la situation des lieux.

Art. 636. « Les fonds inférieurs sont assujétis, envers « ceux qui sont plus élevés, à recevoir les eaux qui en dé« coulent naturellement sans que la main de l'homme y ait « contribué.

« Le propriétaire inférieur ne peut point élever de digue « qui empêche cet écoulement.

« Le propriétaire supérieur ne peut rien faire qui aggrave
« la servitude du fonds inférieur. »

641   Art. 637. « Celui qui a une source dans son fonds peut en
« user à sa volonté. »

644   Art. 638. « Celui dont la propriété borde une eau cou-
« rante, autre que celle qui est déclarée dépendance du do-
« maine public par l'article 531, peut s'en servir à son pas-
« sage pour l'irrigation de ses propriétés.

« Celui dont cette eau traverse l'héritage peut même, dans
« l'intervalle qu'elle y parcourt, en user à sa volonté, mais à
« la charge de la rendre, à la sortie de ses fonds, à son cours
« ordinaire. »

645   Art. 639. « S'il s'élève une contestation entre les proprié-
« taires auxquels ces eaux peuvent être utiles, les tribunaux,
« en prononçant, doivent concilier l'intérêt de l'agriculture
« avec le respect dû à la propriété. »

646   Art. 640. « Tout propriétaire peut obliger son voisin au
« bornage de leurs propriétés contiguës. Le bornage se fait
« à frais communs. »

647   Art. 641. « Tout propriétaire peut clore son héritage,
« sauf l'exception portée en l'article 676 ci-après. »

648   Art. 642. « Le propriétaire qui veut se clore perd son
« droit au pâturage commun en proportion du terrain qu'il
« y soustrait. »

CHAPITRE II.

Des Servitudes établies par la loi.

649   Art. 643. « Les servitudes établies par la loi ont pour
« objet l'utilité publique ou communale, ou l'utilité des
« particuliers. »

650   Art. 644. « Celles établies pour l'utilité publique ou com-
« munale ont pour objet le marche-pied le long des rivières
« navigables ou flottables, la construction ou réparation des
« chemins, et autres ouvrages publics ou communaux.

« Tout ce qui concerne cette espèce de servitude est dé-
« terminé par des lois ou des règlemens particuliers. »

Art. 645. « La loi assujétit les propriétaires à différentes
« obligations l'un à l'égard de l'autre, indépendamment de
« toute convention. »

Art. 646. « Partie de ces obligations est réglée par le Code
« rural.

« Les autres sont relatives au mur et au fossé mitoyen, aux
« cas où il y a lieu à contre-mur, aux vues sur la propriété
« du voisin, à l'égout des toits, au droit de passage. »

§ Ier.

Du Mur et du Fossé mitoyens.

Art. 647. « Dans les villes, bourgs, villages et hameaux,
« tout mur servant de séparation entre bâtimens, cours et
« jardins, et même entre enclos dans les champs, est présumé
« mitoyen, s'il n'y a titre ou marque du contraire. »

Art. 648. « Il y a marque de non mitoyenneté lorsque la
« sommité du mur est droite et à plomb de son parement
« d'un côté, et présente de l'autre un plan incliné ;

« Lors encore qu'il n'y a que d'un côté ou un chaperon,
« ou des filets et corbeaux de pierre, qui y auraient été mis
« en bâtissant le mur.

« Dans ces cas, le mur est censé appartenir exclusivement
« au propriétaire du côté duquel sont l'égout ou les cor-
« beaux et filets de pierre. »

Art. 649. « La réparation et la reconstruction du mur mi-
« toyen sont à la charge de tous ceux qui y ont droit, et
« proportionnellement au droit de chacun. »

Art. 650. « Cependant tout propriétaire d'un mur mitoyen
« peut se dispenser de contribuer aux réparations, en aban-
« donnant le droit de mitoyenneté, pourvu que le mur mi-
« toyen ne soutienne pas un bâtiment qui lui appartienne. »

657 Art. 651. « Tout copropriétaire peut faire bâtir contre un « mur mitoyen, et y faire placer des poutres ou solives dans « toute l'épaisseur du mur, à cinquante-quatre millimètres « (2 pouces) près, sans préjudice du droit qu'a le voisin de « faire réduire à l'ébauchoir la poutre jusqu'à la moitié du « mur, dans le cas où il voudrait lui-même asseoir des « poutres dans le même lieu, ou y adosser une che- « minée. »

658 Art. 652. « Tout copropriétaire peut faire exhausser le « mur mitoyen, mais il doit payer seul la dépense de « l'exhaussement, les réparations d'entretien au-dessus de « la hauteur de la clôture commune, et en outre l'indemnité « de la charge en raison de l'exhaussement et suivant la « valeur. »

659 Art. 653. « Si le mur mitoyen n'est pas en état de sup- « porter l'exhaussement, celui qui veut l'exhausser doit le « faire reconstruire en entier à ses frais, et l'excédant d'é- « paisseur doit se prendre de son côté. »

660 Art. 654. « Le voisin qui n'a pas contribué à l'exhausse- « ment peut en acquérir la mitoyenneté en payant la moitié « de la dépense qu'il a coûté, et la valeur de la moitié du sol « fourni pour l'excédant d'épaisseur s'il y en a. »

661 Art. 655. « Tout propriétaire, joignant un mur a de « même la faculté de le rendre mitoyen, en remboursant « au maître du mur la moitié de sa valeur et du sol sur le- « quel il est bâti. »

662 Art. 656. « L'un des voisins ne peut pratiquer dans le « corps d'un mur mitoyen aucun enfoncement, ni y appli- « quer ou appuyer aucun ouvrage, sans le consentement de « l'autre, ou sans avoir, à son refus, fait régler par experts « les moyens nécessaires pour que le nouvel ouvrage ne soit « pas nuisible aux droits de l'autre. »

663 Art. 657. « Tout mur de séparation entre voisins, qui sera « construit ou rétabli à l'avenir, doit avoir au moins trente- « deux décimètres (10 pieds) de hauteur, compris le comble,

DES SERVITUDES OU SERVICES FONCIERS. 249

« dans les villes de cinquante mille âmes et au-dessus, et
« vingt-six décimètres (8 pieds) dans les autres. »

Art. 658. « Lorsque les différens étages d'une maison ap- 664
« partiennent à divers propriétaires, si les titres de propriété
« ne règlent pas le mode des réparations et reconstructions,
« elles doivent être faites ainsi qu'il suit :

« Les gros murs et le toit sont à la charge de tous les pro-
« priétaires, chacun en proportion de la valeur de l'étage
« qui lui appartient.

« Le propriétaire de chaque étage fait le plancher sur le-
« quel il marche.

« Le propriétaire du premier étage fait l'escalier qui y
« conduit; le propriétaire du second étage fait, à partir du
« premier, l'escalier qui conduit chez lui ; et ainsi de suite. »

Art. 659. « Lorsqu'on reconstruit un mur mitoyen ou une 665
« maison, les servitudes actives et passives se continuent à
« l'égard du nouveau mur ou de la nouvelle maison, sans
« toutefois qu'elles puissent être aggravées, et pourvu que
« la reconstruction se fasse avant que la prescription soit
« acquise. »

Art. 660. « Tous fossés entre deux héritages sont présumés 666
« mitoyens, s'il n'y a titre ou marque du contraire. »

Art. 661. « Il y a marque de non mitoyenneté lorsque 667
« la levée ou le rejet de la terre se trouve d'un côté seule-
« ment du fossé. »

Art. 662. « Le fossé est censé appartenir exclusivement à 668
« celui du côté duquel le rejet se trouve. »

Art. 663. « Le fossé mitoyen doit être entretenu à frais 669
« communs. »

Art. 664. « Toute haie qui sépare des héritages en état de 670
« clôture est réputée mitoyenne, s'il n'y a titre ou posses-
« sion suffisante au contraire. »

Art. 665. « Il n'est permis de planter des arbres de haute 671
« tige qu'à la distance prescrite par les règlemens particuliers
« actuellement existans, ou par les usages constans et recon-

« nus; et à défaut de règlemens et usages, qu'à la distance
« de deux mètres de la ligne séparatrice de deux héritages. »

672 Art. 666. « Le voisin peut exiger que les arbres plantés à
« une moindre distance soient arrachés. »

673 Art. 667. « Les arbres qui se trouvent dans la haie mi-
« toyenne sont mitoyens comme la haie, et chacun des
« deux propriétaires a droit de requérir qu'ils soient abattus. »

§ II.

De la Distance et des Ouvrages intermédiaires requis pour certaines constructions.

674 Art. 668. « Celui qui fait creuser un puits ou une fosse
« d'aisance près d'un mur mitoyen ou non ;

« Celui qui veut y construire cheminée ou âtre, forge,
« four ou fourneau ;

« Y adosser une étable ;

« Ou établir contre ce mur un magasin de sel ou matières
« corrosives ;

« Est obligé à laisser la distance prescrite par les règle-
« mens particuliers sur ces objets, ou à faire les ouvrages
« prescrits par les mêmes règlemens pour éviter de nuire au
« voisin. »

§ III.

Des Vues sur la propriété de son voisin.

675 Art. 669. « L'un des voisins ne peut, sans le consente-
« ment de l'autre, pratiquer dans le mur mitoyen aucune fe-
« nêtre ou ouverture pour vue, en quelque manière que ce
« soit, même à verre dormant. »

676 Art. 670. « Le propriétaire d'un mur non mitoyen joi-
« gnant immédiatement l'héritage d'autrui peut pratiquer
« dans ce mur des jours ou fenêtres à fer maillé et verre
« dormant. »

Art. 671. « Ces fenêtres ou jours ne peuvent être établis « qu'à vingt-six décimètres (huit pieds) au-dessus du plan-« cher ou sol de la chambre qu'on veut éclairer, si c'est à « rez-de-chaussée; et à dix-neuf décimètres (six pieds) au-« dessus du plancher, pour les étages supérieurs. »

Art. 672. « On ne peut avoir des vues droites ou fenêtres « d'aspect, ni balcons ou autres semblables saillies, sur l'hé-« ritage clos ou non clos de son voisin, s'il n'y a dix-neuf « décimètres (six pieds) de distance entre le mur où on les « pratique et ledit héritage. »

Art. 673. « On ne peut avoir des vues par côté ou obliques « sur le même héritage, s'il n'y a six décimètres (deux « pieds) de distance. »

Art. 674. « La distance dont il est parlé dans les deux ar-« ticles précédens se compte depuis le parement extérieur « du mur où l'ouverture se fait; et s'il y a balcons ou autres « semblables saillies, depuis leur ligne extérieure jusqu'à la « moitié du mur opposé de séparation, si ce mur est mi-« toyen.

« Si ce dernier mur n'est pas mitoyen, l'intervalle doit se « compter jusqu'à son parement intérieur. »

§ IV.

De l'Égout des toits.

Art. 675. « Tout propriétaire doit établir des toits de ma-« nière que les eaux pluviales s'écoulent sur son terrain ou « sur la voie publique; il ne peut les faire verser sur le « fonds de son voisin. »

§ V.

Du Droit de passage.

Art. 676. « Le propriétaire dont les fonds sont enclavés, « et qui n'a aucune issue sur la voie publique, peut réclamer

« un passage sur les fonds de ses voisins pour l'exploitation
« de son héritage, à la charge d'une indemnité proportionnée
« au dommage qu'il peut occasioner. »

683   Art. 677. « Le passage doit régulièrement être pris du
« côté où le trajet est le plus court du fonds enclavé à la
« voie publique. »

684   Art. 678. « Néanmoins il doit être fixé dans l'endroit le
« moins dommageable à celui sur le fonds duquel il est ac-
« cordé. »

685   Art. 679. « L'action en indemnité, dans le cas prévu par
« l'article 676, est prescriptible ; et le passage doit être
« continué, quoique l'action en indemnité ne soit plus rece-
« vable. »

CHAPITRE III.

Des Servitudes établies par le fait de l'homme.

SECTION Ire.

Des diverses espèces de Servitudes qui peuvent être établies sur les biens.

686   Art. 680. « Il est permis aux propriétaires d'établir sur
« leurs propriétés, ou en faveur de leurs propriétés, telles
« servitudes que bon leur semble, pourvu néanmoins que
« les services établis ne soient imposés ni à la personne ni en
« faveur de la personne, mais seulement à un fonds et pour
« un fonds, et pourvu que ces services n'aient d'ailleurs rien
« de contraire à l'ordre public.

« L'usage et l'étendue des servitudes ainsi établies se rè-
« glent par le titre qui les constitue ; à défaut de titre, par
« les règles ci-après. »

687   Art. 681. « Les servitudes sont établies ou pour l'usage des
« bâtimens, ou pour celui des fonds de terre.

« Celles de la première espèce s'appellent *urbaines*, soit

« que les bâtimens auxquels elles sont dues soient situés à la
« ville ou à la campagne.

« Celles de la seconde espèce se nomment *rurales*. »

Art. 682. « Les servitudes sont, ou continues, ou discon- 688
« tinues.

« Les servitudes continues sont celles dont l'usage est ou
« peut être continuel, sans avoir besoin du fait actuel de
« l'homme : tels sont les conduites d'eau, les égouts, les
« vues, et autres de cette espèce.

« Les servitudes discontinues sont celles qui ont besoin du
« fait actuel de l'homme pour être exercées : tels sont les
« droits de passage, puisage, pacage, et autres semblables. »

Art. 683. « Les servitudes sont visibles et apparentes, ou 689
« non apparentes.

« Les servitudes visibles sont celles qui s'annoncent par
« des ouvrages extérieurs, tels qu'une porte, une fenêtre,
« un aqueduc.

« Les servitudes non apparentes sont celles qui n'ont pas
« de signe extérieur de leur existence, comme, par exemple,
« la prohibition de bâtir sur un fonds, ou de ne bâtir qu'à
« une hauteur déterminée. »

SECTION II.

Comment s'établissent les Servitudes.

Art. 684. « Les servitudes continues et apparentes s'ac- 690
« quièrent par titres ou par la possession de trente ans. »

Art. 685. « Les servitudes continues non apparentes et les 691
« servitudes discontinues apparentes ou non apparentes ne
« peuvent s'établir que par titres.

« La possession même immémoriale ne suffit pas pour les
« établir, sans cependant qu'on puisse attaquer aujourd'hui
« les servitudes de cette nature déjà acquises par la posses-

« sion, dans les pays où elles pouvaient s'acquérir de cette « manière. »

692 Art. 686. « La destination du père de famille vaut titre à « l'égard des servitudes continues et apparentes. »

693 Art. 687. « Il n'y a destination du père de famille que « lorsqu'il est prouvé que les deux fonds actuellement divisés « ont appartenu au même propriétaire, et que c'est par lui « que les choses ont été mises dans l'état duquel résulte la « servitude. »

694 Art. 688. « Si le propriétaire de deux héritages entre les-« quels il existe un signe apparent de servitude dispose de « l'un des héritages sans que le contrat contienne aucune con-« vention relative à la servitude, elle continue d'exister ac-« tivement ou passivement en faveur du fonds aliéné, ou sur « le fonds aliéné. »

695 Art. 689. « Le titre constitutif de la servitude, à l'égard de « celles qui ne peuvent s'acquérir par la prescription, ne peut « être remplacé que par un titre récognitif de la servitude, « et émané du propriétaire du fonds asservi. »

696 Art. 690. « Quand on établit une servitude, on est censé « accorder tout ce qui est nécessaire pour en user.

« Ainsi la servitude de puiser de l'eau à la fontaine d'au-« trui emporte nécessairement le droit de passage. »

SECTION III.

Des Droits du propriétaire du fonds auquel la servitude est due.

697 Art. 691. « Celui auquel est due une servitude a droit de « faire tous les ouvrages nécessaires pour en user et la con-« server. »

698 Art. 692. « Ces ouvrages doivent être à ses frais, et non à « ceux du propriétaire du fonds assujéti, à moins que le titre « d'établissement de la servitude ne dise le contraire. »

Art. 693. « Dans le cas même où le propriétaire du fonds « assujéti est chargé par le titre de faire à ses frais les ou- « vrages nécessaires pour l'usage ou la conservation de la ser- « vitude, il peut toujours s'affranchir de la charge, en aban- « donnant le fonds assujéti au propriétaire du fonds auquel « la servitude est due. »

Art. 694. « Si l'héritage pour lequel la servitude a été éta- « blie vient à être divisé, la servitude reste due pour chaque « portion, sans néanmoins que la condition du fonds assujéti « soit aggravée.

« Ainsi, par exemple, s'il s'agit d'un passage, tous les co- « propriétaires seront obligés de l'exercer par le même en- « droit. »

Art. 695. « Le propriétaire du fonds débiteur de la servi- « tude ne peut rien faire qui tende à en diminuer l'usage ou « à le rendre plus incommode.

« Ainsi il ne peut changer l'état des lieux ni transporter « l'exercice de la servitude dans un endroit différent de celui « où elle a été primitivement assignée.

« Mais cependant, si cette assignation primitive était de- « venue plus onéreuse au propriétaire du fonds assujéti, ou « si elle l'empêchait d'y faire des réparations avantageuses, « il pourrait offrir au propriétaire de l'autre fonds un endroit « aussi commode pour l'exercice de ses droits, et celui-ci ne « pourrait pas s'y refuser. »

Art. 696. « De son côté, celui qui a un droit de servitude « ne peut en user que suivant son titre, sans rien innover ni « dans le fonds qui doit la servitude, ni dans le fonds à qui « elle est due, qui puisse aggraver la condition du premier. »

SECTION IV.

Comment les Servitudes s'éteignent.

Art. 697. « Les servitudes cessent lorsque les choses se « trouvent en tel état qu'on ne peut plus en user. »

704 Art. 698. « Elles revivent si les choses sont rétablies de « manière qu'on puisse en user ; à moins qu'il ne se soit déjà « écoulé un espace de temps suffisant pour faire présumer « l'extinction de la servitude, ainsi qu'il est dit article 701 « ci-après. »

705 Art. 699. « Toute servitude est censée éteinte lorsque le « fonds à qui elle est due, et celui qui la doit, sont réunis « dans la même main. »

706 Art. 700. « La servitude est censée éteinte par le non-usage « pendant trente ans. »

707 Art. 701. « Les trente ans commencent à courir, selon les « diverses espèces de servitudes, ou du jour où l'on a cessé « d'en jouir, lorsqu'il s'agit de servitudes discontinues ; ou « du jour où il a été fait un acte contraire à la servitude, « lorsqu'il s'agit de servitudes continues. »

708 Art. 702. « Le mode de la servitude peut se prescrire « comme la servitude même, et de la même manière. »

709 Art. 703. « Si l'héritage en faveur duquel la servitude est « établie appartient à plusieurs par indivis, la jouissance de « l'un empêche la prescription à l'égard de tous. »

710 Art. 704. « Si parmi les copropriétaires il s'en trouve un « contre lequel la prescription n'ait pu courir, comme un « mineur, il aura conservé le droit de tous les autres. »

637 à 639 Les articles 633, 634 et 635 sont adoptés.

M. TREILHARD fait lecture du chapitre I*er*, *des Servitudes qui dérivent de la situation des lieux*.

640 L'article 636 est adopté.

641 L'article 637 est discuté.

M. BERLIER, en adoptant le principe énoncé dans l'article, craint qu'on n'en rende l'application abusive, si l'on n'ajoute, *sans préjudice néanmoins des droits du propriétaire de l'héritage inférieur, quand il a reçu l'eau de cette source pendant un temps suffisant pour en prescrire l'usage.*

M. Treilhard dit que, pour prescrire, il faut posséder *animo domini* ; or, le propriétaire du fonds inférieur ne peut ignorer que la source de l'eau qui traverse sa propriété ne lui appartient pas. Cette source est à celui qui possède le terrain où elle se trouve : lui seul a le droit d'en user. S'il lui laisse un cours, il n'en résulte pas qu'il ait entendu donner un droit au propriétaire inférieur par le domaine de qui elle s'écoule.

M. Berlier dit, pour motiver l'amendement qu'il a proposé, que bien que les eaux soient une propriété, on ne peut se dissimuler que cette propriété est d'une espèce toute particulière : l'article est bon, si on ne l'applique qu'au propriétaire inventeur de la source, lequel lui donnera telle destination qu'il lui plaira, sans nuire à ses voisins, ni sans leur conférer des avantages qu'il ne leur doit point.

Mais si les choses ne sont plus à leur origine, et que, pendant plus de trente ans, ce propriétaire ait laissé à sa source un cours servant aux héritages inférieurs, ne serait-ce pas porter un grand préjudice à ceux-ci, que de supprimer ou détourner ce cours, surtout s'il y a eu des ouvrages faits en considération de cet état de choses?

M. Treilhard répond qu'on ne peut l'obliger à changer tous les trente ans la disposition de ses eaux, sous peine de perdre ce droit pour le temps postérieur.

M. Regnaud (de Saint-Jean-d'Angely) dit qu'il partage l'opinion de M. *Berlier*. Il est incontestable qu'un cours d'eau ajoute à la valeur de l'héritage qu'il traverse. L'usage a établi que la propriété des eaux s'acquiert par la jouissance, toutes les fois qu'il a été fait dans le fonds inférieur des constructions pour en profiter. Si les eaux pouvaient lui être retirées, si le propriétaire du fonds supérieur pouvait en disposer et les vendre, la valeur du fonds inférieur serait diminuée notablement, et tel qui aurait coûté 100,000 francs serait réduit à 50.

Il convient d'observer aussi qu'il est des villages dont les fontaines et les abreuvoirs publics ne sont alimentés que par les eaux qui découlent d'un fonds supérieur dont un particulier est propriétaire.

Au surplus, pour ne pas imposer à l'exercice de la propriété la gêne dont a parlé M. *Treilhard*, il suffirait de n'établir le principe que pour l'avenir, et de laisser pour le passé les choses dans l'état où elles se trouvent.

M. Pelet dit que l'application du principe au passé troublerait la tranquillité des campagnes. Là on trouve des sources qui, situées dans l'héritage d'un seul, deviennent, par le cours, des eaux communes à plusieurs : l'usage a sanctionné cet ordre de choses; on ne peut le changer sans dépouiller beaucoup de propriétaires de ce qu'ils regardent, avec raison, comme un droit acquis.

En appuyant l'amendement de M. *Regnaud* (de Saint-Jean-d'Angely), M. *Pelet* demande qu'il soit étendu aux deux articles suivans.

M. Maleville dit que l'article est conforme aux maximes du droit. Le temps seul n'affaiblit pas les droits du propriétaire d'une source. Ce principe ne reçoit d'exception que dans le cas où, indépendamment de la possession, le propriétaire du fonds inférieur a fait depuis trente ans des ouvrages pour l'usage des eaux. Mais comme l'application rigoureuse du principe peut quelquefois devenir injuste, elle a été adoucie par la jurisprudence. Un arrêt rapporté par *Henrys*, prononce contre un propriétaire qui, par malice et sans aucune intention d'en profiter, détournait des fonds inférieurs les eaux surgissant de son fonds. L'article 639 confirme cette jurisprudence, et permet aux juges de suivre l'équité. Cet article est la meilleure loi qu'on puisse faire sur cette matière, où il est dangereux de poser des principes trop abstraits. On a fort bien dit que la propriété des eaux est d'une espèce particulière : sans doute celui dans le fonds duquel l'eau surgit a le droit de s'en servir, quand même, pendant mille ans, elle aurait coulé dans les fonds du voisin, à moins que celui-

DES SERVITUDES OU SERVICES FONCIERS.

ci ne se la fût appropriée par un titre ou par des ouvrages ; mais les besoins de ce premier propriétaire une fois satisfaits, l'équité, l'intérêt public et la destination même de l'eau ne permettent pas que les fonds inférieurs en soient arbitrairement privés : la Providence a créé pour l'usage de tous cet élément nécessaire à tous ; et c'est dans ce sens que Justinien a dit dans ses excellens Instituts : *Communia sunt omnium hæc, aer, aqua profluens, mare.*

M. Tronchet dit que, pour se fixer, il importe de considérer quel était le droit ancien, et de le comparer avec la proposition faite par M. *Berlier*.

Dans les pays coutumiers, on ne pouvait prescrire sans titre : ainsi la seule possession des eaux n'en donnait jamais la propriété. Dans les pays de droit écrit, la prescription pouvait avoir lieu sans titre; mais le propriétaire d'une source avait exclusivement la disposition des eaux. Ainsi, le droit qu'on propose d'établir n'existait sur aucun point de la France. Il en résultait que le propriétaire inférieur ne pouvait prétendre à conserver l'usage des eaux que lorsqu'il avait traité avec le propriétaire supérieur ; autrement il demeurait sous le droit commun, qui lui refusait ce droit.

Maintenant la section propose de rendre les servitudes prescriptibles ; mais, pour profiter de cette disposition, il faut une possession fondée sur des actes qui supposent un titre perdu et que la possession remplace. Il sera donc très-difficile de prescrire, si la possession n'est attestée par des ouvrages extérieurs.

Il peut cependant y avoir des raisons d'équité supérieure, qui, comme dans l'espèce rapportée par *Henrys*, obligent de s'écarter de la règle générale. L'article 639 donne, pour ce cas, aux juges la plus grande latitude.

M. Berlier dit que la législation n'a pas été toujours bien fixée sur le point en discussion. La loi 6, Cod. *de Servit. et aquâ*, a été assez long-temps diversement interprétée. *Bretonnier* dans ses questions, *Lamoignon* dans ses arrêtés, *Davot* et d'autres jurisconsultes, pensaient que le propriétaire d'un héritage dans lequel est une fontaine ne peut disposer de l'eau à l'exclusion de celui qui a des héritages inférieurs. A la vérité, cette opinion a été fortement contredite, et, dans le dernier état de la jurisprudence, le droit de disposer de la source a été reconnu en faveur du propriétaire du fonds où elle prenait sa naissance; mais du moins, et dans beaucoup de pays, ce n'était que sauf le droit que les propriétaires inférieurs pouvaient avoir acquis par une possession de trente ans : cette modification est attestée par *Bannelier*, pour le ci-devant duché de Bourgogne.

Au reste, et abstraction faite des anciens principes, il faut aujourd'hui faire ce qui est le plus utile et le plus juste : or, sera-t-il utile et juste de priver l'héritage inférieur d'un bénéfice qu'on pouvait, il est vrai, ne pas lui accorder, mais qui, après un grand laps de temps, ne saurait lui être retiré sans un notable détriment?

On a dit que c'était simple tolérance de la part du propriétaire de la source : mais quelque idée que l'on veuille attacher à cette espèce de possession, la loi n'a pas moins le droit d'en fixer les effets de la manière la plus utile à la société.

Le Consul Cambacérès dit qu'il faut sans doute prévenir l'abus qu'un propriétaire pourrait faire de ses droits, sans néanmoins en entraver l'exercice. On ne peut le forcer, comme il a été dit, à faire signifier, tous les trente ans, un acte aux propriétaires inférieurs, pour empêcher qu'ils ne prescrivent contre lui.

En se réglant donc par les principes, on ne peut mettre en question si une source est une propriété; et, par une suite nécessaire, on ne peut refuser au propriétaire le droit d'en disposer à son gré. L'écoulement naturel des eaux par les fonds inférieurs n'apporte pas de modification à ce droit.

A l'égard du cas particulier proposé par M. *Regnaud* (de Saint-Jean-d'Angely), il s'agit là de l'intérêt d'une commune entière. Il faut donc chercher à le concilier avec le droit du propriétaire : on y arriverait en laissant à la commune des eaux qui lui sont indispensables, et en la forçant d'indemniser le propriétaire. Hors ce cas d'utilité publique, et lorsqu'il n'y a que l'intérêt des particuliers qui possèdent les fonds inférieurs, rien ne peut plus balancer les droits du propriétaire.

Cependant la modification qu'on a proposé de faire au principe général est juste. Lorsque le propriétaire a souffert, pendant tout le temps nécessaire pour accomplir la prescription, les ouvrages faits par le propriétaire inférieur, il paraît avoir tacitement concédé des droits à ce dernier. Peut-être cette modification est-elle exprimée au titre *de la Prescription*; mais il serait utile de l'énoncer ici.

A l'égard du passé, il se réglera par les lois antérieures. M. Tronchet les a rappelées. Dans les pays coutumiers, le propriétaire inférieur ne pouvait prescrire qu'avec un titre; dans les pays de droit écrit, il prescrivait sans titre, mais seulement lorsque sa possession était constatée par des constructions.

M. REGNAUD (de Saint-Jean-d'Angely) dit que lorsqu'on réfléchit que nos relations avec d'autres États, et en particulier avec la république italienne, ont fait connaître et ont introduit en France, depuis quelque temps, l'usage si utile des irrigations; la France a joint à son territoire le Piémont où l'art des irrigations féconde des régions abondantes et de riches prairies, on sent combien la modification admise par le Consul est importante. L'intérêt public exige qu'on conserve aux propriétaires inférieurs l'avantage des irrigations qu'ils se sont ménagées par des travaux ou des constructions : il ne faut pas que le propriétaire supérieur qui les a souffertes puisse tout-à-coup les rendre inutiles, en vendant, par exemple, les dérivations de sa source à des tiers qui se trouveraient ainsi enrichis par la ruine de celui auquel les eaux seraient enlevées.

L'article est adopté avec les amendemens proposés par M. Berlier, M. Regnaud (de Saint-Jean-d'Angely) et par le Consul *Cambacérès*.

644 L'article 638 est discuté.

M. Pelet dit qu'il est à craindre que l'un des propriétaires supérieurs ne s'empare tellement des eaux, qu'il n'en absorbe l'usage et n'en laisse rien échapper vers les propriétés inférieures.

M. Tronchet répond que cet abus est impossible, parce que, dans le cas de contestation, les tribunaux déterminent la jouissance de chacun par un règlement qui fixe le temps pendant lequel chaque propriétaire usera des eaux, et même l'heure où il pourra s'en servir.

M. Galli dit que la disposition générale de l'article est utile et juste ; que cependant, pour ne point bouleverser les usages dans le ci-devant Piémont, il est nécessaire de la modifier par une exception.

En effet, dans le Piémont, presque tous les terrains sont fécondés à l'aide d'irrigations qui viennent des fonds supérieurs. On les réduirait à être stériles si ces eaux leur étaient retirées. Mais pour que l'article n'ait, sous ce rapport, aucune conséquence fâcheuse, il suffit d'excepter de son application les eaux acquises à l'irrigation des fonds inférieurs par titre ou par possession.

M. Treilhard dit que lorsqu'il y a un titre, il prévient toutes les difficultés ; s'il n'y a pas de titre qui fasse un propriétaire, quelle autre règle peut-on suivre que celle qui est établie par l'article?

M. Tronchet dit qu'en effet, dans ce cas, chacun des propriétaires dans le domaine desquels l'eau passe est obligé de la rendre à son cours ordinaire.

M. Galli dit que si le propriétaire supérieur profite des eaux pour des irrigations, elles n'arriveront pas aux propriétés inférieures dans toute la quantité qui leur est due par titre ou par possession.

M. Tronchet dit que quand l'eau passe sur plusieurs héritages sans que personne en soit propriétaire, l'usage en est déterminé entre tous par un règlement.

M. Bigot-Préameneu dit que le cours des eaux intéressant presque toujours l'utilité publique, il devient aussi souvent l'objet de règlemens administratifs, différens de ceux que font les tribunaux entre les propriétaires; qu'il conviendrait donc de subordonner la jouissance de ceux-ci aux dispositions de ces sortes de règlemens.

M. Tronchet dit que ces règlemens ne doivent pas être prévus dans le Code civil.

Le Consul Cambacérès pense qu'on pourrait cependant, au lieu de dire que *chacun usera des eaux à sa volonté*, spécifier que la jouissance du propriétaire supérieur sera réglée de manière à ne pas nuire à celle du propriétaire inférieur.

M. Galli dit que cette composition est impossible, parce que le propriétaire supérieur ne peut avoir la jouissance des eaux sans en préjudicier le propriétaire inférieur : cependant ce dernier est le seul qui, par titre ou par possession, ait le droit d'en user dans la totalité qui lui est due.

M. Treilhard observe que l'article ne s'applique pas au cas où il existe un titre de propriété.

M. Galli dit que sa proposition tend à donner à la possession la même force qu'à un titre.

Le Consul Cambacérès demande de quelle espèce de possession M. *Galli* entend parler : si c'est de la possession immémoriale constatée par des constructions.

M. Galli répond qu'il ne demande d'autre exception que celle du titre ou de la possession, qu'il a déjà réclamée.

M. Bigot-Préameneu dit que, dans la ci-devant Limagne, une source d'eau qui coule du haut d'une montagne arrose souvent toutes les propriétés inférieures, mais chacune ne jouit que d'un filet; que c'était par cette raison qu'il avait proposé de subordonner l'application de l'article à ce qui serait déterminé par des règlemens d'administration pour des vues d'utilité publique.

M. Treilhard observe que cette modification ne satisferait pas M. *Galli*. Sa proposition n'est pas de réduire à un usage modéré des eaux ceux dont elles traversent les propriétés, mais d'en ôter entièrement la jouissance aux propriétaires supérieurs, pour la donner sans partage aux propriétaires inférieurs, parce que leur héritage ne se compose que de prairies.

Le Consul Cambacérès dit que cependant, pour ne pas scinder la proposition de M. *Galli*, il faut ajouter qu'il ne réserve les eaux aux propriétaires inférieurs que lorsqu'une possession centenaire, prouvée par les constructions qu'ils ont faites et par une jouissance publique, leur donne des droits exclusifs à l'usage des eaux : alors la proposition est incontestable. Il faut seulement que la rédaction la consacre.

L'article est renvoyé à la section.

L'article 639 est adopté.

L'article 640 est discuté.

M. Regnaud (de Saint-Jean-d'Angely) dit que le bornage et l'obligation de le souffrir ne sont pas une servitude, et que cette disposition serait mieux placée dans le Code rural.

M. Treilhard dit que l'obligation de souffrir le bornage est une servitude.

L'article est adopté.

Les articles 641 et 642 sont adoptés.

M. Treilhard fait lecture du chapitre II, *des Servitudes établies par la loi*.

Les articles 643, 644, 645 et 646 sont adoptés.

Le § Ier, *du Mur et du Fossé mitoyens*, est soumis à la discussion.

L'article 647 est discuté.

M. Berlier propose de ne déclarer le mur servant de séparation entre bâtimens mitoyen que *jusqu'à héberge*, c'est-à-dire jusqu'au point où deux bâtimens de hauteur inégale peuvent profiter du mur commun; la partie du mur qui excède la sommité du bâtiment le plus bas est évidemment propre en totalité au maître du bâtiment le plus élevé.

L'article est adopté avec cet amendement.

Les articles 648, 649, 650, 651, 652, 653, 654, 655 et 656 sont adoptés.

L'article 657 est discuté.

M. Bérenger dit que la disposition qui détermine la hauteur du mur gêne inutilement la liberté des propriétaires.

M. Treilhard dit que la loi ne fixe la hauteur du mur que pour le cas où l'un des deux propriétaires veut se clore et y contraint l'autre. Si tous deux sont d'accord, ils peuvent s'écarter de cette disposition et donner au mur l'élévation qu'il leur plaît.

M. Galli observe qu'à Turin, et dans tout le Piémont, il existe des cours tellement resserrées, que, si le mur était nécessairement de la mesure proposée de trente-deux décimètres (dix pieds), elles seraient privées du jour.

Il demande que, sur la fixation de la hauteur, la loi renvoie aux usages locaux.

M. Treilhard répond que la section a suivi le droit en vigueur. A Paris, où l'on trouve beaucoup de cours aussi étroites qu'à Turin, les murs de séparation ont toujours été élevés à dix pieds.

M. Regnaud (de Saint-Jean-d'Angely) fait observer, comme fait, que dans les nouvelles constructions, à Paris, les murs de cours et jardins n'ont pas la hauteur exigée par l'article, et il propose de fixer à dix pieds l'élévation des murs sur la rue, et à huit celle des murs de séparation.

M. Treilhard observe que l'on ne peut admettre d'innovation arbitraire dans cette matière; car si l'on veut décider sans avoir des bases, l'imagination ne sait plus où s'arrêter.

Au surplus l'article présenté par la section n'a excité aucune réclamation de la part des tribunaux; mais ils se sont élevés contre le renvoi aux usages locaux. Ils n'y ont vu qu'un principe de doutes et d'incertitudes. Cependant, pour ne pas heurter les habitudes des pays nouvellement réunis, on pourrait laisser le gouvernement leur appliquer la disposition par des règlemens locaux.

Le Consul Cambacérès dit que de semblables questions doivent pouvoir être décidées promptement et par des règles familières à tous. Il propose d'admettre la règle générale présentée par la section, en ajoutant : *à moins que l'usage contraire ne soit constant.*

M. Berlier dit que l'article deviendrait d'une exécution plus facile, si on y exprimait que le propriétaire interpellé de contribuer à la clôture peut s'en dispenser en renonçant à la mitoyenneté, et en cédant la moitié de la place sur laquelle le mur doit être construit : cette option était déférée en beaucoup de pays.

M. Tronchet dit que cette modification est exprimée dans l'article 650.

M. Bigot-Préameneu observe que, dans les villes d'une population un peu nombreuse, toujours les propriétaires ont été dans l'obligation de se clore, et que cependant l'article ne rappelle pas cette obligation.

Le Consul Cambacérès dit qu'on pourrait donner à la loi la marche suivante :

On imposerait d'abord aux propriétaires des villes un peu considérables l'obligation de se clore. On ajouterait qu'ils ne pourront être forcés d'élever le mur de séparation à plus de dix pieds. Par là, sans parler des usages locaux, on laisserait néanmoins la facilité de les suivre : le procès-verbal du Conseil expliquerait l'intention de la loi. Enfin on admettrait les conventions particulières par lesquelles les propriétaires voisins auraient déterminé la hauteur du mur.

M. TRONCHET dit que, si la disposition générale est restreinte au cas où l'un des voisins force l'autre, et si d'ailleurs il leur est libre de faire les conventions qu'il leur plaît, il n'y a plus de difficulté à décider que le mur sera d'une hauteur déterminée, suffisante pour la sûreté des deux voisins.

LE CONSEIL adopte en principe que dans les villes d'une population un peu nombreuse les propriétaires seront forcés de se clore.

Les observations qui ont été faites sont renvoyées à la section.

Les articles 658, 659, 660, 661, 662, 663, 664, 665, 666 et 667 sont adoptés. 664 à 673

Le § II, *de la Distance et des Ouvrages intermédiaires requis pour certaines constructions*, est soumis à la discussion.

L'article 668 est discuté. 674

M. BERLIER observe que cet article n'est qu'un renvoi pur et simple aux usages, statuts locaux, ce qui éloigne du but qu'on s'est proposé dans le Code civil ; il pense au surplus que les distances ou contre-murs dont il faut user dans l'application de cet article n'offrent pas une assez forte variété dans les différens points du territoire pour qu'il soit impossible de les assujétir à une règle commune et uniforme : ce serait au moins un point à examiner.

M. TREILHARD répond qu'on ne peut établir une règle uniforme, parce qu'on ne construit pas partout avec les mêmes matériaux et d'après les mêmes principes.

L'article est adopté.

Le § III, *des Vues sur la propriété de son voisin*, est soumis à la discussion.

675   L'article 669 est discuté.

M. Tronchet dit que cette disposition est indispensable lorsque les bâtimens du propriétaire voisin sont appuyés au mur, parce qu'alors il faut empêcher que l'autre n'ait des vues dans l'habitation personnelle; mais cette raison cesse dans le cas contraire.

M. Treilhard répond que l'article repose sur le principe que le mur mitoyen est une propriété commune; qu'ainsi aucun des deux voisins n'en peut disposer sans le consentement de l'autre.

L'article est adopté.

676 à 680   Les articles 670, 671, 672, 673 et 674 sont adoptés.

Le § IV, *de l'Égout des toits*, est soumis à la discussion.

681   L'article 675, qui le compose, est adopté.

Le § V, *du Droit de passage*, est soumis à la discussion.

682 à 685   Les articles 676, 677, 678 et 679, qui le composent, sont adoptés.

M. Treilhard fait lecture du chapitre III, *des Servitudes établies par le fait de l'homme.*

686 à 690   Les articles qui le composent ne donnent lieu à aucune observation, et sont adoptés.

DES SERVITUDES OU SERVICES FONCIERS.

(Procès-verbal de la séance du 11 brumaire an XII. — 3 novembre 1803.)

M. Treilhard présente le titre IV du livre II du projet de Code civil, rédigé conformément aux amendemens adoptés dans la séance du 4 brumaire an XII.

DES SERVITUDES OU SERVICES FONCIERS.

Art. 633. « Une servitude est une charge imposée sur un « héritage pour l'usage et l'utilité d'un héritage voisin appartenant à un autre propriétaire. » 637

Art. 634. « La servitude n'établit aucune prééminence d'un « héritage sur l'autre. » 638

Art. 635. « Elle dérive ou de la situation naturelle des « lieux, ou des obligations imposées par la loi, ou des con-« ventions entre les propriétaires. » 639

CHAPITRE Ier.

Des Servitudes qui dérivent de la situation des lieux.

Art. 636. « Les fonds inférieurs sont assujétis, envers ceux « qui sont plus élevés, à recevoir les eaux qui en découlent « naturellement sans que la main de l'homme y ait con-« tribué. 640

« Le propriétaire inférieur ne peut point élever de digue « qui empêche cet écoulement.

« Le propriétaire supérieur ne peut rien faire qui aggrave « la servitude du fonds inférieur. »

Art. 637. « Celui qui a une source dans son fonds peut en « user à sa volonté. » 641

Art. 638. « Il ne peut cependant changer le cours donné à « l'eau, lorsque le propriétaire du fonds inférieur en a acquis « l'usage ou par titre, ou par une possession suffisante. » Ib.

642 Art. 639. « La prescription dans ce cas ne peut s'acquérir « que par une jouissance non interrompue pendant l'espace « de trente années, à compter du moment où le propriétaire « du fonds inférieur a fait et terminé des ouvrages extérieurs « destinés à faciliter la chute et le cours de l'eau dans sa pro- « priété. »

643 Art. 640. « Le propriétaire de la source ne peut aussi en « changer le cours, lorsqu'il fournit aux habitans d'une com- « mune, village ou hameau, l'eau qui leur est nécessaire ; « mais si les habitans n'en ont pas acquis ou prescrit l'usage, « le propriétaire peut réclamer une indemnité, laquelle est « réglée par experts. »

644 Art. 641. « Celui dont la propriété borde une eau courante, « autre que celle qui est déclarée dépendance du domaine « public par l'article 531, peut s'en servir à son passage pour « l'irrigation de ses propriétés.

« Celui dont cette eau traverse l'héritage peut même en « user dans l'intervalle qu'elle y parcourt, mais à la charge « de la rendre, à la sortie de ses fonds, à son cours ordi- « naire. »

645 Art. 642. « S'il s'élève une contestation entre les proprié- « taires auxquels ces eaux peuvent être utiles, les tribunaux, « en prononçant, doivent concilier l'intérêt de l'agriculture « avec le respect dû à la propriété ; et dans tous les cas, les « règlemens particuliers et locaux sur le cours et l'usage des « eaux doivent être observés. »

646 Art. 643. « Tout propriétaire peut obliger son voisin au « bornage de leurs propriétés contiguës. Le bornage se fait « à frais communs. »

647 Art. 644. « Tout propriétaire peut clore son héritage, sauf « l'exception portée en l'article 679 ci-après. »

648 Art. 645. « Le propriétaire qui veut se clore perd son « droit au pâturage commun en proportion du terrain qu'il « y soustrait. »

CHAPITRE II.

Des Servitudes établies par la loi.

Art. 646. « Les servitudes établies par la loi ont pour objet l'utilité publique ou communale, ou l'utilité des particuliers. »

Art. 647. « Celles établies pour l'utilité publique ou communale ont pour objet le marche-pied le long des rivières navigables ou flottables, la construction ou réparation des chemins et autres ouvrages publics ou communaux.

« Tout ce qui concerne cette espèce de servitude est déterminé par des lois ou des règlemens particuliers. »

Art. 648. « La loi assujétit les propriétaires à différentes obligations l'un à l'égard de l'autre, indépendamment de toute convention. »

Art. 649. « Partie de ces obligations est réglée par le *Code rural*.

« Les autres sont relatives au mur et au fossé mitoyen, au cas où il y a lieu à contre-mur, aux vues sur la propriété du voisin, à l'égout des toits, au droit de passage. »

§ Ier.

Du Mur et du Fossé mitoyens.

Art. 650. « Dans les villes, bourgs, villages et hameaux, tout mur servant de séparation entre bâtimens, jusqu'à l'héberge, ou entre cours et jardins, et même entre enclos dans les champs, est présumé mitoyen, s'il n'y a titre ou marque du contraire. »

Art. 651. « Il y a marque de non-mitoyenneté lorsque la sommité du mur est droite et à plomb de son parement d'un côté, et présente de l'autre un plan incliné ;

« Lors encore qu'il n'y a que d'un côté, ou un chaperon, « ou des filets et corbeaux de pierre qui y auraient été mis « en bâtissant le mur.

« Dans ces cas, le mur est censé appartenir exclusivement « au propriétaire du côté duquel sont l'égout ou les corbeaux « et filets de pierre. »

655 Art. 652. « La réparation et la reconstruction du mur mi- « toyen sont à la charge de tous ceux qui y ont droit, et « proportionnellement au droit de chacun. »

656 Art. 653. « Cependant tout copropriétaire d'un mur mi- « toyen peut se dispenser de contribuer aux réparations en « abandonnant le droit de mitoyenneté, pourvu que le mur « mitoyen ne soutienne pas un bâtiment qui lui appartienne. »

657 Art. 654. « Tout copropriétaire peut faire bâtir contre un « mur mitoyen, et y faire placer des poutres ou solives dans « toute l'épaisseur du mur, à cinquante-quatre millimètres « (deux pouces) près, sans préjudice du droit qu'a le voisin « de faire réduire à l'ébauchoir la poutre jusqu'à la moitié « du mur, dans le cas où il voudrait lui-même asseoir des « poutres dans le même lieu, ou y adosser une cheminée. »

658 Art. 655. « Tout copropriétaire peut faire exhausser le « mur mitoyen; mais il doit payer seul la dépense de l'ex- « haussement, les réparations d'entretien au-dessus de la « hauteur de la clôture commune, et en outre l'indemnité « de la charge en raison de l'exhaussement et suivant la « valeur. »

659 Art. 656. « Si le mur mitoyen n'est pas en état de sup- « porter l'exhaussement, celui qui veut l'exhausser doit le « faire reconstruire en entier à ses frais, et l'excédant d'é- « paisseur doit se prendre de son côté. »

660 Art. 657. « Le voisin qui n'a pas contribué à l'exhaussement « peut en acquérir la mitoyenneté en payant la moitié de la « dépense qu'il a coûté, et la valeur de la moitié du sol « fourni pour l'excédant d'épaisseur s'il y en a. »

661 Art. 658. « Tout propriétaire, joignant un mur, a de

« même la faculté de le rendre mitoyen en tout ou en partie,
« en remboursant au maître du mur la moitié de sa valeur
« ou la moitié de la valeur de la portion qu'il veut rendre
« mitoyenne, et moitié de la valeur du sol sur lequel le mur
« est bâti. »

Art. 659. « L'un des voisins ne peut pratiquer dans le corps 662
« d'un mur mitoyen aucun enfoncement, ni y appliquer ou
« appuyer aucun ouvrage, sans le consentement de l'autre,
« ou sans avoir, à son refus, fait régler par experts les moyens
« nécessaires pour que le nouvel ouvrage ne soit pas nuisible
« aux droits de l'autre. »

Art. 660. « Chacun peut contraindre son voisin, dans les 663
« villes et faubourgs, à contribuer pour faire faire clôture
« faisant séparation de leurs maisons, cours et jardins assis
« ès-dites villes et faubourgs : la hauteur de la clôture sera
« fixée suivant les règlemens particuliers ou les usages cons--
« tans et reconnus; et à défaut d'usages et de règlemens,
« tout mur de séparation entre voisins, qui sera construit ou
« rétabli à l'avenir, doit avoir au moins trente-deux déci-
« mètres (dix pieds) de hauteur, compris le chaperon, dans
« les villes de cinquante mille âmes et au-dessus, et vingt-
« six décimètres (huit pieds) dans les autres. »

Art. 661. « Lorsque les différens étages d'une maison 664
« appartiennent à divers propriétaires, si les titres de pro-
« priété ne règlent pas le mode des réparations et recons-
« tructions, elles doivent être faites ainsi qu'il suit :

« Les gros murs et le toit sont à la charge de tous les pro-
« priétaires, chacun en proportion de la valeur de l'étage
« qui lui appartient.

« Le propriétaire de chaque étage fait le plancher sur le-
« quel il marche.

« Le propriétaire du premier étage fait l'escalier qui y
« conduit; le propriétaire du second étage fait, à partir du
« premier, l'escalier qui conduit chez lui; et ainsi de suite. »

Art. 662. « Lorsqu'on reconstruit un mur mitoyen ou une 665

« maison, les servitudes actives et passives se continuent à
« l'égard du nouveau mur ou de la nouvelle maison, sans
« toutefois qu'elles puissent être aggravées, et pourvu que
« la reconstruction se fasse avant que la prescription soit ac-
« quise. »

666   Art. 663. « Tous fossés entre deux héritages sont présumés
« mitoyens, s'il n'y a titre ou marque du contraire. »

667   Art. 664. « Il y a marque de non mitoyenneté lorsque la
« levée ou le rejet de la terre se trouve d'un côté seulement
« du fossé. »

668   Art. 665. « Le fossé est censé appartenir exclusivement à
« celui du côté duquel le rejet se trouve. »

669   Art. 666. « Le fossé mitoyen doit être entretenu à frais
« communs. »

670   Art. 667. « Toute haie qui sépare des héritages en état de
« clôture est réputée mitoyenne, s'il n'y a titre ou posses-
« sion suffisante au contraire. »

671   Art. 668. « Il n'est permis de planter des arbres de haute
« tige qu'à la distance prescrite par les règlemens particu-
« liers actuellement existans, ou par les usages constans et
« reconnus; et à défaut de règlemens et usages, qu'à la dis-
« tance de deux mètres de la ligne séparatrice de deux
« héritages. »

672   Art. 669. « Le voisin peut exiger que les arbres plantés à
« une moindre distance soient arrachés. »

673   Art. 670. « Les arbres qui se trouvent dans la haie mi-
« toyenne sont mitoyens comme la haie, et chacun des deux
« propriétaires a droit de requérir qu'ils soient abattus. »

§ II.

De la Distance et des Ouvrages intermédiaires requis pour certaines constructions.

674   Art. 671. « Celui qui fait creuser un puits ou une fosse
« d'aisance près d'un mur mitoyen ou non ;

« Celui qui veut y construire cheminée ou âtre, forge,
« four ou fourneau,
« Y adosser une étable,
« Ou établir contre ce mur un magasin de sel ou matières
« corrosives,
« Est obligé à laisser la distance prescrite par les règle-
« mens particuliers sur ces objets, ou à faire les ouvrages
« prescrits par les mêmes règlemens pour éviter de nuire au
« voisin. »

§ III.

Des Vues sur la propriété de son voisin.

Art. 672. « L'un des voisins ne peut, sans le consente- 675
« ment de l'autre, pratiquer dans le mur mitoyen aucune
« fenêtre ou ouverture pour vue, en quelque manière que
« ce soit, même à verre dormant. »

Art. 673. « Le propriétaire d'un mur non mitoyen joi- 676
« gnant immédiatement l'héritage d'autrui peut pratiquer
« dans ce mur des jours ou fenêtres à fer maillé et verre
« dormant. »

Art. 674. « Ces fenêtres ou jours ne peuvent être établis 677
« qu'à vingt-six décimètres (huit pieds) au-dessus du plan-
« cher ou solde la chambre qu'on veut éclairer, si c'est à rez-
« de-chaussée, et à dix-neuf décimètres (six pieds) au-dessus
« du plancher, pour les étages supérieurs. »

Art. 675. « On ne peut avoir des vues droites ou fenêtres 678
« d'aspect, ni balcons ou autres semblables saillies, sur l'hé-
« ritage clos ou non clos de son voisin, s'il n'y a dix-neuf
« décimètres (six pieds) de distance entre le mur où on les
« pratique et ledit héritage. »

Art. 676. « On ne peut avoir des vues par côté ou obli- 679
« ques sur le même héritage, s'il n'y a six décimètres (deux
« pieds) de distance. »

Art. 677. « La distance dont il est parlé dans les deux 680

« articles précédens se compte depuis le parement extérieur
« du mur où l'ouverture se fait ; et s'il y a balcons ou autres
« semblables saillies, depuis leur ligne extérieure jusqu'à la
« moitié du mur opposé de séparation, si ce mur est mi-
« toyen.

« Si ce dernier mur n'est pas mitoyen, l'intervalle doit se
« compter jusqu'à son parement intérieur. »

§ IV.

De l'Égout des toits.

681   Art. 678. « Tout propriétaire doit établir des toits de ma-
« nière que les eaux pluviales s'écoulent sur son terrain ou
« sur la voie publique ; il ne peut les faire verser sur le fonds
« de son voisin. »

§ V.

Du Droit de passage.

682   Art. 679. « Le propriétaire dont les fonds sont enclavés,
« et qui n'a aucune issue sur la voie publique, peut réclamer
« un passage sur les fonds de ses voisins pour l'exploitation
« de son héritage, à la charge d'une indemnité proportionnée
« au dommage qu'il peut occasioner. »

683   Art. 680. « Le passage doit régulièrement être pris du
« côté où le trajet est le plus court du fonds enclavé à la
« voie publique. »

684   Art. 681. « Néanmoins, il doit être fixé dans l'endroit le
« moins dommageable à celui sur le fonds duquel il est ac-
« cordé. »

685   Art. 682. « L'action en indemnité, dans le cas prévu par
« l'article 679, est prescriptible ; et le passage doit être con-
« tinué, quoique l'action en indemnité ne soit plus rece-
« vable. »

CHAPITRE III.

Des Servitudes établies par le fait de l'homme.

SECTION 1re.

Des diverses espèces de Servitudes qui peuvent être établies sur les Biens.

Art. 683. « Il est permis aux propriétaires d'établir sur « leurs propriétés, ou en faveur de leurs propriétés, telles « servitudes que bon leur semble, pourvu néanmoins que « les services établis ne soient imposés ni à la personne, ni « en faveur de la personne, mais seulement à un fonds et « pour un fonds, et pourvu que ces services n'aient d'ailleurs « rien de contraire à l'ordre public.

« L'usage et l'étendue des servitudes ainsi établies se « règlent par le titre qui les constitue; à défaut de titre, « par les règles ci-après. »

Art. 684. « Les servitudes sont établies ou pour l'usage « des bâtimens, ou pour celui des fonds de terre.

« Celles de la première espèce s'appellent urbaines, soit « que les bâtimens auxquels elles sont dues soient situés à « la ville ou à la campagne.

« Celles de la seconde espèce se nomment rurales. »

Art. 685. « Les servitudes sont ou continues, ou dis- « continues.

« Les servitudes continues sont celles dont l'usage est ou « peut être continuel, sans avoir besoin du fait actuel de « l'homme : tels sont les conduites d'eau, les égouts, les « vues, et autres de cette espèce.

« Les servitudes discontinues sont celles qui ont besoin du « fait actuel de l'homme pour être exercées : tels sont les « droits de passage, puisage, pacage, et autres semblables. »

Art. 686. « Les servitudes sont visibles et apparentes, ou
« non apparentes.

« Les servitudes visibles sont celles qui s'annoncent par
« des ouvrages extérieurs, tels qu'une porte, une fenêtre,
« un aqueduc.

« Les servitudes non apparentes sont celles qui n'ont pas
« de signe extérieur de leur existence, comme, par exemple,
« la prohibition de bâtir sur un fonds, ou de ne bâtir qu'à
« une hauteur déterminée. »

SECTION II.

Comment s'établissent les servitudes.

Art. 687. « Les servitudes continues et apparentes s'ac-
« quièrent par titre ou par la possession de trente ans. »

Art. 688. « Les servitudes continues non apparentes et
« les servitudes discontinues apparentes ou non apparentes,
« ne peuvent s'établir que par titres.

« La possession même immémoriale ne suffit pas pour les
« établir, sans cependant qu'on puisse attaquer aujourd'hui
« les servitudes de cette nature déjà acquises par la posses-
« sion, dans les pays où elles pouvaient s'acquérir de cette
« manière. »

Art. 689. « La destination du père de famille vaut titre à
« l'égard des servitudes continues et apparentes. »

Art. 690. « Il n'y a destination du père de famille que
« lorsqu'il est prouvé que les deux fonds actuellement di-
« visés ont appartenu au même propriétaire, et que c'est
« par lui que les choses ont été mises dans l'état duquel ré-
« sulte la servitude. »

Art. 691. « Si le propriétaire de deux héritages entre les-
« quels il existe un signe apparent de servitude dispose de
« l'un des héritages sans que le contrat contienne aucune
« convention relative à la servitude, elle continue d'exister

« activement ou passivement en faveur du fonds aliéné, ou
« sur le fonds aliéné. »

Art. 692. « Le titre constitutif de la servitude, à l'égard
« de celles qui ne peuvent s'acquérir par la prescription, ne
« peut être remplacé que par un titre récognitif de la servi-
« tude, et émané du propriétaire du fonds asservi. »

Art. 693. « Quand on établit une servitude, on est censé
« accorder tout ce qui est nécessaire pour en user.

« Ainsi la servitude de puiser de l'eau à la fontaine d'au-
« trui emporte nécessairement le droit de passage. »

SECTION III.

Des Droits du propriétaire du fonds auquel la servitude est due.

Art. 694. « Celui auquel est due une servitude a droit de
« faire tous les ouvrages nécessaires pour en user et la con-
« server. »

Art. 695. « Ces ouvrages doivent être à ses frais, et non à
« ceux du propriétaire du fonds assujéti, à moins que le titre
« d'établissement de la servitude ne dise le contraire. »

Art. 696. « Dans le cas même où le propriétaire du fonds
« assujéti est chargé, par le titre, de faire à ses frais les
« ouvrages nécessaires pour l'usage ou la conservation de la
« servitude, il peut toujours s'affranchir de la charge, en
« abandonnant le fonds assujéti au propriétaire du fonds
« auquel la servitude est due. »

Art. 697. « Si l'héritage pour lequel la servitude a été
« établie vient à être divisé, la servitude reste due pour
« chaque portion, sans néanmoins que la condition du fonds
« assujéti soit aggravée.

« Ainsi, par exemple, s'il s'agit d'un passage, tous les
« copropriétaires seront obligés de l'exercer par le même
« endroit. »

Art. 698. « Le propriétaire du fonds débiteur de la servi-

« tude ne peut rien faire qui tende à en diminuer l'usage ou
« à le rendre plus incommode.

« Ainsi il ne peut changer l'état des lieux, ni transporter
« l'exercice de la servitude dans un endroit différent de
« celui où elle a été primitivement assignée.

« Mais cependant, si cette assignation primitive était de-
« venue plus onéreuse au propriétaire du fonds assujéti, ou
« si elle l'empêchait d'y faire des réparations avantageuses,
« il pourrait offrir au propriétaire de l'autre fonds un en-
« droit aussi commode pour l'exercice de ses droits, et
« celui-ci ne pourrait pas s'y refuser. »

702   Art. 699. « De son côté, celui qui a un droit de servitude
« ne peut en user que suivant son titre, sans rien innover ni
« dans le fonds qui doit la servitude, ni dans le fonds à qui
« elle est due, qui puisse aggraver la condition du premier. »

SECTION IV.

Comment les servitudes s'éteignent.

703   Art. 700. « Les servitudes cessent lorsque les choses se
« trouvent en tel état qu'on ne peut plus en user. »

704   Art. 701. « Elles revivent si les choses sont rétablies de
« manière qu'on puisse en user; à moins qu'il ne se soit déjà
« écoulé un espace de temps suffisant pour faire présumer
« l'extinction de la servitude, ainsi qu'il est dit article 704
« ci-après. »

705   Art. 702. « Toute servitude est censée éteinte lorsque le
« fonds à qui elle est due, et celui qui la doit, sont réunis
« dans la même main. »

706   Art. 703. « La servitude est censée éteinte par le non
« usage pendant trente ans. »

707   Art. 704. « Les trente ans commencent à courir, selon les
« diverses espèces de servitudes, ou du jour où l'on a cessé
« d'en jouir, lorsqu'il s'agit de servitudes discontinues; ou

DES SERVITUDES OU SERVICES FONCIERS.   281

« du jour où il a été fait un acte contraire à la servitude,
« lorsqu'il s'agit de servitudes continues. »

Art. 705. « Le mode de la servitude peut se prescrire 708
« comme la servitude même, et de la même manière. »

Art. 706. « Si l'héritage en faveur duquel la servitude est 709
« établie appartient à plusieurs par indivis, la jouissance de
« l'un empêche la prescription à l'égard de tous. »

Art. 707. « Si, parmi les copropriétaires, il s'en trouve 710
« un contre lequel la prescription n'ait pu courir, comme un
« mineur, il aura conservé le droit de tous les autres. »

Le Consul ordonne que le titre ci-dessus sera communiqué officieusement, par le secrétaire-général du Conseil d'État, à la section de législation du Tribunat, conformément à l'arrêté du 18 germinal an X.

COMMUNICATION OFFICIEUSE

A LA SECTION DE LÉGISLATION DU TRIBUNAT.

Le projet ci-dessus fut examiné par la section de législation dans la séance du 17 brumaire an XII (9 novembre 1803), par suite de la communication qu'elle en avait reçue du Conseil d'État.

TEXTE DES OBSERVATIONS.

La section de législation entend un rapport sur un projet appartenant au Code civil, et intitulé titre IV, *des Servitudes ou services fonciers.*

La discussion est ouverte sur chacun des articles du projet.

On ne rappellera que ceux à l'égard desquels la section a cru devoir proposer quelques changemens ou modifications.

Art. 633. *D'un héritage voisin:* Supprimer le mot *voisin.* Il peut y avoir des propriétés intermédiaires entre l'héritage à qui la servitude est due et celui qui la doit.

Art. 637 et 638. Ces deux articles sont ainsi conçus :

Le premier. *Celui qui a une source dans son fonds peut en user à sa volonté.*

Le deuxième. *Il ne peut cependant changer le cours donné à l'eau, lorsque le propriétaire du fonds inférieur en a acquis l'usage ou par titre, ou par une possession suffisante.*

La section craint que ces mots, *le cours donné à l'eau,* ne semblent présenter un sens restrictif, et qu'on n'en conclue, par exemple, que, dans le cas de l'article 638, quoiqu'on ne puisse plus changer le cours de l'eau, on peut au moins en rétrécir l'issue ou diminuer le volume.

La rédaction suivante préviendrait cet inconvénient. Elle généralise autant qu'il est possible la pensée de la loi. Elle comprend les différentes issues, s'il y en a, leur situation, leur direction, leur pente et leur largeur.

D'après cette rédaction, les deux articles n'en font plus qu'un seul.

Voici ses termes :

Art. 637. « Celui qui a une source dans son fonds peut en
« user à sa volonté, sauf le droit que le propriétaire du fonds
« inférieur pourrait avoir acquis par titre ou par prescription. »

L'article 638 serait retranché.

Sur l'article 639 s'est élevée la question de savoir si les ouvrages extérieurs, nécessaires pour acquérir la prescription des droits auxquels s'applique l'article 637, doivent être faits sur le fonds supérieur, ou s'il suffit qu'ils le soient sur le fonds même de celui qui veut prescrire, ou partout ailleurs.

Ceux qui pensent que les ouvrages doivent être faits sur le fonds supérieur se fondent sur ce que le propriétaire du fonds supérieur étant le propriétaire de la source, on ne peut prescrire contre lui tout ou partie de cette propriété de source que par des moyens conformes à l'équité et à la raison, c'est-à-dire par des moyens d'où l'on puisse induire un consentement tacite à la perte de cette propriété. Si l'eau passe du fonds supérieur dans le fonds inférieur, c'est que le propriétaire supérieur n'a pas besoin de l'employer tout entière, ou de lui donner un autre cours : il la laisse dans le même état aussi long-temps que son intérêt ne lui commande pas d'en disposer autrement. Pourquoi faudra-t-il que, si, pendant trente ans, il ne fait pas ce qu'il serait peut-être contre son intérêt de faire, c'est-à-dire s'il ne change pas le cours de l'eau, il soit réduit à perdre le droit de le changer dans la suite? En sorte qu'après les trente ans, quelque précieux que soit ce changement pour lui quant à l'amélioration de son fonds, il ne pourra le faire, parce que pendant les trente ans il ne l'a pas fait, ayant les meilleures raisons pour s'en abstenir. On convient que le propriétaire inférieur ne peut acquérir la prescription par une simple jouissance, et qu'il doit faire des ouvrages extérieurs. L'existence de ces ouvrages est, dit-on, indispensable pour manifester l'intention qu'il a de prescrire. On convient par là que celui qui veut prescrire doit nécessairement manifester son intention à cet égard. Mais comment le propriétaire supérieur connaîtra-t-il cette intention, si les ouvrages ne sont faits que sur le fonds inférieur? N'est-il pas possible que les deux propriétés soient séparées par des édifices ou des murs, de manière que l'un ne puisse voir ce qui se passe chez l'autre? Il arrivera donc que le propriétaire inférieur fera des actes tendant à la prescription sans que le propriétaire supérieur s'en aperçoive ; et quand par hasard il s'en apercevrait, comment empêchera-t-il le propriétaire inférieur de faire chez lui ce qui lui plaît? En un mot, il serait contre tous les principes d'opposer la prescription à celui qui ignore que l'on prescrivait contre lui, et qui, même le sachant, ne pouvait l'empêcher. Ce raisonnement doit, dans l'espèce, avoir d'autant plus de force, qu'il ne s'agit pas seulement de la possession d'un simple filet d'eau, mais que, d'après l'amendement proposé pour l'article 637, il s'agit de tous les droits que le propriétaire du fonds inférieur peut acquérir relativement à l'usage de la source.

Tels sont les motifs d'une des interprétations données aux mots *ouvrages extérieurs*.

Ceux qui pensent, au contraire, que les ouvrages extérieurs dont parle l'article 639 sont et doivent être des ouvrages faits par le propriétaire inférieur dans son propre fonds répondent qu'il faut distinguer entre les servitudes qui dérivent de la situation des lieux et celles provenant du fait de l'homme. Ces dernières sont l'objet du chapitre III; et il est hors de doute que le propriétaire inférieur ne pourrait établir à son profit une servitude sur le fonds supérieur sans un ouvrage fait et terminé sur le même fonds, et tendant évidemment à l'acquisition de cette servitude. Mais cette espèce est absolument différente de celle dont il s'agit dans l'article 639. Cet article n'appartient point au chapitre III, qui a pour titre, *des Servitudes établies par le fait de l'homme*. Il appartient au chapitre Ier, intitulé, *des Servitudes qui dérivent de la situation des lieux*. Dans le cas de l'article 639, le propriétaire inférieur tient sa jouissance du bienfait de la nature, et non d'une convention expresse et tacite entre lui et le propriétaire supérieur. Si le propriétaire supérieur laisse passer le long intervalle de trente ans sans troubler cette jouissance, il est censé avoir ratifié l'ouvrage de la nature, et la jouissance est irrévocablement acquise à celui qui l'a possédée paisiblement durant tant d'années. Les ouvrages extérieurs que ce dernier a faits sur son propre fonds étaient une déclaration formelle qu'il avait dessein de prescrire; et le propriétaire supérieur doit s'imputer de n'avoir manifesté de sa part aucune disposition contraire. Il pouvait pendant les trente ans arrêter cette prescription, soit en détournant l'eau en faveur d'un autre, soit en l'absorbant tout entière pour l'irrigation de son fonds, soit en déclarant au propriétaire inférieur, par une protestation formelle, qu'il n'entendait point laisser prescrire contre lui le droit de changer le cours de l'eau. Dès qu'il n'a rien fait de tout cela, quoique averti par la loi de ce qu'il aurait dû faire, il n'a point à se plaindre. Il résulte de son silence un véritable consentement, non pas à ce qu'on pût acquérir contre lui quelque chose de nouveau, mais à ce que les choses restassent dans l'état où la nature elle-même les avait placées. Ainsi le propriétaire inférieur n'a rien changé par ses ouvrages ; il a seulement annoncé l'intention de conserver ce qu'il avait. Voilà l'espèce prévue par l'article 639. S'il eût fait ses ouvrages sur le fonds supérieur, il y aurait eu de sa part volonté d'acquérir un supplément de fonds qu'il n'avait pas encore. C'est un tout autre cas.

On a conclu de là qu'il suffisait dans l'espèce que des ouvrages extérieurs fussent faits sur le fonds du propriétaire inférieur, ou partout ailleurs que sur le fonds du propriétaire de la source.

Cette dernière opinion a prévalu : et vu les difficultés que le mot *extérieurs* pourrait faire naître sur le sens qu'il doit avoir ici, la section pense qu'il convient d'y substituer le mot *apparens*.

Art. 640. Le mot *aussi* a paru inutile. La section propose de le supprimer. 643

Art. 645. Cet article porte : « Le propriétaire qui veut se 648 « clore perd son droit *au pâturage commun* en proportion du « terrain qu'il y soustrait. »

Pour ne rien laisser à désirer sur la manière dont la disposition doit être entendue et appliquée, la section pense qu'il serait convenable de substituer aux mots *pâturage commun*, ceux-ci : *parcours et vaine pâture*, employés par le Code rural lorsqu'il parle du pâturage commun sans y comprendre les communaux. On en voit un exemple dans l'article 12 de la section IV du titre Ier de la loi du 28 septembre 1791.

Un membre a observé que peut-être il serait plus convenable encore de renvoyer cet article au prochain Code rural pour y être examiné de nouveau, et placé, s'il y a lieu, parmi ses dispositions. Il est différens lieux en France, a-t-on dit, où le droit de pâturage commun appartient au domicile, et non à la propriété. De sorte que celui qui a des propriétés dans le lieu, sans y avoir de domicile, ne peut en jouir, tandis que tout domicilié en jouit, quoiqu'il ne soit point propriétaire. On y regarde cet usage comme très-utile. De plus n'arrive-t-il pas souvent qu'on ne se clôt que pour améliorer son fonds ; et si on l'a réellement amélioré, pourquoi serait-on puni d'un bienfait envers l'agriculture ?

La section a jugé ces observations dignes d'être consignées dans son procès-verbal.

Art. 650. On pense qu'au lieu de *dans les villes, bourgs, villages et hameaux*, il serait plus simple et plus clair de dire *dans les villes et les campagnes*. On préviendra par ce moyen les difficultés qui pourraient naître sur ce qu'on entend par *hameau* proprement dit. Combien faut-il de maisons réunies pour former un hameau ? et si deux maisons contiguës et situées à la campagne ne suffisent pas pour mériter ce nom, pourquoi leur contiguïté ne suffirait-elle point pour que l'article leur fût parfaitement applicable ?

Ainsi cet article serait rédigé de la manière suivante :

« Dans les villes et les campagnes, tout mur servant de « séparation entre bâtimens jusqu'à l'héberge, ou entre cours « et jardins, ou entre enclos, est présumé mitoyen, s'il n'y « a titre ou marque du contraire. »

Art. 653. Après les mots *contribuer aux réparations*, ajouter *et reconstructions*. Cette addition se trouve dans l'article 652, il y a même raison pour l'article 653.

Art. 660. Cet article commence ainsi : *Chacun peut contraindre son voisin, dans les villes et faubourgs, à contribuer pour faire faire clôture faisant séparation de leurs maisons, cours et jardins, etc.*

DES SERVITUDES OU SERVICES FONCIERS.

La section propose de substituer à ces premières lignes la rédaction suivante :

« Chacun peut contraindre son voisin, dans les villes et « faubourgs, à contribuer aux constructions et réparations « de la clôture faisant séparation de leurs maisons, cours et « jardins, etc. »

Cette nouvelle rédaction fera disparaître quelques consonnances de mots, sans rendre la disposition ni moins claire ni moins sage.

Art. 667. *Toute haie*, porte cet article, *qui sépare des héritages en état de clôture, est réputée mitoyenne, s'il n'y a titre ou possession suffisante au contraire.*

Cet article a paru incomplet. Il ne prévoit point le cas où la haie sépare des héritages dont aucun n'est en état de clôture. Il ne prévoit pas non plus le cas où un seul des héritages est en cet état.

La section pense que, dans cette dernière hypothèse, la haie ne doit point être réputée mitoyenne.

Elle préfère la rédaction suivante, où les divers cas se trouvent prévus :

« Toute haie qui sépare des héritages est réputée mi« toyenne, à moins qu'il n'y ait qu'un seul des héritages qui « soit en état de clôture, et s'il n'y a titre ou possession suf« fisante au contraire. »

Art. 668. Sur cet article où les arbres à haute tige sont l'unique objet de la disposition, la section trouve également convenable de déterminer une distance particulière pour les arbres qui ne sont pas à haute tige, ainsi que pour les haies.

Une nouvelle rédaction est proposée et adoptée. Elle est ainsi conçue :

« Il n'est permis de planter des arbres et des haies qu'à la « distance prescrite par les règlemens particuliers actuelle« ment existans, ou par les usages constans et reconnus ; et, « à défaut de règlemens et usages, qu'à la distance de deux « mètres de la ligne séparative des deux héritages pour les

« arbres à haute tige, et à la distance d'un demi-mètre pour « les autres arbres et haies vives. »

673. Art. 669. Cet article, qui n'est qu'une conséquence de l'article précédent, doit comme lui faire mention des haies ; ainsi on lira :

« Le voisin peut exiger que les arbres et haies plantés à « une moindre distance soient arrachés. »

Immédiatement après cet article-ci, la disposition suivante a paru devoir trouver place. Elle peut être considérée comme un corollaire des articles précédens.

Art..... « Celui sur la propriété duquel avancent les bran- « ches des arbres voisins a droit de contraindre le proprié- « taire de ces arbres à couper ces branches.

« Si ce sont les racines qui avancent sur son héritage, il a « droit de les y couper lui-même. »

674. Art. 671, § 4. *Un magasin de sel ou matières corrosives*. Lisez : *Un magasin de sel ou des matières corrosives*.

Il ne serait pas nécessaire, pour que l'article fût applicable, qu'il y eût un magasin de matières corrosives, si d'ailleurs celles établies contre le mur étaient de nature à l'endommager.

Même article, § 5. Après les mots *règlemens*, ajoutez à l'un et à l'autre le mot *usages*.

Ce mot paraît avoir été oublié. En effet les usages constans et reconnus doivent en matière pareille avoir la même force que les règlemens. Il n'y a pas moins de raison de la leur donner dans cet article qu'il y en avait pour les articles 660 et 668, où les mots *règlemens* et *usages* sont accolés ensemble.

675. Art. 672. Il est ainsi conçu : « L'un des voisins ne peut, « sans le consentement de l'autre, pratiquer dans le mur mi- « toyen aucune fenêtre ou *ouverture pour vue*, en quelque « manière que ce soit, même à verre dormant. »

On observe que, de cette expression *ouverture pour vue*, on pourrait en conclure que l'ouverture pour jour est au moins permise, vu que ce sont deux choses différentes, et de plus, sous prétexte que l'ouverture pour jour ne serait pas défendue, on tâcherait souvent d'éluder la loi, en qualifiant telles celles que l'on voudrait faire ; ce qui donnerait lieu à de fréquentes contestations.

La section pense que le vœu de la loi sera parfaitement rempli en supprimant les mots *pour vue*. Le mot *ouverture* restant seul, aucune espèce d'ouverture ne sera exceptée.

Art. 673. On observe qu'il est utile d'ajouter à cet article un second paragraphe qui détermine la largeur des mailles, et prévienne toute difficulté sur l'intelligence de la disposition contenue dans le paragraphe premier. 676

Le second paragraphe pourrait être rédigé ainsi :

« Ces fenêtres sont garnies d'un treillis de fer dont les « mailles auront un décimètre (environ 3 pouces 8 lignes) « d'ouverture au plus, ou d'un châssis à verre dormant. »

L'art. 677. A partir de ces mots, *depuis leur ligne extérieure*, etc., jusque et compris le deuxième paragraphe, la section pense qu'en supprimant tout ce qui vient d'être indiqué, l'on pourrait se contenter de dire, *jusqu'à la ligne de séparation des deux propriétés*. Cette simple énonciation comprendrait à la fois le cas de mitoyenneté et celui de non mitoyenneté. Elle serait aussi beaucoup plus concise et moins sujette à difficultés que les termes du projet. 680

Art. 679. Les mots *sur la voie publique* ont paru devoir être retranchés. Autrement la disposition semblerait ne pas s'appliquer au chemin vicinal qui ne serait pas une voie publique, mais seulement qui y conduirait. D'après cette fausse idée, celui qui ne pourrait arriver à la voie publique que par une issue sur le chemin vicinal se croirait fondé à se plaindre. La suppression proposée préviendra toute équivoque. 682

Art. 680. La section est d'avis de retrancher les mots *du fonds enclavé à la voie publique*. Les motifs de ce retranchement sont les mêmes que ceux exposés sur l'article 679. La partie conservée dit tout ce qu'elle doit dire. 683

Art. 686, § Ier. *Visibles et apparentes*. Supprimer le mot 689 *visibles ;* il suffit du mot *apparentes :* en conservant le premier mot, il faudrait ensuite, lorsque la loi dit *ou non apparentes,* ajouter *ni visibles,* ce qui serait évidemment inutile, ou employer le mot *invisible,* ce qui donnerait une autre idée que celle qui doit résulter de la loi.

Même art. § II. *Les servitudes visibles,* etc. Substituer au mot *visibles* le mot *apparentes,* comme formant opposition avec l'expression du troisième paragraphe, qui commence ainsi : *Les servitudes non apparentes,* etc.

Art. 702. La section pense que le mot *censée* doit être effacé. Il est certain qu'aussitôt que le fonds à qui une servitude est due, et celui qui la doit, sont réunis dans la même main, cette servitude n'est pas seulement censée éteinte, elle l'est bien réellement.

Art. 703. Même retranchement du mot *censée.* Le non usage pendant trente ans d'une servitude en opère l'extinction absolue ; se contenter de dire qu'elle est censée éteinte, serait atténuer l'idée.

Telles sont les observations auxquelles la discussion du projet a donné lieu.

Dans la conférence qui s'engagea entre la section de législation du Tribunat et celle du Conseil d'État, on s'entendit sur les changemens proposés.

RÉDACTION DÉFINITIVE DU CONSEIL D'ÉTAT.

(Procès-verbal de la séance du 14 nivose an XII. — 5 janvier 1804.)

M. TREILHARD présente ensuite la rédaction définitive du livre II intitulé :

DES BIENS ET DES DIFFÉRENTES MODIFICATIONS DE LA PROPRIÉTÉ.

Le Conseil l'adopte sans discussion.

Le titre IV est ainsi conçu :

TITRE IV.

DES SERVITUDES OU SERVICES FONCIERS.

Art. 630. « Une servitude est une charge imposée sur un « héritage pour l'usage et l'utilité d'un héritage appartenant « à un autre propriétaire. » 637

Art. 631. « La servitude n'établit aucune prééminence « d'un héritage sur l'autre. » 638

Art. 632. « Elle dérive ou de la situation naturelle des « lieux, ou des obligations imposées par la loi, ou des con- « ventions entre les propriétaires. » 639

CHAPITRE Ier.

Des Servitudes qui dérivent de la situation des lieux.

Art. 633. « Les fonds inférieurs sont assujétis envers ceux « qui sont plus élevés à recevoir les eaux qui en découlent « naturellement sans que la main de l'homme y ait con- « tribué. 640

« Le propriétaire inférieur ne peut point élever de digue « qui empêche cet écoulement.

« Le propriétaire supérieur ne peut rien faire qui aggrave « la servitude du fonds inférieur. »

Art. 634. « Celui qui a une source dans son fonds peut « en user à sa volonté, sauf le droit que le propriétaire du « fonds inférieur pourrait avoir acquis par titre ou par pres- « cription. » 641

642 Art. 635. « La prescription, dans ce cas, ne peut s'acqué-
« rir que par une jouissance non interrompue pendant l'es-
« pace de trente années, à compter du moment où le pro-
« priétaire du fonds inférieur a fait et terminé des ouvrages
« apparens destinés à faciliter la chute et le cours de l'eau
« dans sa propriété. »

643 Art. 636. « Le propriétaire de la source ne peut en chan-
« ger le cours lorsqu'il fournit aux habitans d'une commune,
« village ou hameau, l'eau qui leur est nécessaire ; mais, si
« les habitans n'en ont pas acquis ou prescrit l'usage, le pro-
« priétaire peut réclamer une indemnité, laquelle est réglée
« par experts. »

644 Art. 637. « Celui dont la propriété borde une eau courante,
« autre que celle qui est déclarée dépendance du domaine
« public par l'article 531, peut s'en servir à son passage pour
« l'irrigation de ses propriétés.

« Celui dont cette eau traverse l'héritage, peut même en
« user dans l'intervalle qu'elle y parcourt, mais à la charge
« de la rendre, à la sortie de ses fonds, à son cours ordinaire. »

645 Art. 638. « S'il s'élève une contestation entre les proprié-
« taires auxquels ces eaux peuvent être utiles, les tribunaux,
« en prononçant, doivent concilier l'intérêt de l'agriculture
« avec le respect dû à la propriété, et dans tous les cas les
« règlemens particuliers et locaux, sur le cours et l'usage des
« eaux, doivent être observés. »

646 Art. 639. « Tout propriétaire peut obliger son voisin au
« bornage de leurs propriétés contiguës. Le bornage se fait à
« frais communs. »

647 Art. 640. « Tout propriétaire peut clore son héritage, sauf
« l'exception portée en l'article 675 ci-après. »

648 Art. 641. « Le propriétaire qui veut se clore perd son
« droit au parcours et vaine pâture, en proportion du terrain
« qu'il y soustrait. »

CHAPITRE II.

Des Servitudes établies par la loi.

Art. 642. « Les servitudes établies par la loi ont pour ob-
« jet l'utilité publique ou communale, ou l'utilité des par-
« ticuliers. »

Art. 643. « Celles établies pour l'utilité publique ou com-
« munale ont pour objet le marchepied le long des rivières
« navigables ou flottables, la construction ou réparation des
« chemins et autres ouvrages publics ou communaux.

« Tout ce qui concerne cette espèce de servitude est dé-
« terminé par des lois ou des règlemens particuliers. »

Art. 644. « La loi assujétit les propriétaires à différentes
« obligations, l'un à l'égard de l'autre, indépendamment de
« toute convention. »

Art. 645. « Partie de ces obligations est réglée par le *Code*
« *rural*.

« Les autres sont relatives au mur et au fossé mitoyens,
« au cas où il y a lieu à contre-mur, aux vues sur la propriété
« du voisin, à l'égout des toits, au droit de passage. »

§ Ier.

Du Mur et du Fossé mitoyens.

Art. 646. « Dans les villes et les campagnes, tout mur ser-
« vant de séparation entre bâtimens jusqu'à l'héberge, ou
« entre cours et jardins, et même entre enclos dans les
« champs, est présumé mitoyen, s'il n'y a titre ou marque du
« contraire. »

Art. 647. « Il y a marque de non mitoyenneté lorsque la
« sommité du mur est droite et à plomb de son parement
« d'un côté, et présente de l'autre un plan incliné;

« Lors encore qu'il n'y a que d'un côté ou un chaperon ou
« des filets et corbeaux de pierre qui y auraient été mis en
« bâtissant le mur.

« Dans ces cas, le mur est censé appartenir exclusivement
« au propriétaire du côté duquel sont l'égout ou les corbeaux
« et filets de pierre. »

655   Art. 648. « La réparation et la reconstruction du mur mi-
« toyen sont à la charge de tous ceux qui y ont droit, et
« proportionnellement au droit de chacun. »

656   Art. 649. « Cependant tout copropriétaire d'un mur mi-
« toyen peut se dispenser de contribuer aux réparations et
« reconstructions, en abandonnant le droit de mitoyenneté,
« pourvu que le mur mitoyen ne soutienne pas un bâtiment
« qui lui appartient. »

657   Art. 650. « Tout copropriétaire peut faire bâtir contre un
« mur mitoyen, et y faire placer des poutres ou solives dans
« toute l'épaisseur du mur, à cinquante-quatre millimètres
« (deux pouces) près, sans préjudice du droit qu'a le voisin
« de faire réduire à l'ébauchoir la poutre jusqu'à la moitié
« du mur, dans le cas où il voudrait lui-même asseoir des
« poutres dans le même lieu, ou y adosser une cheminée. »

658   Art. 651. « Tout copropriétaire peut faire exhausser le mur
« mitoyen ; mais il doit payer seul la dépense de l'exhausse-
« ment, les réparations d'entretien au-dessus de la hauteur
« de la clôture commune, et en outre l'indemnité de la charge,
« en raison de l'exhaussement et suivant la valeur. »

659   Art. 652. « Si le mur mitoyen n'est pas en état de suppor-
« ter l'exhaussement, celui qui veut l'exhausser doit le faire
« reconstruire en entier à ses frais, et l'excédant d'épaisseur
« doit se prendre de son côté. »

660   Art. 653. « Le voisin qui n'a pas contribué à l'exhausse-
« ment peut en acquérir la mitoyenneté en payant la moitié
« de la dépense qu'il a coûté, et la valeur de la moitié du
« sol fourni pour l'excédant d'épaisseur, s'il y en a. »

661   Art. 654. « Tout propriétaire joignant un mur a de même

« la faculté de le rendre mitoyen en tout ou en partie, en
« remboursant au maître du mur la moitié de sa valeur, ou
« la moitié de la valeur de la portion qu'il veut rendre mi-
« toyenne, et moitié de la valeur du sol sur lequel le mur est
« bâti. »

Art. 655. « L'un des voisins ne peut pratiquer dans le corps
« d'un mur mitoyen aucun enfoncement, ni y appliquer ou
« appuyer aucun ouvrage, sans le consentement de l'autre, ou
« sans avoir, à son refus, fait régler par experts les moyens
« nécessaires pour que le nouvel ouvrage ne soit pas nuisible
« aux droits de l'autre. »

Art. 656. « Chacun peut contraindre son voisin, dans les
« villes et faubourgs, à contribuer aux constructions et ré-
« parations de la clôture faisant séparation de leurs maisons,
« cours et jardins assis ès-dites villes et faubourgs : la hauteur
« de la clôture sera fixée suivant les règlemens particuliers
« ou les usages constans et reconnus; et, à défaut d'usages et de
« règlemens, tout mur de séparation entre voisins, qui sera
« construit ou rétabli à l'avenir, doit avoir au moins trente-
« deux décimètres (dix pieds) de hauteur, compris le chape-
« ron, dans les villes de cinquante mille âmes et au-dessus,
« et vingt-six décimètres (huit pieds) dans les autres. »

Art. 657. « Lorsque les différens étages d'une maison ap-
« partiennent à divers propriétaires, si les titres de propriété
« ne règlent pas le mode de réparations et reconstructions,
« elles doivent être faites ainsi qu'il suit :

« Les gros murs et le toit sont à la charge de tous les pro-
« priétaires, chacun en proportion de la valeur de l'étage qui
« lui appartient.

« Le propriétaire de chaque étage fait le plancher sur lequel
« il marche.

« Le propriétaire du premier étage fait l'escalier qui y con-
« duit; le propriétaire du second étage fait, à partir du pre-
« mier, l'escalier qui conduit chez lui, et ainsi de suite. »

Art. 658. « Lorsqu'on reconstruit un mur mitoyen ou une

« maison, les servitudes actives ou passives se continuent à
« l'égard du nouveau mur ou de la nouvelle maison, sans
« toutefois qu'elles puissent être aggravées, et pourvu que la
« reconstruction se fasse avant que la prescription soit ac-
« quise. »

666   Art. 659. « Tous fossés entre deux héritages sont présu-
« més mitoyens, s'il n'y a titre ou marque du contraire. »

667   Art. 660. « Il y a marque de non mitoyenneté lorsque la
« levée ou le rejet de la terre se trouve d'un côté seulement
« du fossé. »

668   Art. 661. « Le fossé est censé appartenir exclusivement à
« celui du côté duquel le rejet se trouve. »

669   Art. 662. « Le fossé mitoyen doit être entretenu à frais
« communs. »

670   Art. 663. « Toute haie qui sépare des héritages est réputée
« mitoyenne, à moins qu'il n'y ait qu'un seul des héritages
« en état de clôture, ou s'il n'y a titre ou possession suffisante
« au contraire. »

671   Art. 664. « Il n'est permis de planter des arbres de haute
« tige qu'à la distance prescrite par les règlemens particuliers
« actuellement existans, ou par les usages constans et recon-
« nus; et, à défaut de règlemens et usages, qu'à la distance
« de deux mètres de la ligne séparative des deux héritages
« pour les arbres à haute tige, et à la distance d'un demi-
« mètre pour les autres arbres et haies vives. »

672   Art. 665. « Le voisin peut exiger que les arbres et haies
« plantés à une moindre distance soient arrachés.

« Celui sur la propriété duquel avancent les branches des
« arbres du voisin peut contraindre celui-ci à couper ces
« branches.

« Si ce sont les racines qui avancent sur son héritage, il a
« droit de les y couper lui-même. »

673   Art. 666. « Les arbres qui se trouvent dans la haie mi-
« toyenne sont mitoyens comme la haie, et chacun des deux
« propriétaires a droit de requérir qu'ils soient abattus. »

§ II.

De la Distance et des Ouvrages intermédiaires requis pour certaines constructions.

Art. 667. « Celui qui fait creuser un puits ou une fosse 674
« d'aisance près d'un mur mitoyen ou non ;

« Celui qui veut y construire cheminée ou âtre, forge, four
« ou fourneau,

« Y adosser une étable,

« Ou établir contre ce mur un magasin de sel ou amas de
« matières corrosives,

« Est obligé à laisser la distance prescrite par les règle-
« mens et usages particuliers sur ces objets, ou à faire les
« ouvrages prescrits par les mêmes règlemens et usages, pour
« éviter de nuire au voisin. »

§ III.

Des Vues sur la propriété de son voisin.

Art. 668. « L'un des voisins ne peut, sans le consentement 675
« de l'autre, pratiquer dans le mur mitoyen aucune fenêtre
« ou ouverture, en quelque manière que ce soit, même à
« verre dormant. »

Art. 669. « Le propriétaire d'un mur non mitoyen, joi- 676
« gnant immédiatement l'héritage d'autrui, peut pratiquer
« dans ce mur des jours ou fenêtres à fer maillé et verre dor-
« mant.

« Ces fenêtres doivent être garnies d'un treillis de fer, dont
« les mailles auront un décimètre (environ trois pouces huit
« lignes) d'ouverture au plus, et d'un châssis à verre dor-
« mant. »

Art. 670. « Ces fenêtres ou jours ne peuvent être établis 677

« qu'à vingt-six décimètres (huit pieds) au-dessus du plan-
« cher ou sol de la chambre qu'on veut éclairer, si c'est à
« rez-de-chaussée, et à dix-neuf décimètres (six pieds) au-
« dessus du plancher pour les étages supérieurs. »

678 Art. 671. « On ne peut avoir des vues droites ou fenêtres
« d'aspect, ni balcons ou autres semblables saillies sur l'hé-
« ritage clos ou non clos de son voisin, s'il n'y a dix-neuf dé-
« cimètres (six pieds) de distance entre le mur où on les pra-
« tique et ledit héritage. »

679 Art. 672. « On ne peut avoir des vues par côté ou obliques
« sur le même héritage, s'il n'y a six décimètres (deux pieds)
« de distance. »

680 Art. 673. « La distance dont il est parlé dans les deux ar-
« ticles précédens se compte depuis le parement extérieur du
« mur où l'ouverture se fait; et, s'il y a balcons, ou autres
« semblables saillies, depuis leur ligne extérieure jusqu'à la
« ligne de séparation des deux propriétés. »

§ IV.

De l'Égout des toits.

681 Art. 674. « Tout propriétaire doit établir des toits de ma-
« nière que les eaux pluviales s'écoulent sur son terrain ou
« sur la voie publique; il ne peut les faire verser sur le fonds
« de son voisin. »

§ V.

Du Droit de passage.

682 Art. 675. « Le propriétaire dont les fonds sont enclavés,
« et qui n'a aucune issue *sur la voie publique*, peut réclamer
« un passage sur les fonds de ses voisins pour l'exploitation de
« son héritage, à la charge d'une indemnité proportionnée
« au dommage qu'il peut occasioner. »

Art. 676. « Le passage doit régulièrement être pris du côté où 683 « le trajet est le plus court *du fonds enclavé à la voie publique.* »

Art. 677. « Néanmoins, il doit être fixé dans l'endroit le 684 « moins dommageable à celui sur le fonds duquel il est « accordé. »

Art. 678. « L'action en indemnité, dans le cas prévu par 685 « l'article 675, est prescriptible, et le passage doit être con- « tinué, quoique l'action en indemnité ne soit plus rece- « vable. »

CHAPITRE III.

Des Servitudes établies par le fait de l'homme.

SECTION Ire.

Des diverses espèces de Servitudes qui peuvent être établies sur les biens.

Art. 679. « Il est permis aux propriétaires d'établir sur 686 « leurs propriétés, ou en faveur de leurs propriétés, telles « servitudes que bon leur semble, pourvu néanmoins que « les services établis ne soient imposés ni à la personne ni « en faveur de la personne, mais seulement à un fonds et « pour un fonds, et pourvu que ces services n'aient d'ail- « leurs rien de contraire à l'ordre public.

« L'usage et l'étendue des servitudes ainsi établies se « règlent par le titre qui les constitue ; à défaut de titre, « par les règles ci-après. »

Art. 680. « Les servitudes sont établies ou pour l'usage 687 « des bâtimens ou pour celui des fonds de terre ;

« Celles de la première espèce s'appellent *urbaines*, soit « que les bâtimens auxquels elles sont dues soient situés à la « ville ou à la campagne ;

« Celles de la seconde espèce se nomment *rurales*. »

688   Art. 681. « Les servitudes sont, ou continues, ou discon-
« tinues.

« Les servitudes continues sont celles dont l'usage est ou
« peut être continuel sans avoir besoin du fait actuel de
« l'homme : tels sont les conduites d'eau, les égouts, les
« vues et autres de cette espèce.

« Les servitudes discontinues sont celles qui ont besoin du
« fait actuel de l'homme pour être exercées : tels sont les
« droits de passage, puisage, pacage et autres semblables. »

689   Art. 682. « Les servitudes sont apparentes ou non appa-
« rentes.

« Les servitudes apparentes sont celles qui s'annoncent
« par des ouvrages extérieurs, tels qu'une porte, une fe-
« nêtre, un aqueduc.

« Les servitudes non apparentes sont celles qui n'ont pas
« de signe extérieur de leur existence, comme, par exemple,
« la prohibition de bâtir sur un fonds, ou de ne bâtir qu'à
« une hauteur déterminée. »

SECTION II.

Comment s'établissent les Servitudes.

690   Art. 683. « Les servitudes continues et apparentes s'ac-
« quièrent par titre ou par la possession de trente ans. »

691   Art. 684. « Les servitudes continues non apparentes et les
« servitudes discontinues, apparentes ou non apparentes, ne
« peuvent s'établir que par titres.

« La possession même immémoriale ne suffit pas pour les
« établir ; sans cependant qu'on puisse attaquer aujourd'hui
« les servitudes de cette nature déjà acquises par la posses-
« sion, dans les pays où elles pouvaient s'acquérir de cette
« manière. »

692   Art. 685. « La destination du père de famille vaut titre à
« l'égard des servitudes continues et apparentes. »

Art. 686. « Il n'y a destination du père de famille que 693
« lorsqu'il est prouvé que les deux fonds actuellement divisés
« ont appartenu au même propriétaire, et que c'est par lui
« que les choses ont été mises dans l'état duquel résulte la
« servitude. »

Art. 687. « Si le propriétaire de deux héritages entre les- 694
« quels il existe un signe apparent de servitude dispose de
« l'un des héritages sans que le contrat contienne aucune
« convention relative à la servitude, elle continue d'exister
« activement ou passivement en faveur du fonds aliéné ou
« sur le fonds aliéné. »

Art. 688. « Le titre constitutif de la servitude, à l'égard 695
« de celles qui ne peuvent s'acquérir par la prescription, ne
« peut être remplacé que par un titre récognitif de la servi-
« tude, et émané du propriétaire du fonds asservi. »

Art. 689. « Quand on établit une servitude, on est censé ac- 696
« corder tout ce qui est nécessaire pour en user.

« Ainsi la servitude de puiser de l'eau à la fontaine d'au-
« trui emporte nécessairement le droit de passage. »

SECTION III.

Des Droits du propriétaire du fonds auquel la servitude est due.

Art. 690. « Celui auquel est due une servitude a droit de 697
« faire tous les ouvrages nécessaires pour en user et la con-
« server. »

Art. 691. « Ces ouvrages doivent être à ses frais, et non à 698
« ceux du propriétaire du fonds assujéti, à moins que le titre
« d'établissement de la servitude ne dise le contraire. »

Art. 692. « Dans le cas même où le propriétaire du fonds 699
« assujéti est chargé par le titre de faire à ses frais les ou-
« vrages nécessaires pour l'usage où la conservation de la
« servitude, il peut toujours s'affranchir de la charge en

« abandonnant le fonds assujéti au propriétaire du fonds « auquel la servitude est due. »

700 Art. 693. « Si l'héritage pour lequel la servitude a été éta- « blie, vient à être divisé, la servitude reste due pour chaque « portion, sans néanmoins que la condition du fonds assujéti « soit aggravée.

« Ainsi, par exemple, s'il s'agit d'un passage, tous les co- « propriétaires seront obligés de l'exercer par le même en- « droit. »

701 Art. 694. « Le propriétaire du fonds débiteur de la servi- « tude ne peut rien faire qui tende à en diminuer l'usage ou « à le rendre plus incommode.

« Ainsi il ne peut changer l'état des lieux ni transporter « l'exercice de la servitude dans un endroit différent de celui « où elle a été primitivement assignée.

« Mais cependant, si cette assignation primitive était de- « venue plus onéreuse au propriétaire du fonds assujéti, ou « si elle l'empêchait d'y faire des réparations avantageuses, « il pourrait offrir au propriétaire de l'autre fonds un endroit « aussi commode pour l'exercice de ses droits, et celui-ci « ne pourrait pas s'y refuser. »

702 Art. 695. « De son côté, celui qui a un droit de servitude « ne peut en user que suivant son titre, sans rien innover ni « dans le fonds qui doit la servitude, ni dans le fonds à qui « elle est due, qui puisse aggraver la condition du premier. »

SECTION IV.

Comment les Servitudes s'éteignent.

703 Art. 696. « Les servitudes cessent lorsque les choses se « trouvent en tel état qu'on ne peut plus en user. »

704 Art. 697. « Elles revivent si les choses sont rétablies de « manière qu'on puisse en user, à moins qu'il ne se soit déjà

« écoulé un espace de temps suffisant pour faire présumer
« l'extinction de la servitude, ainsi qu'il est dit article 700
« ci-après. »

Art. 698. « Toute servitude est éteinte lorsque le fonds à
« qui elle est due, et celui qui la doit, sont réunis dans la
« même main. »

Art. 699. « La servitude est éteinte par le non usage pen-
« dant trente ans. »

Art. 700. « Les trente ans commencent à courir selon les
« diverses espèces de servitude, ou du jour où l'on a cessé
« d'en jouir lorsqu'il s'agit de servitudes discontinues, ou
« du jour où il a été fait un acte contraire à la servitude
« lorsqu'il s'agit de servitudes continues. »

Art. 701. « Le mode de la servitude peut se prescrire
« comme la servitude même, et de la même manière. »

Art. 702. « Si l'héritage en faveur duquel la servitude est
« établie appartient à plusieurs par indivis, la jouissance de
« l'un empêche la prescription à l'égard de tous. »

Art. 703. « Si, parmi les copropriétaires, il s'en trouve
« un contre lequel la prescription n'ait pu courir, comme un
« mineur, il aura conservé le droit de tous les autres. »

M. Berlier fut nommé, avec MM. Regnaud (de Saint-Jean-d'Angely) et Jollivet, pour présenter le projet qui précède au Corps législatif dans sa séance du 29 nivose an XII (20 janvier 1804), et pour en soutenir la discussion dans celle du 10 pluviose.

PRÉSENTATION AU CORPS LÉGISLATIF,

ET EXPOSÉ DES MOTIFS, PAR M. BERLIER.

Législateurs, un projet de loi sur la propriété vous a été soumis il y a peu de jours ; ses droits vous ont été developpés avec beaucoup d'étendue : mais la propriété est susceptible de modifications comme toutes les institutions de l'ordre social.

Ainsi diverses causes peuvent concourir à l'assujétissement d'un fonds originairement franc ; ainsi à côté de la liberté des héritages se placent les *servitudes ou services fonciers*, dont nous venons vous entretenir aujourd'hui.

638 Il ne s'agit point ici de ces prééminences d'un fonds sur l'autre, qui prirent naissance dans le régime à jamais aboli des fiefs.

637 Il ne s'agit pas non plus de services imposés à la personne et en faveur d'une personne, mais seulement à un fonds et pour un fonds.

Dans ce travail, le gouvernement n'a point aspiré à la création d'un système nouveau : en respectant les usages autant qu'il était possible, il a rapproché et concilié les règles de la matière ; et malgré son extrême désir d'établir l'*uniformité* dans cette partie de la législation comme dans les autres, il y a quelquefois renoncé quand des différences locales la repoussaient invinciblement.

Pour vous mettre, législateurs, à même d'apprécier ce travail, je ne m'astreindrai point à justifier en détail chacun de ses nombreux articles.

Tout ce qu'un usage constant et conforme aux règles de la justice a consacré depuis des siècles n'a pas besoin d'être motivé ; et notre projet compte bien peu de dispositions qui ne soient dans ce cas.

Je me bornerai donc à vous offrir qulques notions générales de l'ordre qui a été suivi dans la rédaction de ce projet, et des vues qui y ont présidé.

639 Les servitudes se divisent en trois classes : les unes dérivent de la situation des lieux ; les autres sont établies par la loi ; la troisième espèce s'établit par le fait de l'homme.

Les deux premières classes ont quelque affinité entre elles ; la troisième en est essentiellement distincte : mais comme

DES SERVITUDES OU SERVICES FONCIERS. 305

elles ont chacune un caractère et des effets qui leur sont propres, je vais les examiner séparément et dans l'ordre qui leur est assigné par le projet de loi.

Des Servitudes qui dérivent de la situation des lieux.

Les *eaux* se placent au premier rang des servitudes de 640 cette espèce. C'est par la nature des choses que les fonds inférieurs sont assujétis à recevoir les eaux qui découlent des héritages supérieurs ; ainsi le propriétaire d'un héritage inférieur ne peut se soustraire à cette servitude, qui est une charge tracée par la nature elle-même.

De son côté, le propriétaire de l'héritage supérieur ne peut aggraver la servitude, ni changer le cours des eaux d'une manière qui porte dommage à l'héritage inférieur.

Ces règles sont fondées d'une part sur la nécessité, et de l'autre sur l'équité.

Mais la question des eaux se présente aussi sous un autre rapport.

En effet, de même que les eaux peuvent être pour l'héritage inférieur une chose incommode, onéreuse, en un mot une vraie servitude, de même, et en plusieurs circonstances, elles peuvent lui offrir de grands avantages.

Cette situation particulière, considérée dès son origine, 641 à 646 ne confère aucun droit de plus à l'héritage inférieur envers l'héritage supérieur dans lequel il y a une source.

Cette source faisant partie de la propriété comme le terrain même, le propriétaire du terrain où est la source peut en disposer à sa volonté.

Mais si, pendant plus de trente ans, ce propriétaire a laissé aux eaux de sa source un cours à l'occasion duquel le propriétaire de l'héritage inférieur ait fait des travaux *apparens* dans la vue d'user de ces eaux, et qu'en cet état celui-ci en ait acquis la possession trentenaire, cette possession ainsi caractérisée a semblé suffisante pour établir les droits de l'héritage inférieur.

Dans cette espèce, les rôles changent; et c'est l'héritage supérieur qui est assujéti envers l'héritage inférieur à respecter une possession qui, accompagnée d'actes *patens* et *spéciaux*, peut être considérée comme la suite d'arrangemens passés entre les deux propriétaires ou leurs auteurs.

Hors ce cas et celui où l'utilité publique ou communale réclame l'usage d'une source, le propriétaire en a l'absolue disposition, de manière toutefois qu'il n'aggrave point la condition de ses voisins.

Tels sont les principes que notre projet pose sur la matière des eaux, en y ajoutant quelques règles sur l'usage que peuvent tirer *des eaux courantes* les propriétés qui les bordent.

Toutes ces décisions sont conformes à la raison et à la justice.

646-647 Mais si les eaux et leur cours tiennent le premier rang parmi les servitudes *naturelles*, il en est d'autres que la situation des lieux entraîne aussi évidemment.

Tels sont, en certains cas, les clôtures et le bornage.

A la vérité, quelques auteurs, en ne considérant comme *servitude* que les devoirs susceptibles d'un exercice journalier ou du moins périodique, ont pensé que ce qui avait trait aux actions que nous examinons, et notamment *au bornage*, n'était que la matière d'un règlement entre voisins.

Mais, en mettant à l'écart toute dispute de mots, si le bornage est un devoir réciproque de tout propriétaire rural envers son voisin qui le réclame, cette règle se place naturellement ici.

649 à 651 J'ai parlé des servitudes qui dérivent de la situation des lieux; je passe à celles qui sont établies par la loi.

Des Servitudes établies par la loi.

Je dirai peu de chose des servitudes qui sont, en certains cas, établies pour l'utilité publique ou communale.

Un chemin est-il à faire, un édifice public est-il à construire? la propriété particulière cède, moyennant indemnité, au besoin général.

Ce principe, exprimé déjà au titre *de la Propriété*, n'est rappelé ici que pour le complément du tableau.

Mais cette espèce de servitude qui, planant sur tous les fonds, en atteint par intervalles quelques-uns et en absorbe plusieurs, peut n'être considérée que comme *accidentelle*, et, malgré son importance, ne tenir ici qu'une place secondaire.

C'est sous ce point de vue que notre projet la considère; il n'en parle que transitoirement, et s'occupe spécialement des servitudes qui, de leur nature, se rattachant à l'état *habituel* des propriétés particulières entre elles, ont leurs effets réglés par la loi, indépendamment de la volonté particulière, et nonobstant toute opposition dont l'un voudrait user envers l'autre.

Cette classe de servitudes se divise elle-même en un fort grand nombre d'espèces : *la mitoyenneté des murs; la distance requise pour certaines constructions, ou le contre-mur; les vues sur la propriété du voisin; l'égout des toits et le droit de passage.* 652

Peu de mots sur chacune de ces servitudes suffiront pour faire connaître l'organisation qui leur est propre.

L'une des plus importantes, sans doute, est la *mitoyenneté des murs*, dont nos principales coutumes se sont occupées avec beaucoup d'étendue. 653 et suivans.

Le droit romain a bien aussi de nombreux textes relatifs *au mur commun*; mais cette source n'était point en cette occasion la meilleure; car les maisons de Rome, bâties sans contiguité entre elles (ainsi que nous l'apprennent les lois mêmes de ce peuple, où elles sont ordinairement désignées sous le nom d'*îles* (*insulæ*), ne pouvaient donner lieu entre voisins aux mêmes difficultés que chez nous, ou du moins ces difficultés devaient y être bien rares.

20.

Les dispositions de nos coutumes sur le mur mitoyen, nées de nos besoins, et de la forme même de nos habitations, nous offraient un guide plus sûr et plus adapté à notre situation.

Le projet les a donc suivies, et les a puisées surtout dans la coutume de Paris, avec laquelle la plupart des autres s'accordent, et qui même est devenue en plusieurs points la base de la jurisprudence des pays de droit écrit.

Une assez grave divergence pourtant existait entre quelques parties du territoire français, et notamment entre les pays coutumiers et ceux de droit écrit, non sur les effets de la mitoyenneté une fois acquise, mais sur le mode même de l'acquérir.

Dans une partie de la République, *la mitoyenneté* ne s'acquérait et ne s'acquiert encore aujourd'hui que par le concours de deux volontés ; il ne suffit pas que l'une des parties veuille l'acquérir, il faut que l'autre y consente : c'est un contrat ordinaire ; et si le voisin refuse, à quelque prix que ce soit, de donner part à son mur, celui qui désire la mitoyenneté est tenu d'y renoncer, et de bâtir sur son fonds un mur, qui lui reste en totalité.

Dans beaucoup d'autres contrées, et notamment dans le vaste ressort de la coutume de Paris, suivie sur ce point par un grand nombre d'autres, l'acquisition de la mitoyenneté s'opère par la disposition de la loi, et sous la seule obligation de rembourser la moitié de la valeur du mur et du sol.

Cette règle est celle que nous avons suivie comme la seule propre à prévenir des refus dictés par l'humeur ou le caprice, souvent contre l'intérêt même de celui à qui la mitoyenneté est demandée, et toujours contre les devoirs du bon voisinage.

Ainsi la mitoyenneté des murs est justement classée parmi les servitudes *légales* ; autrement, elle eût appartenu aux servitudes *conventionnelles*.

Je ne parlerai point de la manière dont le projet règle les

effets et les droits de la mitoyenneté *des murs*, ainsi que les caractères auxquels devra se reconnaître la mitoyenneté *des fossés et des haies*.

En établissant à ce sujet un droit commun, on l'a fondé sur nos habitudes et sur les usages reçus le plus universellement.

Mais la conciliation des usages a été jugée impossible lorsqu'il a été question *des plantations limitrophes*, ou du moins il n'a pas été permis de les assujétir à une mesure commune et uniforme.

Les principes généraux, déduits de la seule équité, indiquent suffisamment, sans doute, que le droit de tout propriétaire cesse là où commencerait un préjudice pour son voisin ; mais cette primitive donnée, commune à toutes les parties du territoire, n'écarte point la difficulté que nous venons d'indiquer. En effet, à quelle distance de l'héritage voisin sera-t-il permis de planter des arbres de haute tige, ou autres ? Sera-ce à un ou deux mètres pour les premiers, à un demi-mètre pour les seconds ? Et la fixation précise d'une distance quelconque est-elle compatible avec la variété des cultures et du sol sur un territoire aussi étendu que celui de la République ?

Pour ne rien retrancher du légitime exercice de la propriété, mais pour ne pas blesser non plus les droits du voisinage, il a donc fallu se borner à n'indiquer sur ce point, et par voie de disposition générale, une distance commune qu'en l'absence de règlemens et usages locaux.

Il n'a pas été moins nécessaire de renvoyer à ces règlemens et usages tout ce qui se rapporte aux *contre-murs*, ou, à défaut de contre-murs, aux distances prescrites pour certaines constructions que l'on voudrait faire près d'un mur voisin, mitoyen ou non.

En effet la loi ne saurait prescrire l'emploi de tels ou tels matériaux qui n'existent pas également partout : ici se trouve la pierre de taille, là il n'y a que de la brique, et pourtant ces élémens sont la vraie, l'unique mesure des obligations ultérieures ; car mon voisin, s'il veut construire une cheminée, une forge ou un fourneau, ne peut néanmoins mettre ma propriété en danger, et elle y sera selon qu'il emploiera tels matériaux au lieu de tels autres, ou que, selon la nature de mes constructions, il en rapprochera plus ou moins les siennes.

Il a donc fallu encore s'en rapporter sur ce point aux règlemens et usages locaux, et renoncer par nécessité au bénéfice de l'uniformité dans une matière qui ne la comportait pas.

Au surplus, cet obstacle n'existe pas pour les autres servitudes légales que nous avons encore à examiner ; savoir, *les vues, l'égout et le droit de passage*.

675-676. Les servitudes de *vues* ou *jours* tiennent un rang assez important dans cette matière.

On ne peut, en mur mitoyen, prendre des *vues* ou *jours* sur son voisin autrement que par convention expresse ; c'est une règle qui n'a jamais été contestée. Mais il s'agit plus spécialement ici de déterminer jusqu'à quel point l'exercice de la propriété peut être gêné, même *en mur propre;* et c'est sous ce rapport que l'incapacité d'ouvrir des *vues* ou des *jours* sur son voisin peut et doit être considérée comme une servitude établie par la loi.

Ainsi, l'on ne peut, même dans son propre mur, s'il est immédiatement contigu à l'héritage d'autrui, pratiquer des ouvertures ou prendre des jours sur le propriétaire voisin que sous les conditions que la loi impose.

Cette modification du droit de propriété n'a pas besoin d'être justifiée ; l'ordre public ne permet pas qu'en usant de sa propriété on puisse alarmer les autres sur la leur.

677 et suivans. C'est dans ces vues que le projet indique les hauteurs auxquelles les fenêtres doivent être posées au-dessus du sol ou du plancher, avec les distinctions propres au rez-de-chaussée et aux étages supérieurs.

Quelques voix avaient sur ce point réclamé des modifications pour les habitations champêtres ; mais une mesure commune et modérément établie a semblé devoir régir indistinctement les habitations des campagnes, comme celles des villes, parce que l'ordre public veille également pour les unes et pour les autres.

Un article du projet traite de l'*égout des toits*, et dispose que tout propriétaire doit établir ses toits de manière que les eaux pluviales s'écoulent sur son terrain ou sur la voie publique, sans qu'il puisse les faire verser sur le fonds de son voisin.

Dira-t-on que cette disposition établit plus exactement un devoir qu'une servitude, parce qu'on n'exerce pas de servitude sur son propre fonds ? mais l'usage de sa propre chose, limité dans l'intérêt de celle d'autrui, est aussi une servitude légale ; et, d'ailleurs, la cohérence de cette disposition avec les précédentes ne permettait pas de la placer ailleurs.

Enfin le projet traite du *droit de passage* dû au propriétaire d'un fonds enclavé et sans issue.

Cette servitude dérive tout à la fois et de la nécessité et de la loi ; car l'intérêt général ne permet pas qu'il y ait des fonds mis hors du domaine des hommes, et frappés d'inertie, ou condamnés à l'inculture, parce qu'il faudra, pour y arriver, traverser l'héritage d'autrui.

Seulement, en ce cas, le propriétaire qui fournit le passage doit être indemnisé, et celui qui le prend doit en user de la manière qui portera le moins de dommage à l'autre.

Législateurs, je viens d'indiquer rapidement les diverses espèces de servitudes *légales* comprises au chapitre II du projet de loi.

De cette dénomination *servitudes légales* ou *établies par la loi*, il ne faut pas, au surplus, conclure qu'il ne puisse y être apporté des dérogations ou modifications par la volonté de l'homme, mais seulement qu'elles agissent, en l'absence de toute convention, par la nature des choses et l'autorité de la loi.

ch. 3.   Je passe à la troisième classe de servitudes dont traite le projet de loi.

Des Servitudes établies par le fait de l'homme.

On appelle ainsi toutes servitudes qui dérivent ou d'une *convention* formelle, ou d'une *possession* suffisante pour faire présumer un accord, ou de la *destination du père de famille.*

692-693   La destination du père de famille équivaut à titre quand il est prouvé que deux fonds actuellement divisés ont appartenu à la même personne, et que c'est par elle que les choses ont été mises en l'état d'où résulte la servitude.

686   Les servitudes conventionnelles imposées sur la propriété n'ont pour limites nécessaires que le point où elles deviendraient contraires à l'ordre public.

687 à 689   Quelle qu'en soit la cause, elles sont, par l'objet auquel elles s'attachent, *urbaines* ou *rurales*, *continues* ou *discontinues*, *apparentes* ou *non apparentes*.

Notre projet explique cette triple distinction; mais je porterai spécialement votre attention sur les deux dernières, et sur la différence qui, existant entre les servitudes *continues* et *apparentes*, et les servitudes *discontinues* et *non apparentes*, exige qu'à défaut de titres les unes soient mieux traitées que les autres.

690   Ainsi, les servitudes continues et apparentes pourront s'acquérir par une possession trentenaire; car des actes journaliers et patens, exercés pendant si long-temps sans aucune réclamation, ont un caractère propre à faire présumer le consentement du propriétaire voisin : le titre même a pu se perdre; mais la possession reste, et ses effets ne sauraient être écartés sans injustice.

691   Il n'en est pas de même à l'égard des servitudes continues, non apparentes, et des servitudes discontinues, apparentes ou non.

Dans ce dernier cas, rien n'assure, rien ne peut même faire

légalement présumer que le propriétaire voisin ait eu une suffisante connaissance d'actes souvent fort équivoques, et dont la preuve est dès lors inadmissible.

La preuve de la possession trentenaire sera donc recevable dans la première espèce; mais nulle preuve de possession, *même immémoriale*, ne sera admise dans la seconde.

Cette décision, conforme à la justice et favorable à la propriété, est l'une des plus importantes du projet, et mérite d'autant plus d'attention qu'elle n'était pas universellement admise dans le dernier état de la jurisprudence.

Nulle part on n'avait pu méconnaître la différence essentielle qui existe entre ces diverses espèces de servitudes; mais tout ce qui en était résulté dans quelques ressorts, c'est qu'au lieu de la possession trentenaire, on exigeait, à défaut de titres, la possession *immémoriale* pour l'acquisition des servitudes discontinues.

De graves auteurs, et notamment *Dumoulin*, avaient adopté cette opinion : mais qu'est-ce qu'une possession *immémoriale* pouvait ajouter ici, et quelle confiance pouvaient mériter, au-delà de trente ans, les mêmes faits, les mêmes actes que l'on avouait être équivoques et non concluans pendant cette première et longue série d'années?....

En rejetant cette possession immémoriale, notre projet a donc fait une chose qui, bonne en soi, s'accordera aussi avec les vues générales de notre nouvelle législation en matière de prescription : la plus longue doit être limitée à trente ans, et les actes qui ne prescrivent point par ce laps de temps peuvent bien être considérés comme de nature à ne prescrire jamais.

Il me reste peu de chose à dire sur le surplus du projet. 697 et suivans. Il traite des droits et devoirs respectifs des propriétaires d'héritages dont l'un doit une servitude à l'autre; et les règles, prises à ce sujet dans l'équité et l'usage, ne pouvaient présenter ni embarras ni incertitude.

Rien d'ardu ni de grave ne s'offrait d'ailleurs dans la par- 703 et suivans.

tie du travail qui exprime comment s'éteignent les servitudes établies par le fait de l'homme.

Le non usage pendant trente ans, qui en fait présumer l'abandon ou la remise, et la réunion dans les mêmes mains du fonds qui doit la servitude et de celui à qui elle est due : telles sont les causes d'extinction, auxquelles il peut s'en joindre accidentellement une troisième, lorsque le fonds qui doit la servitude n'est plus en état de la fournir.

Au surplus, le but essentiel de toute la partie du projet, relative aux servitudes qui s'établissent par le fait de l'homme, a été de les protéger, mais de les circonscrire dans les limites précises de leur établissement : ainsi le voulait la faveur due à la liberté des héritages et à la franchise des propriétés.

Législateurs, j'ai parcouru, et plutôt indiqué que discuté, tous les points du projet de loi relatif aux *servitudes ou services fonciers*.

Sa sagesse n'échappera point à vos lumières.

Vous n'y trouverez que peu de dispositions nouvelles, et vous remarquerez dans toutes ses parties la circonspection avec laquelle, en faisant disparaître quelques nuances entre divers usages, on a néanmoins respecté les habitudes générales, et même quelquefois les habitudes locales, quand des motifs supérieurs en ont imposé le devoir.

Sous tous les rapports qui viennent d'être examinés, le gouvernement a pensé que ce projet de loi obtiendrait de vous la sanction qui lui est nécessaire pour occuper dans le Code civil la place qui l'y attend.

Le Corps législatif arrêta de suite que le projet de loi *sur les Servitudes ou Services fonciers* serait, avec l'exposé des motifs qui précède, transmis au Tribunat par un message, et il y fut porté le lendemain 30 nivose (21 janvier 1804); M. Albisson, désigné comme rapporteur par la section de législation, en rendit compte à l'assemblée générale le 7 pluviose (28 janvier) suivant.

COMMUNICATION OFFICIELLE AU TRIBUNAT.

RAPPORT FAIT PAR LE TRIBUN ALBISSON.

Tribuns, le projet de loi dont je viens vous occuper au nom de votre section de législation forme le titre IV du second livre du Code civil, et complète ce second livre, qui traite *des Biens et des différentes modifications de la propriété.*

Il règle tout ce qui concerne *les servitudes ou services fonciers;* détermine leur nature, leur but et leur usage ; classe leurs différentes espèces, selon qu'elles dérivent ou de la seule force des choses, c'est-à-dire de la situation naturelle des lieux, ou de la pure disposition de la loi, ou de celle de l'homme, et en vertu de conventions expresses ou présumées entre les propriétaires des héritages qu'elles affectent, activement ou passivement.

Les servitudes sont d'une importance majeure dans la législation civile. Elles tiennent doublement au droit de propriété, qu'elles modifient et atténuent en quelque sorte dans le fonds assujéti, tandis qu'elles l'améliorent dans celui auquel le service est dû. A ce titre seul qui les rattache à cette base fondamentale de l'ordre social, elles auraient éminemment droit à l'attention et à la sollicitude du législateur, quand elles ne les réclameraient pas sous d'autres rapports bien intéressans.

L'agriculture seule, vraie nourricière du genre humain, languirait souvent sans les secours qu'elle tire des servitudes.

La culture et l'exploitation d'un champ enclavé et sans issue sur la voie publique deviendraient impossibles, si la loi n'ouvrait à son maître, dans les fonds qui l'entourent, un passage proportionné à ses besoins. C'est encore la loi qui, tout en conservant religieusement à chacun le droit d'user à son gré des eaux qui naissent dans son fonds, lui défend en même temps de disposer arbitrairement de celles qui en découlent au préjudice des droits acquis aux fonds inférieurs.

sect. 1re. Elle favorise les clôtures, mais sous les réserves inspirées par les intérêts agricoles d'autrui. Elle statue sur la mitoyenneté des fossés et des haies, et sur les distances des plantations limitrophes; et coupe ainsi la racine d'une foule de procès, qui sont un des plus désastreux fléaux de l'agriculture.

sect. 3. Le voisinage, qui devrait, ce semble, être constamment une source journalière de liaisons et de jouissances amicales, et l'aliment habituel d'un commerce de bons offices, n'est trop souvent qu'un sujet toujours présent de querelles et de débats. La loi doit les prévenir ou les terminer, soit par des dispositions relatives à la position respective des lieux, soit par les barrières qu'elle oppose aux entreprises et à la curiosité indiscrète ou maligne d'un voisin incommode ou dangereux.

Sous ce dernier rapport, il est possible que le progrès des lumières, et surtout une meilleure direction de l'intérêt privé bien entendu, généralisent et perfectionnent à la longue la connaissance des droits et des devoirs sociaux, au point d'épargner ce souci à la loi; mais jusque là, qui oserait braver l'œil de l'envie ou de la malveillance dans cette maison ouverte de toutes parts, que le confiant *Drusus* demandait à son architecte (a)?

Enfin la matière des servitudes, régie jusqu'ici par des lois, la plupart purement locales, souvent contradictoires entre elles ou très-difficiles à concilier, et dont le nombre allait au-delà de mille dans le seul corps du droit romain, ouvrait un champ vaste à l'esprit de controverse et une abon-

---

(a) *Cum ædificaret domum in palatio, promitteretque ei architectus ita se eam ædificaturum, ut libera à conspectu, immunis ab omnibus arbitris esset, neque quisquam in eam despicere posset: Tu vero, inquit, si quid in te artis est, ita compone domum meam, ut quidquid agam, ab omnibus perspici possit.* Vell. Paterc., II, 14.

dante pâture à la chicane. Il était donc instant d'y pourvoir par une théorie simple et lumineuse, adaptée avec discernement à ce que la jurisprudence offrait de plus sain, et les différens usages de plus raisonnable, et qui, sans affaiblir le respect dû à la propriété, fixât avec précision le caractère, l'étendue et la limite des services que lui imposent ou peuvent lui imposer les lois de la nature, l'ordre social, les devoirs du voisinage, et la foi due aux conventions.

Il est temps de voir comment le projet remplit cette tâche importante.

Il débute par la définition de la *servitude*.   ▴ 637

C'est *une charge imposée sur un héritage pour l'usage et l'utilité d'un héritage appartenant à un autre propriétaire*.

Cette définition est exacte et complète.

La servitude est *une charge*. Quelques jurisconsultes, même parmi les plus justement célèbres, l'ont définie *un droit qui assujétit un fonds*, etc., mais improprement. Le mot *droit*, dans son acception relative, ne peut se prendre que dans un sens actif, tandis que le mot *servitude* annonce seul par lui-même quelque chose de passif.

C'est une charge *imposée sur un héritage pour l'usage et l'utilité d'un héritage appartenant à un autre propriétaire*; ce qui renferme trois conditions caractéristiques de la servitude considérée comme service foncier : d'abord, l'existence des deux héritages, dont l'un affecté au service, l'autre autorisé à le recevoir; ensuite l'existence de deux propriétaires différens, l'un maître de celui qui rend le service, l'autre de celui qui le reçoit; car le même ne peut être propriétaire des deux à la fois : ce que le droit romain exprime énergiquement par cette courte maxime, *Nemini res sua servit* : enfin la cause de la servitude, l'usage et l'utilité de l'héritage qui en jouit; car un droit dont cet héritage ne pourrait jamais faire usage ni retirer aucune utilité, non seulement ne serait pas une servitude, il serait nul.

On trouve dans la plupart des auteurs classiques du droit

une autre condition que le projet n'énonce pas, celle du voisinage des deux fonds ; mais cette condition n'est pas tellement essentielle qu'elle soit indispensable dans une bonne définition ; et ceux même qui l'énoncent en conviennent en quelque sorte, lorsqu'ils avertissent de ne pas confondre ici le voisinage avec la contiguité. Il est certain en effet qu'une servitude peut exister entre deux fonds séparés par un autre fonds intermédiaire. Les livres du droit romain en fournissent divers exemples.

638 L'article suivant achève la définition de la servitude, en prévenant toute arrière pensée qui pourrait se porter sur cette désastreuse hiérarchie foncière qui a déshonoré la législation française jusqu'à la nuit mémorable du 4 août 1789. *La servitude*, y est-il dit, *n'établit aucune prééminence d'un héritage sur l'autre.*

639 Après ces notions générales vient la classification des servitudes qui dérivent, ou de la situation naturelle des lieux, ou des obligations imposées par la loi, ou des conventions entre les propriétaires ; distinction essentielle, et qui fait la matière de trois chapitres particuliers.

Le premier s'occupe *des servitudes qui dérivent de la situation des lieux.*

Les six premiers articles de ce chapitre traitent des eaux et des services qu'elles peuvent imposer ou fournir aux fonds où elles naissent, et à ceux qu'elles bornent ou qu'elles traversent.

640 à 642 C'est la nature elle-même qui, faisant sourdre de l'eau dans un fonds, assujétit le fonds inférieur à recevoir l'écoulement ou la chute de cette eau, qui submergerait le fonds où elle est née, si toute issue était interdite (a).

Mais cette servitude naturelle ne peut être aggravée par le propriétaire de l'héritage supérieur. Ainsi, en conservant à

(a) . . . . *Has leges æternaque fœdera certis*
Imposuit natura locis.　　　　　VIRGIL., Georg.

celui-ci le droit d'en user dans son fonds, à sa volonté, tant qu'il n'a pas affaibli ce droit par une convention particulière avec le propriétaire du fonds inférieur, ou par une tolérance capable, par ses caractères et sa durée, de suppléer ou de faire supposer une telle convention, la loi a dû lui défendre de rien faire de son côté qui pût empirer la condition de ce dernier.

Le seul point qui restait à fixer à cet égard, c'était la durée et les caractères de cette tolérance capable de suppléer ou de faire supposer une convention particulière.

Toute convention exige le consentement des parties contractantes; et si ce consentement n'est pas exprès et consigné dans un titre, il doit résulter de quelque fait dont l'existence ne soit pas douteuse, et d'une adhésion donnée à ce fait pendant un temps assez long, depuis qu'il a été ou pu être connu, pour exciter une contradiction si le fait eût été désapprouvé.

Trente ans de jouissance paisible et continue ont paru devoir suffire pour opérer une prescription équivalente au titre : mais cette jouissance ne peut être connue ni opposée qu'autant qu'il a été possible de la contredire; et cela n'a été possible qu'à l'époque où des ouvrages apparens, destinés à procurer ou faciliter la jouissance, ont été commencés et terminés de manière à provoquer une contradiction légitime.

Il n'en fallait pas moins pour calmer les scrupules de la loi dans un objet si intéressant pour la propriété, tel que celui de gêner le propriétaire dans la libre disposition des eaux dont la source est dans son fonds, et de concilier son intérêt, quant à la facilité de son issue, avec celui du propriétaire du fonds obligé de les recevoir.

D'autres intérêts relatifs à l'usage commun des eaux appelaient d'autres dispositions.

Ainsi, lorsqu'une source fournit aux habitans d'une commune, village ou hameau, l'eau qui leur est nécessaire, le propriétaire de cette source ne peut en changer le cours ; il peut seulement réclamer une indemnité, qui sera réglée par des experts, mais seulement dans le cas où les habitans n'en auraient pas acquis ou prescrit l'usage.

644 Ainsi une eau courante peut être employée à son passage à l'irrigation des propriétés qu'elle borde. Il n'y a d'exception à cette règle qu'à l'égard des eaux que la loi *sur la distinction des biens* déclare être une dépendance du domaine public (a); en quoi le projet, conforme en ce point aux dispositions des anciennes ordonnances (b), déroge à la loi rurale du 6 octobre 1791, qui permettait aux propriétaires riverains des fleuves ou rivières navigables ou flottables d'y faire des prises d'eau, pourvu seulement que le cours n'en fût détourné ni embarrassé d'une manière nuisible au bien général et à la navigation établie (c).

Ainsi celui dont une eau courante traverse l'héritage peut en user dans l'intervalle qu'elle y parcourt, mais à la charge de la rendre, à la sortie de ses fonds, à son cours ordinaire.

Tout cela est parfaitement juste et raisonnable, et l'on ne peut qu'applaudir à la mesure observée dans chacune de ces dispositions.

645 Mais l'usage de ces diverses facultés peut éprouver des obstacles; il peut donner ouverture à des empiètemens, et la loi doit les prévoir, sans qu'il lui soit possible de pourvoir à tous les cas, vu la variété des circonstances qui peuvent accompagner ces entreprises. Tout ce qu'elle peut faire, c'est de s'en remettre à la sagesse des tribunaux, en leur indiquant néanmoins les considérations qui doivent les diriger dans la solution des questions qui peuvent leur être soumises.

Le projet statue donc que, s'il s'élève des contestations entre les propriétaires auxquels les eaux peuvent être utiles, les tribunaux doivent, en y prononçant, concilier l'intérêt de l'agriculture avec le respect dû à la propriété, et observer,

---

(a) Article 531 (644).
(b) Ordonnance du mois d'août 1669, titre 27, art. 44.
(c) Titre I, sect. I, art. 4

DES SERVITUDES OU SERVICES FONCIERS.   321

dans tous les cas, les règlemens locaux et particuliers sur le cours et l'usage des eaux.

Là se terminent les vues du projet sur les servitudes proprement dites, qui dérivent de la situation naturelle des lieux.

Mais cette situation devait aussi appeler l'attention du législateur sur un autre point relatif à la position limitrophe de deux héritages, *le bornage*, dont la négligence peut produire de longs et dispendieux procès, que la loi doit, autant qu'il se peut, étouffer dans leur germe. 646

Elle atteint ce but en donnant à tout propriétaire le droit d'obliger son voisin au bornage de leurs propriétés contiguës, et en statuant que ce bornage se fera à frais communs.

La nécessité du bornage amène naturellement à la faculté des clôtures. Chaque propriétaire est donc autorisé à clore son héritage, à moins qu'il n'en soit empêché par une servitude de passage. 647

Mais s'il veut user de ce droit, il perd celui de parcours et de vaine pâture, en proportion du terrain qu'il y soustrait. Comment celui qui retire sa mise dans la société de parcours et de vaine pâture oserait-il prétendre quelque part dans la mise des autres? 648

Je passe au chapitre second, qui traite *des servitudes établies par la loi*. 649

Ces servitudes ont pour objet l'utilité publique ou communale, ou celle des particuliers.

Tout ce qui concerne les premières est déterminé par des lois ou des règlemens particuliers. 650-651

Les secondes tirent aussi toute leur force de la loi qui assujétit les propriétaires à différentes obligations l'un à l'égard de l'autre, indépendamment de toute convention.

Le Code rural en règle une partie; le Code civil règle les autres, qui sont propres aux *murs et aux fossés mitoyens*, aux cas *où il y a lieu à contre-mur*, aux *vues sur la propriété du voisin*, à *l'égout des toits*, au *droit de passage*. 652

XI.   21

653. Le premier paragraphe de ce deuxième chapitre établit, dans une suite de onze articles, les règles relatives au mur mitoyen.

Il imprime d'abord le sceau de la loi à la mitoyenneté *présumée*, presque généralement admise jusqu'ici, de tous murs servant de séparation entre bâtimens jusqu'à l'héberge, ou entre cours et jardins, et même entre enclos dans les champs, s'il n'y a titre ou marque du contraire; et il fait cesser les difficultés que faisait ou pouvait faire naître à cet égard une distinction plus subtile que solide entre les campagnes et les villes.

654 à 65. Il détermine précisément les marques de non mitoyenneté, et le support proportionnel des dépenses de réparation et de reconstruction, en laissant néanmoins à chaque copropriétaire la liberté de s'en affranchir en abandonnant le droit de mitoyenneté, mais seulement lorsque le mur mitoyen ne soutient pas un bâtiment qui lui appartient.

657 à 661. Il règle les droits respectifs des copropriétaires qui veulent faire bâtir contre un mur mitoyen, et y faire placer des poutres et solives, ainsi que leurs droits et leurs obligations dans le cas de l'exhaussement du mur.

Les Romains ne connaissaient pas la mitoyenneté présumée, quoiqu'il y eût chez eux des murs communs entre ceux dont ils séparaient les maisons : cette communauté ne pouvait être établie que par des conventions particulières, ou par des legs dont elle pouvait être une condition.

Ils connaissaient encore moins la mitoyenneté *forcée*. Nous devons l'une et l'autre institution à la pure jurisprudence française; et la sagesse qui les caractérise est d'une évidence frappante : aussi les avait-elle fait admettre depuis long-temps, même dans les parties de la France qui comptaient parmi leurs priviléges provinciaux les plus chers celui d'être régies exclusivement, en matière civile, par les lois romaines.

662. Il règle ensuite un des principaux effets de la mitoyenneté, savoir la prohibition pour chacun des voisins de pratiquer

dans le mur mitoyen aucun enfoncement, et d'y appliquer ou appuyer aucun ouvrage sans le consentement de l'autre, ou sans avoir, à son refus, fait régler par experts les moyens nécessaires pour que le nouvel ouvrage ne soit pas nuisible aux droits de l'autre.

Cette disposition est infiniment juste; le projet en ramène le principe dans la section III, au sujet des *vues sur la propriété du voisin*, en statuant que l'un des voisins ne peut, sans le consentement de l'autre, pratiquer dans le mur mitoyen aucune fenêtre ni ouverture, en quelque manière que ce soit, même à verre dormant. 675

Le projet détermine enfin la hauteur que doit avoir tout mur de séparation entre voisins dans les villes et faubourgs, suivant leur population, et lorsqu'il n'y a à ce sujet ni règlemens particuliers, ni usages constans et reconnus. 663

Je passe sur les dispositions relatives aux charges respectives des propriétaires des différens étages d'une même maison, à la conservation des servitudes actives et passives dans le cas de la reconstruction d'un mur mitoyen ou d'une maison. Le droit commun qu'elles établissent sur tous ces points n'est que le résultat des conséquences tirées de nos habitudes et des usages reçus le plus universellement. 664-665

Il en est de même des dispositions concernant la mitoyenneté des fossés et des haies. J'observerai seulement, à l'égard des plantations limitrophes, que la loi aura fait tout ce qui est en son pouvoir lorsque, après s'en être rapportée aux règlemens et usages locaux nécessairement variables, comme les terrains, les cultures, les températures et les sites, elle aura, en leur absence, fixé une distance commune des fonds voisins, en distinguant les arbres de haute tige des autres arbres et des haies vives; en autorisant celui à qui une moindre distance donne un juste sujet de plainte à exiger qu'ils soient arrachés, celui sur la propriété duquel avancent les branches des arbres du voisin à contraindre celui-ci à couper ces branches; et enfin en lui donnant le droit de couper lui-même 666 à 670 671-672

21.

les racines qui s'étendent dans son héritage. Le projet pourvoit à tout cela.

674. Je ne m'arrêterai pas non plus aux dispositions relatives à la distance et aux ouvrages intermédiaires requis pour certaines constructions. Rien de si difficile que d'établir un droit commun sur de pareils objets; et rien de plus sage que de les laisser absolument, comme fait le projet, sous l'empire des règlemens et usages particuliers.

sect. 3, 4 et 5, et 376

Les trois dernières sections du second chapitre, qui traitent *des Vues sur la propriété de son voisin*, *de l'Égout des toits*, *et du Droit de passage*, ne sont pas susceptibles de discussion ; elles ne font que sanctionner des points de jurisprudence assez généralement adoptés, si l'on en excepte la disposition concernant les fenêtres à fer maillé et verre dormant, qui présente une légère différence avec les articles 200 et 201 de la coutume de Paris, quant à la hauteur de l'ouverture et aux dimensions des mailles du treillis.

ch. 3

J'arrive au troisième chapitre, qui parle *des servitudes établies par le fait de l'homme*, et que le projet divise en quatre sections, qui embrassent tout ce que le domaine de la loi peut réclamer dans cette espèce de servitudes, dont la nature, l'objet et le mode n'ont d'autres bases que celles qu'il plaît aux propriétaires, parties contractantes, de leur assigner.

La première se renferme dans la théorie de cette sorte de servitudes et dans la division la plus générale de leurs différens caractères.

Comment, d'ailleurs, s'établissent-elles ? quels sont les droits du propriétaire du fonds auquel la servitude est due? comment s'éteignent-elles ? Telle est la matière des trois dernières sections.

686

Et d'abord, le projet laisse aux propriétaires la liberté la plus entière d'établir sur leurs propriétés telles servitudes que bon leur semble, mais sous deux conditions également indispensables, 1° que les services établis ne soient imposés ni à la personne ni en faveur de la personne, mais seulement à un fonds et pour un fonds : ce qui n'est qu'une conséquence immédiate de la définition donnée dans le premier article du projet, et qui caractérise spécialement la servitude réelle ou service foncier ;

2°. Que ces services n'aient d'ailleurs rien de contraire à l'ordre public ; règle commune à toutes les espèces de conventions.

Mais cette liberté peut-elle s'étendre jusqu'à la faculté de modifier les servitudes légales ou établies par la loi ?

L'orateur du gouvernement a répondu à cette question dans l'exposé des motifs du projet : « Il ne faut pas conclure, « a-t-il dit, de cette dénomination *servitudes légales* ou *éta-* « *blies par la loi*, qu'il ne puisse y être apporté des déroga- « tions ou modifications par la volonté de l'homme, mais seu- « lement qu'elles agissent, en l'absence de toutes conventions, « par la nature des choses et l'autorité de la loi. »

Une conséquence naturelle de cette liberté des conventions est que l'usage et l'étendue des servitudes se règlent par le titre qui les constitue.

Mais, s'il n'y a pas de titre ? Le projet y pourvoit par les dispositions ultérieures qui me restent à parcourir.

En attendant, et après avoir distingué les servitudes *ur-* *baines*, savoir celles qui sont établies pour l'usage des bâtimens, quelque part qu'ils soient situés, des servitudes *rurales* établies seulement pour l'usage des champs, le projet fait une première division, qui leur est commune, entre les servitudes *continues* et *discontinues* ; et une seconde division, qui leur est également commune, entre les servitudes *apparentes* et *non apparentes* : distinctions essentielles pour leur acquisition ou leur extinction, rejetées sans raison par quelques jurisconsultes, d'ailleurs justement célèbres, et qui, fort embrouillées jusqu'ici par des subdivisions et des nuances minutieuses, avaient grand besoin de l'interposition de la loi.

Il appelle *continues* celles dont l'usage est ou peut être continuel, sans avoir besoin du fait actuel de l'homme ; telles que les conduites d'eau, les égouts, les vues, *et autres de cette espèce*;

Discontinues, celles qui, au contraire, ont besoin du fait actuel de l'homme pour être exercées; tels sont les droits de passage, puisage, pâcage, *et autres semblables*.

Il qualifie d'*apparentes* celles qui s'annoncent par des ouvrages extérieurs, tels qu'une porte, une fenêtre, un aqueduc;

Et de *non apparentes* celles qui n'ont pas de signes extérieurs de leur existence; comme, par exemple, la prohibition de bâtir sur un fonds, ou de ne bâtir qu'à une hauteur déterminée.

Ces notions sont également claires et exactes. Il n'est point d'espèce particulière à laquelle on ne puisse les rapporter; et la simplicité de leur précision sera un véritable bienfait de la loi.

Voyons comment le projet les applique à l'établissement des servitudes.

Les continues et apparentes s'acquièrent par titre ou par la possession de trente ans.

Nul doute ne pouvait s'élever sur l'acquisition par titres, qui est commune à toutes les espèces de servitudes.

Il n'en était pas de même de la possession. La jurisprudence française était divisée à cet égard : la plupart des coutumes, et notamment celle de Paris, la rejetaient, fût-elle de cent ans. Les pays régis par le droit écrit l'admettaient, pourvu qu'elle eût trente ans, sur le fondement de plusieurs textes du droit romain.

On a pensé qu'une possession de trente ans étant suffisante pour acquérir une maison ou un fonds de terre, il n'y a pas de raison de la regarder comme insuffisante pour acquérir, sur cette maison ou sur ce fonds de terre, un droit de servitude, dont l'exercice et le signe extérieur de cet exercice auraient duré pendant trente ans, au vu et su du propriétaire, sans contradiction de sa part : et le droit romain a prévalu.

Mais il a été abandonné quant aux servitudes continues

non apparentes, et aux servitudes discontinues apparentes et non apparentes. Il exigeait, à la vérité, pour ces sortes de servitudes, une possession immémoriale; mais une telle possession ne se manifestant pas nécessairement par des actes assez suivis ou assez fréquens pour faire supposer le consentement, même lorsqu'il n'y aurait pas eu de contradiction formelle, c'est avec raison que le projet déclare que de telles servitudes ne peuvent s'établir que par titres, et que la possession, même immémoriale, ne peut en tenir lieu.

Le projet aurait pu s'arrêter là sans craindre de porter atteinte à des droits déjà acquis, en vertu de cette possession, dans les pays où elle a été admise jusqu'ici, les lois ne pouvant avoir aucun effet rétroactif sur des droits légitimement acquis avant leur émission; mais il n'y a pas moins de sagesse d'en avoir ajouté la déclaration expresse, pour prévenir à cet égard tout sujet ou tout prétexte d'inquiétude.

Les servitudes peuvent encore être établies par la destination du père de famille : la jurisprudence avait essuyé dans ce point une variation considérable, et laissait en outre une lacune à remplir.

L'ancienne et la nouvelle coutume de Paris s'accordaient à déclarer qu'elle vaut titre : mais celle-ci exige qu'elle soit constatée par écrit; l'autre ne l'exigeait pas.

Y avait-il d'ailleurs quelque différence à faire à ce sujet entre les différentes espèces de servitudes? c'est ce que ni l'une ni l'autre n'expliquaient. Les lois romaines n'offraient pas plus de lumières; et ce n'était que par une analogie un peu forcée qu'on pouvait y expliquer quelques textes.

Le projet s'explique nettement sur tout cela.

Il déclare que la destination du père de famille vaut titre; mais il borne son effet aux servitudes continues et apparentes.

Il n'exige pas que la destination soit constatée par écrit; mais il statue qu'il n'y a destination que lorsqu'il est prouvé que les deux fonds actuellement divisés ont appartenu au même propriétaire, et que c'est par lui que les choses ont été mises dans l'état duquel résulte la servitude.

Dumoulin ajoute une condition que le projet n'avait pas besoin d'énoncer, parce qu'elle n'est qu'une conséquence nécessaire de tout l'ensemble de sa théorie ; savoir, que la destination doit avoir pour objet un avantage perpétuel, et non une commodité ou une convenance passagère (a).

694   Autre question sur laquelle il était important de fixer la législation.

Le propriétaire de deux héritages, dont l'un, avant leur réunion dans sa main, devait un service à l'autre, vient à disposer de l'un ou de l'autre, sans qu'il soit fait aucune mention de servitude dans l'acte d'aliénation ; la servitude active ou passive continue-t-elle d'exister ?

On pouvait opposer, et on opposait en effet que, toute servitude étant éteinte lorsque le fonds à qui elle est due, et celui qui la doit, sont réunis dans la même main (règle certaine et consacrée même en termes formels par l'article 698 du projet), il était indispensable, pour la conservation de la servitude, qu'elle eût été réservée expressément dans l'acte d'aliénation.

Mais on ne prévoyait pas le cas où, la chose parlant d'elle-même, la réservation ne devenait plus nécessaire ; et c'est ce cas que le projet prévoit très-sagement. Ainsi, dans l'espèce supposée, si la chose parle d'elle-même, c'est-à-dire, comme s'explique le projet, *s'il existe entre les deux héritages un signe apparent de servitude*, le silence des contractans n'empêchera pas qu'elle ne continue d'exister, activement ou passivement, en faveur du fonds aliéné ou sur le fonds aliéné.

695-696   Les deux derniers articles de cette seconde section ne contiennent rien que d'entièrement conforme à la justice et

---

(a) *Destinatio causa commodioris usus, si, non temporalis, sed perpetua*; sur l'article 91 de l'ancienne coutume de Paris.

DES SERVITUDES OU SERVICES FONCIERS.

aux règles généralement admises, en statuant qu'en ce qui touche les servitudes qui ne peuvent s'acquérir par la prescription, le titre constitutif de la servitude ne peut être remplacé que par un titre récognitif de la servitude, émané du propriétaire du fonds assujéti ; et que, quand on établit une servitude, on est censé accorder tout ce qui est nécessaire pour en user.

Il en est de même de tous les articles de la section troisième : je me borne à y remarquer que l'article 693, rédigé dans le même esprit que les articles 702 et 703 de la section suivante, légalise avec eux un des caractères essentiels des servitudes que le projet n'avait pas eu encore l'occasion d'indiquer, leur *individuité*, en déclarant, le premier, que, si l'héritage pour lequel la servitude est établie vient à être divisé, la servitude reste due pour chaque portion, sans néanmoins que la condition du fonds assujéti en puisse être empirée ; qu'ainsi, par exemple, s'il s'agit d'un passage, tous les copropriétaires seront obligés de l'exercer par le même endroit ; les deux autres, que, si l'héritage en faveur duquel la servitude est établie appartient à plusieurs par indivis, la jouissance de l'un empêche la prescription à l'égard de tous ; et que, si parmi eux il s'en trouve un contre qui la prescription n'ait pu courir, comme un mineur, il aura conservé le droit de tous les autres. 700-709-710

Il ne me reste à vous présenter que les dispositions de la quatrième section, relatives à l'extinction des servitudes, laquelle ou résulte de l'état naturel des choses, ou s'opère par la prescription. sect. 4

La raison seule dicte que les servitudes doivent cesser lorsque les choses se trouvent en tel état qu'on ne peut plus en user ; et, si cet état vient à changer, si les choses sont rétablies de manière qu'on puisse en user, la raison dicte encore qu'elles doivent revivre. 703-704

Mais la liberté naturelle des héritages réclamerait contre l'effet de ce retour au premier état, s'il pouvait avoir lieu après une durée de temps indéfinie, et n'avoir d'autre terme que ce retour. C'est donc avec justice que le projet déclare que la servitude ne peut plus revivre lorsqu'il s'est écoulé un espace de temps suffisant pour faire présumer l'extinction de la servitude, *ainsi qu'il est dit dans l'article* 700 ci-après.

705 C'est encore une chose toute naturelle, que l'extinction de la servitude, lorsque le fonds à qui elle est due et celui qui la doit sont réunis dans la même main; car ce n'est plus à titre de servitude, mais seulement à titre de propriété, que le maître des deux héritages retire de chacun les services qu'ils peuvent lui faire ; et nous avons remarqué le seul cas où ce principe peut recevoir une exception.

706-707 Les servitudes sont enfin absolument éteintes par le non usage pendant trente ans; et ces trente ans commencent à courir, d'après l'article 700, selon les diverses espèces de servitudes; savoir, du jour où l'on a cessé d'en jouir, lorsqu'il s'agit de servitudes discontinues; et du jour où il a été fait un acte contraire à la servitude, lorsqu'il s'agit de servitudes continues.

La justice de cette disposition se déduit de la seule définition de ces deux sortes de servitudes consignées dans l'article 681, qui entend, par servitudes continues, celles dont l'usage est ou peut être continuel sans avoir besoin du fait actuel de l'homme, et, par servitudes discontinues, celles qui ont besoin du fait actuel de l'homme pour être exercées.

708 Le mode de la servitude ne peut avoir d'autre ni de meilleur sort que la servitude elle-même; aussi peut-il être prescrit comme la servitude même, et de la même manière.

Tribuns, ici cesse la fonction dont votre section de législation m'avait chargé.

Le projet lui a paru réunir les caractères essentiels d'une loi bonne, salutaire, et de plus nécessaire pour étendre le bienfait d'une législation simple et uniforme à l'un des objets de jurisprudence civile qui le réclament le plus hautement.

Elle vous propose par mon organe d'en voter l'adoption.

Le Tribunat émit, dans sa séance du 9 pluviose an XII (30 janvier 1804), un vœu d'adoption, qui fut porté le lendemain au Corps législatif par MM. Gillet, Albisson et Chabaud-Latour.

DISCUSSION DEVANT LE CORPS LÉGISLATIF.

DISCOURS PRONONCÉ PAR LE TRIBUN GILLET.

Législateurs, l'état de société est un état de mutuelle dépendance.

Les hommes, en obéissant à cet ordre inévitable, y ont soumis avec eux les diverses portions de la terre dont ils se sont distribué le domaine : la même réciprocité d'engagemens et de services qui lie les personnes entre elles, enchaîne jusqu'aux choses destinées à leur usage ; et, comme il n'est point de liberté tellement illimitée qu'elle ne soit modifiée souvent par la puissance d'autrui, il n'est pas non plus de propriété si absolue qu'elle ne soit subordonnée sous quelque rapport aux intérêts d'une propriété étrangère.

De là est né dans la langue de notre jurisprudence le mot de *servitude*, que vous lisez en tête du projet qui vous est soumis.

Sous une acception restreinte, ce mot désigne *un droit inhérent à un héritage pour son utilité, et qui diminue le droit ou la liberté d'un autre héritage* : c'est ainsi du moins que la définissait le célèbre Barthole.

Sous une acception plus étendue, on peut y comprendre *toute espèce d'assujétissement auquel un héritage est tenu pour l'intérêt d'un autre* ; et, à considérer la matière sous ce point de vue universel, elle offrirait un champ immense à la législation, si des restrictions nécessaires ne venaient pas la réduire.

Mais, de tous les assujétissemens fonciers, un grand nombre sont établis pour l'utilité publique, soit du corps de la nation, soit des communes qui la composent; et d'un autre côté, parmi ceux même qui subsistent entre particuliers, il en est dont l'objet le plus direct est l'intérêt général de l'agriculture ou du commerce. Or, de telles relations appartiennent à la surveillance administrative : c'est au Code rural, aux lois de haute police, aux arrêtés de l'autorité du gouvernement, à en déterminer la mesure. A l'égard du Code civil, s'il touche quelquefois à ces objets, ce n'est que par occasion et lorsqu'il y est entraîné par leur connexité nécessaire avec ceux qu'il embrasse. C'est à traiter les intérêts privés qu'il se borne; là est son but principal, là est sa fin.

Un autre point où il doit s'arrêter encore, c'est celui où commence sur chacune des localités l'empire légitime des usages; et véritablement, bien qu'une de ses vues les plus importantes soit de réunir en un seul tissu les fils si multipliés et si divergens des coutumes, cette uniformité néanmoins ne saurait s'étendre à tout indifféremment. Ainsi la culture, qui s'exerce sur une si prodigieuse diversité de sols et de productions; les constructions, qui se composent de matériaux si différens d'une province à l'autre, placées sous des influences si peu semblables, destinées à des genres d'industrie si variés et à des habitations si inégales, ne sont-ce pas autant d'actions qu'il suffit au législateur de diriger par quelque indication générale, mais qu'il doit abandonner, pour les détails, aux convenances de l'habitude? C'est alors pour lui une très-grande prévoyance que de sentir qu'il ne peut pas tout prévoir.

638 Enfin, ce qui diminue beaucoup de l'immensité de la matière, c'est la suppression de cette masse monstrueuse de la féodalité dont autrefois elle était surchargée. Qu'était-ce, en effet, que le régime féodal, sinon l'art de faire de la propriété foncière un instrument d'asservissement? Aussi lit-on chez les anciens jurisconsultes d'amples dissertations pour

démontrer que les devoirs féodaux faisaient partie des servitudes. Le projet a voulu que les services fonciers ne pussent jamais être une occasion de reproduire ces idées proscrites ; et c'est ce qui a dicté dans l'article 631 la disposition formelle que la servitude n'établit aucune prééminence d'un héritage sur l'autre.

Au moyen de toutes ces limitations, la loi qui vous est demandée a pu être circonscrite dans un espace moins pénible à parcourir ; et cependant, loin d'y faire aucune omission essentielle, on en a, sous certains rapports, prolongé l'étendue, en y réunissant plusieurs des obligations du voisinage territorial, que les écrivains en jurisprudence avaient trouvé jusqu'ici de l'embarras à classer.

La méthode adoptée aide encore l'intelligence et la mémoire par une bonne division. On y voit trois origines distinctes d'où naissent les servitudes : la nature, la loi et le fait de l'homme.

Sous chacune de ces origines viennent se placer sans confusion les dispositions propres aux objets qui s'y rattachent ; et c'est à cet ordre que je me conformerai moi-même en vous en parlant : non toutefois que j'entreprenne de les discuter successivement ; cet examen détaillé, tracé déjà par des mains savantes, n'est plus nécessaire aujourd'hui devant vous : mais je dois vous faire remarquer les points essentiels dans lesquels le droit ancien va se trouver modifié par le droit nouveau.

§ Ier.

Vous en trouverez le premier exemple à l'occasion des eaux qui, par leur pente naturelle, deviennent une occasion de débat entre les propriétaires de l'un et de l'autre fonds.

D'abord elles peuvent être regardées comme une charge pour la propriété, et ce n'est pas sous ce point de vue qu'elles font naître le plus de contestations. Chacun sent en effet qu'il ne faut pas que des digues placées au-dessous les fassent refluer sur les fonds supérieurs, ni que des dispositions étrangères en aggravent la servitude pour l'héritage inférieur.

Mais aussi elles peuvent être considérées comme un avantage : et c'est alors surtout que les propriétaires s'en disputent la possession.

641-642 Les droits principaux sans doute sont ceux du maître de la terre où jaillit la source; c'est un bienfait dont la nature même a enrichi ses domaines, et un accessoire évident de sa propriété : il est donc juste qu'il en use suivant sa volonté comme de sa propriété même.

Toutefois, quand la source s'échappe au dehors, le fonds où elle descend n'aura-t-il aucun droit? C'est la nature aussi qui veut que cette surabondance se répande chez lui; et si la nécessité de la recevoir est une condition attachée à sa position, s'ensuit-il que cette condition ne puisse jamais être interprétée que d'une manière onéreuse? ne faut-il pas au contraire qu'il y ait un terme où il soit assuré de recueillir les avantages qui peuvent devenir l'équitable compensation de la charge à laquelle il est asservi?

Cette question n'en est pas une quand il y a des titres qui règlent les droits respectifs; mais quand il n'y en a pas, c'est un sujet de controverse dont les annales du barreau nous offrent plus d'un exemple.

La jurisprudence ancienne décidait que, dans ce cas, le propriétaire du fonds où la source était placée conservait toujours la pleine disposition de l'eau, et qu'il pouvait en changer ou en détourner le cours à sa fantaisie, sans que l'arbitraire de cette faculté pût être en rien modéré, ni par le long usage que le propriétaire inférieur avait fait de ce cours d'eau, ni en considération des travaux destinés à la recueillir, ni en faveur des établiss.mens formés en conséquence.

Les articles 634 et 635 du projet prononcent sur ce point avec une libéralité plus égale. Une fois que le propriétaire du fonds inférieur aura pris possession du cours de l'eau par des ouvrages apparens, si le propriétaire de la source, averti par cette apparence même, n'a rien fait pendant trente années pour interrompre une jouissance qui n'était pas la sienne, la prescription est acquise contre lui, et l'arbitraire de sa propriété est modifié par la possession qu'il a soufferte.

L'utilité publique est une autre limite que cet arbitraire 643 doit respecter. Le cours de l'eau ne peut donc plus être changé, même par le propriétaire de la source, dès qu'il fournit aux besoins d'une communauté d'habitans : en ce cas une indemnité réglée par experts est tout ce que l'intérêt privé peut réclamer, si ce qu'exige l'intérêt commun est pour lui un sacrifice.

Après les obligations du propriétaire de la source viennent 644 celles qui lient entre eux les possesseurs des divers fonds sur lesquels l'eau passe et descend successivement. La doctrine de plusieurs arrêts en pays coutumier semblait avoir gradué la propriété de cette eau sur l'échelle des terrains ; de sorte que le propriétaire du fonds supérieur pouvait, en la consommant, en la dérivant même, en priver le fonds inférieur, pourvu toutefois que ce fût dans la vue de rendre sa propre condition meilleure, et non de rendre pire celle d'autrui.

On sent combien cette distinction dans les motifs était sujette à débats quand il s'agissait de l'appliquer ; aussi cette doctrine, balancée d'ailleurs par le droit romain, n'était-elle pas invariable. Le projet proposé adopte des mesures plus favorables aux progrès de l'industrie, et plus conformes à la nature même de la propriété. Celui dont une eau courante traverse l'héritage pourra en user dans l'intervalle qu'elle y parcourt, mais à la charge de la rendre, à la sortie de son fonds, à son cours ordinaire.

A cette occasion, vous trouverez une amélioration importante en faveur de l'ordre dans l'article 637. Le Code rural de 1791 avait permis à tout propriétaire riverain de faire des prises d'eau sur les fleuves et les rivières navigables et flottables, et cela sous ombre que nul ne peut s'en prétendre propriétaire exclusif. On ne sentait pas assez alors que les choses destinées à l'utilité générale ont un véritable propriétaire qui exclut toute occupation individuelle et privée; et ce propriétaire est le domaine public. Le projet a très-sagement pourvu à faire respecter désormais un principe que notre ancienne législation avait consacré, et dont la suspension momentanée a produit une multitude d'entreprises abusives.

647-648- 682. Une modification non moins heureuse aux dispositions de la loi du 6 octobre 1791 est encore établie dans les articles 640, 641, 675. Chaque propriétaire est maintenu dans le droit de clore son héritage, mais sous deux restrictions que cette loi ne portait pas, l'une de ne pas rendre le passage impossible à l'héritage d'autrui enclavé dans le sien, l'autre de perdre son droit au parcours et à la vaine pâture en proportion du terrain qu'il lui enlève.

Telles sont les principales innovations que vous offre le projet proposé dans les servitudes qui dérivent de la nature.

§ II.

ch. 2. Les servitudes qui dérivent de la loi s'appliquent spécialement au voisinage des bâtimens et à celui des exploitations rurales.

L'homme, que tant d'inclinations appellent à la société, semble éprouver en même temps une impulsion contraire qui l'en éloigne; et, tandis que l'espèce est unie par des communications toujours actives, les individus se gardent pour ainsi dire de tous ceux qui les environnent, et mettent des clôtures entre eux et ceux qui les touchent de plus près. Voilà pourquoi il a fallu dans tous les temps des règles propres à fixer la dépendance réciproque de leurs habitations et de leurs cultures.

DES SERVITUDES OU SERVICES FONCIERS.

Chez les peuples naissans, cette dépendance, au moins pour les habitations, est presque nulle. Chaque famille s'isole, et le peu de prix qu'on attache aux terrains lui permet de mettre un grand espace entre elle et les familles voisines : une maison est alors, pour me servir d'une expression que l'antiquité a consacrée, comme une île qu'un intervalle sépare du rivage prochain.

Cet intervalle, appelé *ambitus* par les lois romaines qui le prescrivaient, était aussi de rigueur sur plusieurs points de la France, et jusqu'à nos jours on le connaissait sous le nom d'*invetison*, et sous le nom plus équivoque de *tour d'échelle* (a).

Les progrès de la civilisation, qui rapprochent aujourd'hui davantage toutes les parties de la population, et qui rendent le terrain plus précieux, ont déterminé à ne pas rendre ces anciens usages obligatoires. La mitoyenneté des murs devient dans le projet proposé une des circonstances ordinaires du voisinage.

Au surplus, toutes les dispositions par lesquelles cette mitoyenneté est réglée ne diffèrent point de celles qui ont été jusqu'à présent les plus connues, si ce n'est dans quelques détails. Ce qu'il y a de plus remarquable à cet égard est l'article 650, qui indique jusqu'à quelle épaisseur tout copropriétaire peut faire placer des poutres dans le mur mitoyen. C'était un des points où la variété des coutumes pouvait être le plus facilement conciliée.

Le même plan a été suivi dans le projet pour tout le reste des servitudes légales qui sont relatives *aux vues*, *aux égouts*, *aux passages*, *aux fossés*, *aux haies*, *aux plantations d'arbres*.

(a) Tantôt on entend par *tour d'échelle* une portion de terrain que le propriétaire d'une maison laisse autour de sa clôture et *sur son propre fonds* ; c'est *l'ambitus* dont nous parlons : tantôt on entend le droit qu'a le propriétaire d'exiger sur le fonds voisin un espace propre à placer une échelle pour la réparation de ses toits et de ses clôtures. C'est alors une véritable servitude, que quelques coutumes désignent par le mot d'*échelage*, et qui s'établit, non par la loi, mais par le fait de l'homme. Il n'est pas ici question de ce droit.

Ce sont toutes les règles déjà usitées qu'on a retracées avec quelques légères modifications favorables à l'uniformité, sans pousser néanmoins cette faveur au-delà des justes bornes : car le véritable but de toutes les lois sages c'est l'utilité ; et les auteurs du projet ont su la respecter lorsqu'ils l'ont aperçue, comme nous vous l'avons annoncé plus haut, dans la diversité des habitudes locales.

§ III.

686 Les rectifications les plus frappantes sont celles qu'on trouve dans la troisième partie du projet, relative aux servitudes que le fait de l'homme établit.

D'abord l'article 679 limite ces servitudes aux assujétissemens qui peuvent être imposés à un fonds en faveur d'un autre fonds ; il prohibe ceux qui pourraient être stipulés du fonds envers la personne, ou de la personne envers une autre. Ainsi on ne connaîtra plus dans notre droit que des *servitudes réelles*, et cette matière ne sera plus compliquée par les *servitudes personnelles* et *les servitudes mixtes*, qui ont été long-temps pour les écrivains un texte à discussions.

Le principal motif qui avait maintenu cette complication dans notre jurisprudence antérieure, c'est que, sous la dénomination de *servitudes*, on avait coutume de comprendre, à l'imitation des Romains, l'*usufruit*, l'*usage* et l'*habitation*. Aujourd'hui que ces trois espèces de droits se trouvent avec raison traitées dans notre Code civil comme des appendices de la propriété, il ne saurait plus y avoir de servitudes mixtes ou personnelles que celles dont les institutions féodales fourniraient le modèle ; et c'est pour cela qu'on a dû prendre soin de supprimer cette voie par laquelle elles auraient pu se reproduire. Vous interdirez, législateurs, des stipulations qui ne sauraient plus avoir lieu sans blesser l'ordre public.

Le même article annonce encore que c'est par *le proprié–*

DES SERVITUDES OU SERVICES FONCIERS. 339

taire que les servitudes sont établies. Ainsi il faudra effacer encore du dictionnaire des subtilités les *servitudes superficielles* qu'on attribuait au *simple possesseur* le pouvoir d'imposer : son droit essentiellement passager peut être quelquefois une occasion de tolérance ; il n'est jamais le principe d'un établissement durable.

Les articles 680, 681, 682 éclaircissent d'autres distinc- 687 à 689 tions que la jurisprudence désignait par les mots de *servitudes urbaines* et de *servitudes rurales*, de *continues* et de *discontinues*, d'*apparentes* et de *non apparentes*. Quand on lit ces explications dans le projet, rien ne paraît si simple et si précis ; quand on lit le détail de toutes les controverses qui les ont précédées au barreau, rien ne paraît si compliqué d'embarras inextricables. C'est déjà un grand avantage que d'avoir fixé le sens de toutes les expressions de la science ; c'en est un supérieur encore que de les avoir fixées de la manière la plus raisonnable. Les juges et les parties auront désormais moins d'incertitude sur des questions qui ont produit autrefois des dissertations sans fin et des procès sans nombre.

Une question qui n'était pas moins susceptible de réponses 690-691 diverses dans notre législation, c'était de savoir si les servitudes pouvaient s'acquérir par prescription : l'affirmative était admise en général dans le pays de droit écrit ; la négative dans plusieurs coutumes ; d'autres n'avaient sur cela que des dispositions partielles pour certaines servitudes seulement, et il y en avait une dernière classe qui restait tout-à-fait muette : encore, dans les lieux même où la prescription était admise, le temps nécessaire pour la former avait-il différentes mesures, suivant la nature de la servitude à laquelle il fallait l'appliquer. Ne nous étonnons pas de toutes ces disparates. Les mœurs, qui introduisent entre voisins une familiarité plus ou moins imprévoyante, qui abandonnent ici plus de choses à la bonne foi, et qui mettent là plus de rigueur et de défiance dans les communications ; les mœurs, où l'on remarque tant de nuances différentes d'un canton à l'autre, ont dû avoir originairement une grande influence sur cette matière. Maintenant que leur impulsion est plus égale, toute cette partie de la législation a pu être ramenée facilement à quelques termes simples; ils ont été posés avec clarté par les articles 683 et 684 du projet.

692 à 694 On retrouve le même caractère dans les articles 685, 686 et 687, qui indiquent à quels signes on peut reconnaître la destination du père de famille et celle du propriétaire primitif des deux héritages entre lesquels la servitude subsiste. C'était encore un des points qui avaient le plus partagé les coutumes et exercé davantage la plume de leurs commentateurs, sans néanmoins que leur prévoyance se fût étendue aussi loin que celle du projet.

sect. 3 et 4 Enfin les droits du propriétaire du fonds auquel la servitude est due, et la manière dont les servitudes s'éteignent, sont expliqués dans les deux dernières sections : elles ne nous ont offert rien autre chose que le précis de ce que l'ancienne sagesse avait déjà dicté. C'est par cet heureux accord de la prudence des temps antiques avec l'expérience et la sagacité des temps modernes, que les règles se simplifient et s'éclairent. Puisse le Code civil, qui les réunira, rappeler cette belle idée de Montesquieu, que *la loi est la raison humaine en tant qu'elle gouverne les peuples!*

Le Tribunat a voté l'adoption du projet.

Le Corps législatif rendit le même jour son décret d'adoption, et le titre fut promulgué le 20 pluviose an XII (10 février 1804).

FIN DU ONZIÈME VOLUME.
6ᵉ DES DISCUSSIONS.

www.ingramcontent.com/pod-product-compliance
Lightning Source LLC
Chambersburg PA
CBHW072019150426
43194CB00008B/1170